中天恒 ZHONGTIANHENG

内部控制与风险管理丛书

——中天恒3C框架内部控制课题组倾力打造

丛书主编◎高雅青 李三喜

基于风险管理的内部控制

JIYU FENGXIAN GUANLI DE NEIBU KONGZHI

审计流程 审计实务 审计模板

李三喜 徐荣才◎著

中国市场出版社
China Market Press

图书在版编目（CIP）数据

基于风险管理的内部控制审计流程·审计实务·审计模板／李三喜，徐荣才著．—北京：中国市场出版社，2013.1

ISBN 978-7-5092-0967-7

Ⅰ．①基… Ⅱ．①李… ②徐… Ⅲ．①企业—内部审计—研究 Ⅳ．①F239.45

中国版本图书馆 CIP 数据核字（2012）第 252595 号

书　　名：基于风险管理的内部控制审计流程·审计实务·审计模板
作　　者：李三喜　徐荣才
责任编辑：许　慧
出版发行：中国市场出版社
地　　址：北京市西城区月坛北小街 2 号院 3 号楼（100837）
电　　话：编辑部（010）68012468　　读者服务部（010）68022950
发行部（010）68021338　68020340　68053489
68024335　68033577　68033539
经　　销：新华书店
印　　刷：高碑店市鑫宏源印刷包装有限责任公司
规　　格：787×1092 毫米　1/16　　25.25 印张　　500 千字
版　　本：2013 年 1 月第 1 版
印　　次：2016 年 4 月第 2 次印刷
书　　号：ISBN 978-7-5092-0967-7
定　　价：58.00 元

本书编委会

主　编　高雅青　李三喜

副主编　徐荣才　任亚民　吴洪荣

成　员　李福星　武占伟　王　健　鲍　良

刘　勇　王　帆　姚庚春　谢金殿

徐运丽　白海杰　单桂香　施莹华

冷洪峰　张爱军　秦国伟　于雪霞

张　杰　杨晓红　丁　楠　杜心阳

李丽丽　陈　玮　滕　彬

丛书序

全面提升基于风险管理的内部控制建设水平

十年磨一剑，中天恒3C框架内部控制课题组经过十年艰苦磨砺积累，凝聚中天恒人丰富理论研究成果和深厚实践经验积淀的“内部控制与风险管理丛书”终于要出版了，为便于广大读者更好地阅读和理解本套丛书的内容，现将丛书的写作背景、缘起、特色与大家分享。

一、写作背景

物换星移，世事更替。随着人们对内部控制与风险管理重要性认识的不断提高，内部控制与风险管理的号角已在全球吹响，我国内部控制与风险管理的大潮更是风起云涌。美国、英国、加拿大、澳大利亚、新西兰等国家的民间团体或政府部门早就对内部控制或风险管理进行系统的研究，并发布了内部控制框架和风险管理框架或标准。我国政府监管部门颁布了《中央企业全面风险管理指引》、《企业内部控制基本规范》及其配套指引等，理论界和实务界在内部控制与风险管理方面也进行了积极的探索和实践。

目前，内部控制实践已经发展到与风险管理、公司治理等相融合的新时代。实践中，内部控制与风险管理工作已经融合，但政府监管部门的规范还没有统一，既要求企业加强全面风险管理，设立风险管理相关部门，又要求企业加强内部控制建设，设立内部控制部门，使得企业在实践中难以适从。所以，很多企事业单位在具体实践中面临着内部控制是什么，内部控制边界在哪里，内部控制与风险管理的关系怎么样，内部控制控制什么，内部控制如何设计、如何评价、如何审计等一系列内部控制理论和实践的难点问题，亟需做出科学、系统、全面的回答。

二、丛书缘起

中国企事业单位构建和实施内部控制，必然要借鉴世界发达国家的标准，但不能照抄照搬，要适合中国企事业单位的特点和实际情况，要有中国人自己的内部控制、风险管理标准。

中天恒管理咨询公司自成立以来，一直以构建中国人自己的内部控制与风险管理标准为己任。十年来，中天恒人一直致力于内部控制与风险管理理论研究和咨询实践，活跃于专业领域研究探索的前沿，创建了中天恒 3C 框架理论，研究完成了 15 份内部控制与风险管理研究报告，公开发表了 50 篇内部控制与风险管理方面的论文，举办了 12 次内部控制与风险管理的高峰论坛，编制了 33 类教学课件，为社会培训风险和内部控制人员 20 多万人（次），为 132 家包括中央企业、地方企业、上市公司、行政事业单位在内的单位提供了内部控制与风险管理咨询服务，引起了会计界、审计界以及新闻媒体的广泛关注，丰富和完善了内部控制与风险管理理论宝库，推动了中国企事业单位内部控制与风险管理实践。为全面系统地回答上述内部控制理论和实践中的现实问题，全面提升我国企事业单位内部控制建设水平，并报答新老客户、广大读者长期以来对本土民族管理咨询品牌的无私支持，中天恒 3C 框架内部控制课题组总结中天恒管理咨询公司十年不懈研究探索内部控制与风险管理领域的主要研究成果及丰富实践经验，编写出版了这套“内部控制与风险管理丛书”。

三、丛书体系

本套丛书包含《基于风险管理的内部控制理论结构·操作规程·实务指南》、《基于风险管理的内部控制设计流程·设计实务·设计模板》、《基于风险管理的内部控制评价流程·评价实务·评价模板》、《基于风险管理的内部控制审计流程·审计实务·审计模板》四种，针对当前我国企事业单位开展风险管理内部控制实际工作面临的理论难点和实务操作具体环节，从以下四个方面系统全面地打造和构建适应中国国情的基于风险管理的内部控制理论与实务操作体系。

《基于风险管理的内部控制理论结构·操作规程·实务指南》在本套丛书中起基础作用，着重构建基于风险管理的内部控制理论框架和实务操作规程。首先，搭建了基于风险管理的内部控制理论结构，为内部控制实践提供理论上的支持。其次，重塑了内部控制构建与实施基本过程，通过对内部控制构建与实施过程中目标确定、风险识别、风险评估、风险应对、控制活动、内部监督等基本程序内容、程序、方法的阐述，将操作过程流程化，具有很强的操作性。最后，按企事业单位业务类别分别阐述各业务领域内部控制具体实务，为各业务环节内部控制的构建与实施提供指导。

《基于风险管理的内部控制设计流程·设计实务·设计模板》突出了对基于风险管理内部控制设计实务的阐述。首先，系统阐述了基于风险管理内部控制设计流程。其次，简要阐述了内部控制整体框架设计实务及其模板。最后，重点阐述了企事业单位各业务环节业务层面具体内部控制设计实务及其模板。

《基于风险管理的内部控制评价流程·评价实务·评价模板》突出了对基于风险管理内部控制评价实务的阐述。首先，系统阐述了基于风险管理内部控制评价流程。其次，简要阐述了内部控制整体框架评价实务及其模板。最后，重点阐述了企事业单位各业务环节业务层面具体内部控制评价实务及其模板。

《基于风险管理的内部控制审计流程·审计实务·审计模板》突出了对基于风险管理内部控制审计实务的阐述。首先，系统阐述了基于风险管理内部控制审计流程。其次，简要阐述了内部控制整体框架审计实务及其模板。最后，重点阐述了企事业单位各业务环节业务层面具体内部控制审计实务及其模板。

四、丛书特色

本套丛书兼容并蓄，博采众长，充分吸收国内外内部控制理论研究成果，系统总结了我国企事业单位丰富的内部控制实践经验，在大胆借鉴国外先进理念的基础上，充分考虑中国企事业单位的实际情况，力求自主创新，既与国际权威框架相趋同，与我国《企业内部控制基本规范》及其配套指引相融合，又突出自身特色。本丛书从理论结构到操作规程，从操作规程再到实务模板，依次增进，相互衔接，逻辑关系简单明了，理论与应用并重。

本套丛书最大的亮点是结合实务精选了近600份中天恒管理咨询公司十年来在100多家企事业单位内部控制与风险管理咨询服务中总结研发的工作模板，这些模板即学即用，具有鲜明的创新性、操作性和针对性。

基于以上特点，本套丛书非常适合作为我国企事业单位高管人员、财务人员、审计人员从事内部控制构建与实施的工具书，也可作为进行相关培训的教材。

这里特别要说明的是，内部控制设计、评价、审计在内容和程序上有诸多相同之处，为避免重复，每本书各有侧重，阅读时请广大读者务必考虑本丛书的整体性；囿于篇幅的限制，本丛书只收入了中天恒管理咨询公司十年咨询服务实践总结出来的一二级流程层面的工作模板，对此次未收入本丛书的大量三级及更细微、具体层级的流程层面工作模板，待今后时机成熟，中天恒3C框架内部控制课题组将专册编辑出版。

虽然本丛书在内部控制理论与实践的探索是多方面的，并力求做到自主创新、科学系统、简单实用、具有可操作性，但因水平有限，难免存在疏漏之处，恳请批评指正。同时，也希望并欢迎广大读者在阅读本丛书时，将遇到的问题与改进意见反馈给我们，以便再版修订，谢谢大家。

我们的联系邮箱是：lsx3c@163.com。

中天恒3C框架内部控制课题组

前言

厘定内部控制审计的操作路径

内部控制审计，是对特定基准日内部控制有效性独立进行的监督活动，促使被审计单位建立健全内部控制体系和有效执行，增强内部控制效能，促进全面提升风险防范能力和经营管理水平，从而确保健康持续发展。

内部控制审计的目的、内容、程序、方法以及报告与其他形式的审计有相同的地方，也有自身的特点。内部控制审计之所以称为审计，是因为它必须是由审计机构或审计人员对内部控制特有对象进行的监督活动。

随着内部控制日益重要，不论是审计机关、内审机构，还是会计师事务所，都越来越重视内部控制审计工作，并将其作为现代审计的一项重要内容。

在审计实务中，长期以来不论是财务报表审计、经济责任审计还是经济效益审计，都把对内部控制健全、有效性作为一项重要审计内容，而不是把内部控制审计作为独立的一种审计类型。如把内部控制审计作为独立的审计类型后，内部控制审计到底如何进行，有两种形式。一是独立审计形式。内部控制审计是对内部控制的有效性发表意见，对象是内部控制，应出具单独的审计报告。因此，可以肯定地说内部控制审计是一项单独的业务。二是整合审计形式。整合审计形式就是将内部控制审计与财务报表审计整合进行的一种审计形式。这两种形式各有特点，整合审计可以提高审计工作效率，但对内部控制审计的工作质量难以提高；单独审计有利于提高审计工作质量，但审计效率较低，也会增加审计成本。就审计机关、内审机构进行的内部控制审计和会计师事务所接受委托从事的非鉴定类的内部控制审计而言，应该采用独立的审计形式。否则，就没有必要进行这类内部控制审计。

一般认为，内部控制审计内容就是对客体特定基准日内部控制设计与运行的有效性的审查和评价，包括控制环境、风险评估、控制活动、信息与沟通和内部监督五要素，或内部环境、目标设定、事件识别、风险评估、风险应对、控制活动、信息与沟通和内部监督八要素的审查和评价。把内部控制整体框架及其要素作为内部控制审计内容是重要的，但这是基本的整体层面上内部控制审计的内容，还应把业务层面的内部控制作为内部控制审计的重要内容。如不把业务层面的内部控制作为审计重点，内部控制审计工作就难以深入，容易表面化、走形式。中天恒3C框架把全面控制分为财务控制、业务控制和管理控制，与之相适应，内部控制审计内容应包括财务控制审计、业务控制审计和管理控制审计三个方面。这种分法便于在内部控制审计实践中操作，但不符合国内外权威内部控制规范的要求。可以肯定地说，审计机构对内部控制进行全面审计是方向，但对内部控制进行全面审计内容不仅包括财务报表相关的内部控制，还包括业务控制和管理控制等方面的审计内容。基于专业胜任能力、报告义务和成本负担等方面的考量，审计机构通常是对与财务报表相关的内部控制进行审计。

不管是对全面内部控制审计还是对局部内部控制审计，内部控制审计内容均应包括内部控制设计与运行两个方面。内部控制设计很重要，内部控制运行更重要，都是内部控制审计的重要内容。关于对内部控制的哪些方面进行审计存在多种说法，主要争论点为是否包括健全性、合理性、适当性、合规性和有效性。健全性、合理性、适当性、合规性和有效性之间到底是什么关系，评价的标准是什么，这在理论上或许能得出一份研究报告，但实际工作当中确实很难区分。因此，应把健全性、合理性、适当性、合规性和有效性统一为有效性，内部控制审计就是对内部控制设计与运行的有效性的审查和评价。

我国《企业内部控制审计指引》把会计师事务所承接的基于鉴定需要的内部控制审计工作分为计划审计工作、实施审计工作、评价控制缺陷、完成审计工作、出具审计报告等主要步骤。中天恒3C框架认为，内部控制审计基本流程包括审计准备、审计实施、审计报告三个阶段，每个阶段又可细分若干内容。

本书系统总结了中天恒管理咨询公司十来年研究和从事内部控制审计方面的丰富的实践经验，充分借鉴了国内外内部控制审计的最佳实践，严格遵循了国家政府监管部门制定的内部控制规范及其应用指引，具有以下特点：

一是创新性。本书以《企业内部控制基本规范》及其配套指引以及中天恒最新研究开发的“基于风险管理的内部控制研究报告”为依据，体现了内部控制与风险管理相融合的理念，体现了政府监管部门的新要求，具有突出的创新性。

二是可操作性。本书把内部控制设计分为审计准备、审计实施、审计报告 3 个一级流程，28 个二级流程（审计准备 10 个二级流程、审计实施 9 个二级流程、审计报告 9 个二级流程），针对每项内部控制审计内容，突出审计内容、操作程序和审计评价，并提供了大量的内部控制审计工作模板及工作底稿，具有极强的可操作性。

三是针对性。本书专为内部控制审计人员和读者自学而编写，是进行内部控制审计人员培训和提升内部控制审计工作能力的工具书，具有极强的针对性。

这里需要提醒的是，内部控制评价和内部控制审计工作在具体程序上基本上一致，为了避免过多重复，在评价书中写的是总体程序，在审计书中写的是较具体的程序。

为感谢广大读者和客户的厚爱，本书力求为我国企事业单位内部控制评价工作提供一些具体和务实的帮助，但内部控制审计因主体的不同而不同，是不断发展变化的，不可能固定化、模式化。由于水平有限，会有疏漏之处，恳请批评指正。

中天恒 3C 框架内部控制课题组

目 录

一、内部控制审计流程

根据中天恒3C框架基于风险管理的内部控制研究结果，内部控制审计，是由审计机构或审计人员，依据国家内部控制规范及其组织内部控制制度，通过系统规范的审计程序和方法，对特定基准日内部控制设计与运行的有效性独立进行的审查、评价等监督活动，是内部控制监控要素的重要内容。简单定义，内部控制审计就是对特定基准日内部控制有效性独立进行的监督活动。内部控制审计的目的、内容、程序、方法以及报告与其他形式的审计有相同的地方，也有自身的特点。内部控制审计之所以称为审计，必须是由审计机构或审计人员对内部控制特有对象进行的监督活动。

内部控制审计流程，是内部控制审计工作从开始到结束的基本过程。内部控制审计流程分几个阶段、每个阶段包括哪些内容，因审计主体和审计范围的不同而不同。我国《企业内部控制审计指引》把会计师事务所承接的基于鉴定需要的内部控制审计工作分为计划审计工作、实施审计工作、评价控制缺陷、完成审计工作、出具审计报告等主要步骤。中天恒3C框架认为，内部控制审计基本流程包括审计准备、审计实施、审计报告三个阶段，每个阶段又可细分若干内容。

1. 审计准备

审计准备，是内部控制审计工作的首要环节，是对内部控制审计工作的规划或计划，一般应包括：

1.1 制定规划

制定规划，就是审计机构对内部控制审计工作作出的事先规划，是确定内部控制审计项目的直接依据。

1.2 确定单位

确定单位，就是确定实施内部控制审计的被审计单位。审计机关和内审机构应依据审计工作规划，根据上级部门和有关领导直接布置的专项工作确定内部控制审计具体被审计单位。会计师事务所只能根据委托协议确定实施内部控制审计的客户。

1.3 初步了解

初步了解，也称初步调查，就是初步了解企业的基本情况及其内部控制状况，是制定具有针对性内部控制审计工作方案的前提。在确定了实施内部控制审计的被审计单位后，审计人员应对被审计单位情况进行初步了解。在审计准备阶段的初步了解不可能太详细，一般应包括了解被审计单位所处的环境和营业的特点、内部控制的构建和运行状况等。

1.4 制订方案

制订方案，就是制订内部控制审计工作方案，是实施内部控制审计的具体依据。内部控制审计工作方案，相当于内部控制审计工作项目计划，是审计机构及审计人员为完成审计业务，达到预期的审计目的，对内部控制审计工作作出的事先规划，对审计人员及时、有效地开展内部控制审计工作具有重要作用。

内部控制审计工作方案内容包括内部控制审计的目的、时间、范围、方式、内容、人员的分工等。会计师事务所的内部控制审计工作项目计划包括：总体审计策略，具体包括审计范围、审计时间、审计方向、审计资料配置；具体审计计划，具体包括风险评估程序、计划实施的进一步审计程序、计划实施的其他审计程序；更改审计计划。内部控制审计工作方案中最主要内容是确定审计范围、审计人员及其审计程序。

1.5 成立小组

成立小组，就是要成立内部控制审计项目组，这是内部控制审计工作能够有效进行的组织和人员上的保证。与一般财务报表审计相比，内部控制审计对审计人员的要求比较高，除应具备基本的财务审计知识和技能外，更需要具备企业经营管理知识和能力，配备具有专业胜任能力的项目组是高质量完成内部控制审计的基础。助理人员是内部控制审计项目组必不可少的组成部分，无论从工作效率还是审计成本考虑，审计项目组都需要助理人员。对助理人员进行适当的督导，可以保证内部控制审计的工作质量。审计机构应根据内部控制审计工作的性质、业务量、难度及时间进度，结合有关领导及部门对内部控制审计任务的特殊要求和规避原则，组织有经验的审计人员，聘请有关专家，组建内部控制审计工作组，任命工作组组长，并对工作组成员提出任务性质、工作量、完成时间、注意事项等要求，同时进行审计前有关法律法规、主要业务培训，为现场审计打好基础。

1.6 确定标准

确定标准，就是确定内部控制审计的具体依据。审计机构在实施内部控制审计前应明确审计标准，并要求所有参与审计人员认真阅读，必要时应进行审计前的培训。国际国内关于内部控制的审计价标准很多，如美国 COSO 报告、加拿大

CoCo 报告以及我国政府部门颁布的法规或者规范性文件等等。这么多标准到底执行哪个标准，这是在内部控制审计之前必须确定的。我国企业的内部控制审计标准统一为财政部、证监会、审计署等五部委颁发的《企业内部控制基本规范》及其配套指引，不能各部门各自为政另搞一套标准。就一个具体内部控制审计项目而言，企业的《内部控制管理手册》、《内部控制评价手册》、《内部控制审计手册》是最具体的标准。就内审机构而言，通常审计人员应选择企业已制定的内部控制标准为内部控制审计的标准。如果认为已有标准不合适，应向适当管理层报告；如果管理层没有制定合适的标准，审计人员应基于组织利益最大化的原则选择适当的审计标准。

1.7　编制程序

编制程序，就是编制内部控制审计的具体流程表。应该说，审计机构都有各自的基本的审计程序表，在内部控制审计前应该在基本的流程表的基础上编制具体内部控制审计程序表，这对引导审计人员进行具体审计工作是非常有用的。内部控制审计程序表一定要在内部控制审计标准要求的基础上，结合企业内部控制现状设计，以增强可操作性。

1.8　资料准备

资料准备，就是内部控制审计前需要准备的相关资料，包括审计机构资料准备及其被审计单位资料准备。审计机构需要准备的资料主要包括审计标准、调查问卷、抽样计划、工作底稿、缺陷认定及报告模板等。在审计工作实施前，将具体内部控制审计流程表及其相应的工作模板让参与审计的人员熟知，对提高内部控制审计工作效率和质量具有十分重要的意义。被审计单位需要准备的资料主要包括内部控制体系文件及相关记录等。根据中天恒多年审计工作实践经验，在内部控制审计前向被审计单位提供审计资料准备清单很重要，便于被审计单位提前做好准备，从而提高内部控制审计工作效率。

1.9　下发通知

下发通知，就是在内部控制审计前下发审计通知书，具体明确内部控制审计的有关事宜。一般来说，内部控制审计工作组于实施现场审计前向被审计单位下达内部控制审计通知书，通知书中明确被审计单位需要准备的资料、参加审计人员，同时要求被审计单位安排一名审计工作协调员，负责审计联络工作及有关事项。下发通知的时间，可以根据实际需要确定，可以是审计人员进现场的当天，也可以提前几天或几周，如没有特殊情况，最好实施前 1 周下发审计通知书，以便于被审计单位做好审前准备。

1.10　组织进点

组织进点，就是组织内部控制审计组入住被审计单位开始进行内部控制审计现场工作。内部控制审计工作涉及面广、难度大，需要企业各部门全力配合才能完成。在内部审计实施前利用进点会或其他形式对被评价单位的高管人员及其员工进行动员或宣讲十分必要。审计组进点后应按照内部控制评价工作方案要求，按照具体分组、分工及时投入实际评价工作中去。

总之，内部控制审计准备阶段工作很多，最主要的工作是制定内部控制审计工作方案（审计计划）、组成内部控制项目组这两项工作。在实际内部控制审计工作中，内部控制审计准备阶段上述工作不可能人为割裂开来，顺序上也不是固定的，内容上可多可少。

2. 审计实施

审计实施，是内部控制审计的核心环节，是内部控制审计最为实质性的阶段，一般包括：

2.1 调查了解

调查了解，专业上称“了解内部控制”程序，是内部控制评价实施阶段的首要环节，是对内部控制现状在前期初步了解的基础上的深入调查和了解。内部控制审计组应了解被审计单位内部控制体系的基本情况，确认审计范围，确定被审计单位的内部控制体系的健全程度，然后决定实施测试所采取的方法。这项工作是在审计准备阶段的基础上进行的，涉及的具体内容很多，因企业的不同而不同，大致可分为：一是从整体层面了解内部控制，包括对控制环境、风险评估、控制活动、信息与沟通、内部监督等五要素的了解。二是从业务流程层面了解内部控制，通常包括如下步骤：确定重要业务流程和重要交易类别；了解重要交易流程，并记录获得的情况；确定可能发生错报的环节；识别和了解相关控制。对企业内部控制整体层面和业务层面的了解都很重要，不能仅限于对内部控制五要素的调查和了解。当然，调查了解内部控制也不能面面俱到，要突出重点，应主要调查被审计单位或部门是否遵循了不相容职务控制、业务程序标准化控制、复查核对控制等程序。对内部控制调查了解，可通过审阅被审计单位的规章制度、组织机构设置表和前一年度的审计工作底稿，或通过现场询问有关人员，以及通过审计人员的实地观察等方式，调查了解被审计单位内部控制系统的详细情况，之后采用一定的方法将调查结果表述出来。内部控制审计应调查的内容，视具体的项目而定，应使用调查清单载明调查内容及要点，以免遗漏。

2.2 初步评价

初步评价，也称适当性测试。内部控制适当性测试是指采用抽样方法，将现行内部控制与理想控制模式进行比较，以评价组织应有的控制环节是否齐全，是否符合组织的实际需要，以及有无欠妥之处。内部控制适当性测试步骤如下：

（1）确定理想的控制模式。理想的控制描述是最完整无缺的内部控制制度具有的良好风险控制所需的所有环节和手段。

（2）描述现行内部控制现状。当理想的控制模式确立之后，评价人员应通过描述的方法对现行的内部控制进行描述。

（3）现行内部控制现状与理想控制模式比较。即将组织现行的内部控制与理想的控制模式进行比较。比较时应注意：现行控制程序与理想控制目标是否相联系；现行控制方法是否适合既定的控制目标，能否满足标准的需要；现行制度与应该有的控制有多大差距；关键的控制制度是否都有，关键的控制点是否得到应有的控制；控制的强点和弱点在哪里。

（4）进行初步评价。在内部控制审计中，进行内部控制初评的主要目的是为了确定控制测试的重点和范围。初评主要考虑的问题是：根据一般规律和被评价单位的具体情况，被评单位可能会发生哪些方面的差错、舞弊、浪费、低效率、失职等不良行为；按照内部控制的原理，被评单位应该建立哪些方面的控制制度才能有效地防止和纠正各种失控现象；被评单位是否具有应有的控制制度，如果没有，是否存在相应在补救措施，等等。对内部控制初评，可通过问题调查表和初步评价表进行反映。

2.3 评估风险

评估风险，就是指风险评估程序，是整个内部控制审计的基础。按照风险导向审计理论，审计人员进行内部控制审计也应当以风险评估为基础，选择拟测试的控制，确定测试所需要收集的证据。就内部控制审计而言，实施风险评估程序的作用在于确定存在重大缺陷的高风险领域，评估结果是确定重要的账户、列报和相关认定，选择拟进行测试的控制，以及确定针对特定控制所需收集的证据。内部控制的特定领域存在重大缺陷的风险越高，给予该领域的审计关注就越多。这与财务报表审计中的风险评估程序有所不同。财务报表审计中的风险评估程序的作用是为了识别和评估财务报表层次的重大错报风险，评估结果是确定重要性水平、识别需要特别考虑的领域、设计和实施进一步审计程序。

2.4 选择控制

选择控制，就是审计人员根据风险评估的结果，识别和选择需要测试的控制。自上而下的方法是审计人员识别风险、选择拟测试控制的基本思路。基于财务报告内部控制，识别和选择要测试的控制主要包括以下内容：

（1）识别整体层面的控制。有些整体层面的控制对审计人员作出企业是否具有有效内部控制的结论来说是重要的，审计人员必须测试对评价内部控制有效性有重要影响的整体层面控制。对整体层面控制的测试，可能增加或减少本应对其他控制进行的测试。整体层面控制包括：与控制环境相关的控制；针对管理层凌驾于控制之上的风险而设计的控制；企业的风险评估过程；集中化的处理和控制，包括共享的服务环境；监控经营成果的控制；监督其他控制的控制，包括内部审计职能、审计委员会的活动及内部控制自我评价；对期末财务报告流程的控制；针对重大经营控制及风险管理实务而采取的政策。

（2）识别重要账户、列报及其相关认定。审计人员应当识别重要账户、列报及其相关认定。相关认定是这样一些财务报表认定：它们包含的一个错报会以相当的可能性导致财务报表发生重大错报。财务报表认定包括：存在或发生；完整性；计价或分摊；权利和义务；列报和披露。为识别重要账户、列报及其相关认定，审计人员应当从下列方面评价财务报表项目及附注的错报风险因素：账户的规模和构成；易于发生错报的程度；账户或列报中反映的交易的业务量、复杂性及同质性；账户或列报的性质；与账户或列报相关的会计处理及报告的复杂程度；账户发生损失的风险；账户或列报中反映的活动引起重大或有负债的可能性；账户记录中是否涉及关联方交易；账户或列报的特征与前期相比发生的变化。

在识别重要账户、列报及其相关认定时，审计人员还应当确定对财务报表产生重大影响的潜在错报的可能来源。审计人员可通过考虑在特定的重要账户或列报中错报可能发生的领域和原因，确定潜在错报的可能来源。在内部控制审计中，审计人员在识别重要账户、列报及其相关认定时应当评价的风险因素，与财务报表审计中考虑的因素相同。在财务报表审计中，审计人员可能针对非重要账户、列报及其相关认定实施实质性程序。如果某潜在重要账户或列报的各组成部分存在的风险差异较大，企业可能采用不同的控制以应对这些风险，审计人员应当分别处理。

（3）了解错报的可能来源。为了进一步了解潜在错报的可能来源，以及作为选择要测试控制的一部分工作，审计人员应当：了解与相关认定有关的交易的处理流程，包括这些交易如何生成、批准、处理及记录；验证审计人员已识别出的、业务流程中可能发生重大错报（尤其是由舞弊导致的错报）的环节；识别管理层用于应对这些潜在错报的控制；识别管理层用于及时防止或发现未经授权的、导致财务报表重大错报的资产取得、使用或处置的控制。当然，审计人员应当了解信息技术如何影响企业的业务流程。穿行测试通常是审计人员完成上述工作的最有效方式。穿行测试是指追踪某笔交易从发生到最终被反映在财务报表中的整个处理过程。在执行穿行测试时，审计人员使用的文件和信息技术应当与企业员工使用的相同。在执行穿行测试时，通常需要综合运用询问适当人员、观察经营活动、检查相关文件及重新执行控制等程序。在执行穿行测试时，针对特定交易的重要处理环节，审计人员可以询问企业员工对规定程序及控制的了解程度。这些试探性提问连同穿行测试中的其他程序，可以帮助审计人员充分了解业务流程，识别必要控制设计无效或出现缺失的重要环节。

（4）选择拟测试的控制。审计人员应当评价控制是否足以应对评估的每个相关认定的错报风险，并选择其中对形成评价结论具有重要影响的控制进行测试。对特定的相关认定而言，可能有多项控制应对评估的错报风险；反之，一项控制可能应对评估的多个相关认定的错报风险。审计人员没有必要测试与某个相关认定有关的所有控制。在确定是否测试某项控制时，不论该项控制的分类和名称如何，审计人员应当考虑其单独或连同其他控制是否足以应对评估的某项相关认定的错报风险。就全面内部控制审计而言，识别和选择要测试的控制主要包括识别和选择整体层面的控制、业务层面的控制两个方面。

2.5 控制测试

控制测试，是审计人员在了解内部控制的基础上，现场测试内部控制设计和运行的有效性，获取充分、适当的证据，以评价内部控制有效性的行为，是内部控制审计的核心程序。内部控制审计中的控制测试是必须进行的程序，而财务报表审计中的控制测试不是必须的程序，两者还有诸多不同之处，不能等同。审计人员应当选择适当类型的审计程序以获取有关控制运行有效性的保证。

内部控制测试应分整体层面控制和业务层面控制两个方面，审计人员在实施测试工作时，可以将整体层面控制和业务层面控制的测试结合进行。不论是对整体层面控制和业务层面控制测试，内部控制审计控制测试内容均包括测试控制设计和运行的有效性两个方面。而财务报表控制测试的内容仅是控制运行的有效性。在内部控制审计实践中，对内部控制设计有效性和运行有效性的审计是分别进行的。

审计人员在测试控制设计的有效性时，应当综合运用询问适当人员、观察经营活动和检查相关文件等程序。内部控制设计的有效性审计实施程序如下：一是描述企业的经营管理流程和业务流程，查找风险点。二是通过风险评估确定应进行控制的风险点（控制点）。对业务流程和管理流程中的各风险点进行风险评估，对影响经营合法性、财务报表真实性、资产安全性和经营效率性的风险点进行确认、记录，并对其可能产生的风险和风险程度进行评估。三是确定企业应当建立的内部控制措施。根据风险评估的结果，并结合对以往审计结果的分析，确定企业应当建立的内部控制措施。四是分析、评价企业已建立的内部控制的有效性。将企业应当建立的内部控制与企业已建立的内部控制进行比较、分析，评价企业已建立的内部控制的覆盖程度和适应情况，具体包括：是否在每一个需要控制的地方设置了控制措施；设置的控制措施是否能够控制相对应的风险；是否安排了过多或不必要的控制点或控制措施；控制职能是否划分清楚；内部控制是否有重点，对风险程度高的控制点是否设置了强有力的控制措施；以往审计发现的内部控制设计缺陷是否得到改善等。

审计人员在测试控制运行的有效性时，应当综合运用询问适当人员、观察经营活动、检查相关文件以及重新执行控制等程序。内部控制运行有效性审计实施程序如下：一是初步调查被审计单位内部控制的执行情况。二是对内部控制执行情况进行测试。对内部控制执行情况进行测试的过程，也是对初步调查结果进行查证核实的过程，要查明被审计单位的各项控制措施是否真实地存在于经营管理活动之中，是否得到贯彻执行，执行程度如何，薄弱环节是哪些等。

事实上，实际工作中内部控制设计有效性和运行有效性应一并进行测试，很难人为地割裂开来。尽管有关内部控制文献特别区分了控制设计和执行的有效性，最终管理层是对内部控制执行而不是设计的有效性作出认定。

2.6 应对舞弊

舞弊风险危害极大，内部控制是防范舞弊风险的一种有效手段。在内部控制审计准备阶段，审计机构应当考虑舞弊风险的评估结果。在测试整体层面控制和业务层面控制时，审计人员应当评价内部控制是否足以应对舞弊风险。就财务报告内部控制而言，可以应对这些风险的控制包括：对重大的异常交易的控制，特别是那些导致延迟或异常日记账记录的交易；对日记账记录以及在期末财务报告流程内作出调整的控制；对关联方交易的控制；与重要的管理层估计相关的控制；会减轻管理层虚构或不当管理财务结果的动机或压力的控制。

2.7 获取证据

获取证据是内部控制审计的核心工作，贯穿于内部控制审计实施阶段的始终。获取充分、适当的证据是实施审计工作的主要内容，也是确保审计工作质量的关键。

(1) 风险与获取证据的关系。在风险导向审计方式下，审计人员应当根据与内部控制相关的风险，确定拟实施内部控制审计程序的性质、时间和范围，获取充分、适当的证据。审计人员应当根据与内部控制控制相关的风险，确定所需获取的证据。与内部控制相关的风险包括控制可能无效的风险和因控制无效而导致重大缺陷的风险，具体包括：该项控制拟防止或发现的错报的性质和重要程度；相关账户、列报及其认定的固有风险；相关账户或列报是否曾经出现错报；交易的数量和性质是否发生变化，进而可能对该项控制设计或运行的有效性产生不利影响；整体层面控制（特别是监督其他控制的控制）的有效性；该项控制的性质及其执行频率；该项控制对其他控制（如控制环境或信息技术一般控制）有效性的依赖程度；该项控制的执行或监督人员的专业胜任能力，以及其中的关键人员是否发生变化；该项控制是人工控制还是自动化控制；该项控制的复杂程度，以及在运行过程中依赖判断的程度。与内部控制相关的风险越高，审计风险也越大，审计人员需要获取的证据应越多。当然，这也要考虑获取证据的证明力，即获取审计证据的质量，而不能仅仅是证据的数量，因为终究要考量成本与效率的平衡。

（2）获取证据的方法。获取审计的方法，也就是审计方法。审计人员在测试控制设计与运行的有效性时，应当综合运用询问适当人员、观察经营活动、检查相关文件、穿行测试和重新执行等方法。获取证据的方法不同，所获取的证据的效力也不同。一般来说，获取证据的方法按提供证据效力由弱到强排序为询问、观察、检查和重新执行。询问本身并不足以提供充分、适当的证据。审计人员在测试控制设计与运行的有效性时，根据测试控制的性质、范围等不同，可选用一种或几种方法来获取充分、适当的证据。

（3）获取证据的时间范围。对鉴证类内部控制审计，审计人员应当尽量在接近企业内部控制自我评价基准日实施测试。审计机构要对企业内部控制自我评价报告作出鉴证性的审计意见，越接近企业内部控制自我评价基准日实施测试，就越能获取充分、适当的证据，提供的控制有效性的证据也越有力。审计人员在确定测试的时间时，实施的测试需要涵盖足够长的期间。从理论上讲，对控制有效性的测试涵盖的期间越长，提供的控制有效性的证据越多。这个足够长的期间到底是多长，没有明确的规范要求，这需要审计人员的专业判断。

（4）控制偏差对获取证据的影响。控制偏差，是指内部控制运行偏离设计的情况。对于控制偏差，审计人员应当确定该偏差对相关风险评估、需要获取的证据以及控制运行有效性结论的影响。

此外，审计人员为证实控制未发生变化而需获取证据的性质和范围，可能随情况的变化而变化。例如，企业程序变更控制的强弱将影响需获取证据的性质和范围。

2.8 评价缺陷

评价缺陷，即评价控制缺陷，就是审计人员以公认的方法和标准，对内部控制存在的设计和执行有效性方面的问题进行分析，进而评估内部控制缺陷导致财务报告错报的影响程度以及发生可能性的过程，是内部控制审计实施阶段的重要环节。内部控制缺陷评价不是一个简单的过程。在具体的评价过程中，审计人员应将已经调查了解到的内部控制系统的现状与事先确定的内部控制标准模式进行对照，以揭示哪些法规规定的控制程序未被采用；对照中发现的控制缺陷，应当按照不同内容分类，并汇集在“内部控制系统缺陷登记表”中记录；对已发现的内部控制重大缺陷，审计人员应当及时以书面形式与被评价单位进行沟通，核对测试结果和数据，确认内部控制缺陷事实，并在缺陷认定底稿上签章。在判断某项内部控制缺陷单独或连同其他内部控制缺陷是否为重大缺陷时，审计人员应当考虑潜在的错误或舞弊可能导致错报的金额和性质。

2.9 形成意见

形成意见，即形成审计意见。审计意见是对被审计单位内部控制有效性的审计结论。内部控制审计意见应该为被审计单位内部控制有效或无效，不需要过多修辞。内部控制审计工作就是为了形成对内部控制有效性的审计意见。如果内部控制审计工作未能形成对内部控制有效性的审计意见，内部控制审计工作目标就没有实现，甚至就成了无效审计。

审计意见的形成是一个复杂的过程，需要做的工作很多，以下几个方面非常重要：一是对获取证据进行分析评价。审计机构内部控制审计的实施过程就是获取证据以形成对内部控制有效性的意见的过程。审计证据是形成对内部控制有效性的意见的直接依据，审计人员应当评价从各种来源获取的证据。中天恒 3C 框架一直认为，审计评价是审计工作的一个重要环节，要把审计评价贯穿于审计工作始终，并要进行独立的评价程序，编制专门的审计评价工作底稿。二是就审计事实进行现场沟通。一般来说，审计人员在审计外勤工作结束前就审计事实与被审计单位进行充分的沟通是十分重要的，这不仅有利于被审计单位对审计意见的理解和支持，而且有利于提高审计质量和效率。审计人员与被审计单位需要沟通的事项很多，应当与被审计单位沟通审计过程中识别的所有控制缺陷。沟通的形式多种多样，对于重大缺陷和重要缺陷，应当以书面形式与董事会和经理层沟通。如审计人员认为审计委员会和内部审计机构对内部控制的监督是无效的，应当就此以书面形式直接与董事会和经理层沟通。不论是何种沟通，审计人员都应做好沟通记录，形成审计工作底稿。审计过程中的各种沟通时间最好在审计人员审计外勤工作结束前，最晚应当在审计机构出具内部控制审计报告之前进行。三是获取企业签署的书面声明。获取管理层书面声明是注册会计师执业准则的基本要求，注册会计师应当按照《中国注册会计师审计准则第 1341 号——管理层声明》的规定，确定声明书的签署者、声明书涵盖的期间以及何时获取更新的声明书等。《企业内部控制审计指引》明确要求“注册会计师完成审计工作后，应当取得经企业签署的书面声明”。审计机构进行内部控制审计都应当取得经企业签署的书面声明。书面声明获取的时间最好是在审计准备阶段。书面声明的内容因审计机构、审计类型要求的不同而不同，也因被审计单位实际情况的不同而不同。就会计师事务所承接的鉴证类内部控制审计而言，书面声明应当包括下列内容：企业董事会认可其对建立健全和有效实施内部控制负责；企业已对内部控制的有效性作出自我评价，并说明评价时采用的标准以及得出的结论；企业没有利用注册会计师执行的审计程序及其结果作为自我评价的基础；企业已向注册会计师披露识别出的所有内部控制缺陷，并单独披露其中的重大缺陷和重要缺陷；企业对于注册会计师在以前年度审计中识别的重大缺陷和重要缺陷，是否已经采取措施予以解决；企业在内部控制自我评价基准日后，内部控制是否发生重大变化，或者存在对内部控制具有重要影响的其他因素。企业如果拒绝提供或以其他不当理由回避书面声明，注册会计师应当将其视为审计范围受到限制，解除业务约定或出具无法表示意见的内部控制审计报告。

中国注册会计师协会发布的《企业内部控制审计指引实施意见》自上而下的方法分为下列步骤：一是从财务报表层次初步了解内部控制整体风险；二是识别、了解和测试企业层面控制；三是识别重要账户、列报及其相关认定；四是了解潜在错报的来源并识别相应的控制；五是选择拟测试的控制。

3. 审计报告

审计机构在完成内部控制审计现场工作之后，应当出具内部控制审计报告。显然，不能在内部控制审计前或审计工作未完成或未经审计就出具内部控制审计报告。审计机关、内审机构、会计师事务所出具的内部控制审计报告在格式、体例、要素、内容等方面不完全一样，应注意之间的区别。审计机构在出具内部控制审计报告的基础上，根据需要或委托要求可出具一份致管理部门的意见书或改进建议书。审计报告及意见书，既可以作为管理者改进内部控制、加强经营管理的依据，也可作为审计人员履行职责的依据，还可以作为下次审计选择重点或线索的依据。

内部控制审计报告，是审计人员根据内部控制审计计划对内部控制实施必要的审计程序后出具的全面、客观、准确地反映内部控制审计结果的书面文件，是将审计人员在对内部控制审计过程中的发现、查明的事实、获得的结论与建议，以书面文字形式通知组织有关管理阶层的重要环节。简单说，出具内部控制审计报告是内部控制审计工作的重要环节，是内部控制审计成果的集中体现。内部控制审计报告是将审计结果转达成建议改善或通知纠正的手段，当作提供有关方面作决定的行动的根据。因此，内部控制审计报告的基本作用是促请有关管理阶层及时采取增进效能与效率的行动。当然，鉴证类内部控制审计报告还具有重要的鉴证作用。内部控制审计报告的出具应该遵循一定的程序。出具内部控制审计报告是项复杂的工作，具体报告流程或程序尚没有统一的规定，审计机构之间的做法也不一致。根据中天恒的经验，内部控制审计报告的基本流程如下：

3.1 复核底稿

复核底稿，就是复核内部控制审计工作底稿，这是出具内部控制审计报告之前必须完成的重要工作。

3.2 分析缺陷

分析缺陷，就是汇总分析审计实施过程中形成的各类缺陷。

3.3 核定意见

核定意见，就是在复核审计工作底稿、汇总分析控制缺陷的基础上，项目组对内部控制审计人员形成的审计意见进行审核和确定的过程。根据《企业内部控制审计指引》的要求，注册会计师应当对财务报告内部控制的有效性发表审计意见，并对内部控制审计过程中注意到的非财务报告内部控制的重大缺陷，在内部控制审计报告中增加非财务报告内部控制重大缺陷描述段予以披露。这考虑了注册会计师的专业胜任能力，重点是要对财务报告内部控制的有效性发表审计意见，限制了发表审计意见的内部控制范围。一般来说，注册会计师出具的内部控制审计报告意见类型有无保留意见、带有强调事项段的无保留意见、否定意见、无法表示意见等。

3.4 起草报告

起草报告，就是具体起草内部控制审计报告的具体工作。审计人员应根据审计结果起草审计报告。内部控制审计报告起草工作应该始于对每个具体项目审计完以后所提出的单项审计结果报告；进入最终报告的起草工作，应将各单项结果报告进行整理汇总，撰写最终报告的草稿。起草执笔应由审计组长或指定人员担任，必须具有一定的经验、学识及写作技巧。

3.5 复核报告

复核报告，就是对审计人员起草的内部控制审计报告进行的多层次复核工作。一般审计人员起草的报告由组长或审计机构负责人复核，审计组长起草的报告应由审计机构负责人复核。复核时，应充分考虑报告主题和整体着眼点的需要，检验并消除可能的矛盾，如工作底稿与报告内容的矛盾、报告中不同章节内容的矛盾，并复核表达的正确性、合理性以及文词修饰的恰当性。

3.6 征求意见

征求意见，就是复核后的内部控制审计报告在提交审定前，向被审计单位征求意见，听取被审计单位对内部控制审计报告意见与建议的反应。这有利于表达审计机构对被审计单位的尊重和开诚布公的态度，避免猜忌误会；预告内部控制审计报告内容及意见，并通过讨论协商达成共识，以减少日后贯彻的阻力。

3.7 审定签发

审定签发，就是内部控制审计报告征求被审计单位的意见后，审计机构按照内部管理程序审定签发内部控制审计报告。《企业内部控制审计指引》明确规定了内控审计报告的格式和内容，但并未对如何公布、披露内控审计报告作出详细规定。从美国的情况看，企业管理层的财务报告内控自评报告和公共会计公司的财务报告内控审计报告，一般与企业年度报告一并公布。从我国部分上市公司近年来先行先试内控审计的做法看，既有在年度报告中单作一部分予以披露的，也有自成体系形成一个专门报告单独披露的。两种做法各有利弊，应尊重企业的自主选择权。同时，考虑到内控自评报告和审计报告与年度财务报告、财务报表审计报告等具有直接内在关联，3C 框架倾向于建议企业在年度报告中一并披露内控审计报告，以利于投资者、债权人、社会公众和其他利益相关者在通盘了解企业经营状况、财务状况、内控状况的基础上作出正确决策。但是应当强调，在年度报告中一并披露的内控审计报告是一份独立的报告，不同于财务报表审计报告，否则与传统做法没有区别，也易于弱化内控审计。

3.8 结果利用

结果利用，就是内部控制审计报告的运用，是内部控制审计作用发挥的主要表现。对企业而言，通过反思内部控制审计结果尤其是内控重大缺陷，并将内控有效性情况纳入绩效考评体系，可以促进健全内控机制，培育内控文化，推动内控理念和制度深入人心、落地生根。对政府有关部门而言，通过分析、利用企业内部控制审计结果，可以增强政府监督的针对性和实效性；同时，通过汇总、分析各类企业尤其是上市公司内部控制审计结果，发布上市公司内部控制年度综合分析报告，可以为改进宏观调控、完善资本市场提供直接有力的决策参考。对审计机构而言，通过测试、评价企业内控有效性，由点及面，积少成多，可以丰富、充实企业内控经验教训案例库，为今后内部控制审计提供强有力的支持。对社会有关方面包括理论界而言，内部控制审计报告为深度研究公司治理、风险管理和内部控制问题提供了丰富素材，在此基础上归纳、拓展、提升，可以为深化企业内控建设提供科学的理论指导。

3.9 总结档案

内部控制审计工作完成后，审计机构应对审计过程、审计方法等方面进行总结，以及时积累经验，改进问题，不断提高内部控制审计质量。企业应当建立内部控制审计工作档案管理制度，妥善保管内部控制审计的有关文件资料、工作底稿和证明材料等。

二、内部控制整体框架审计实务

1. 内部环境审计实务

内部环境审计，就是对内部环境要素的检查和评价，具体包括对组织架构、发展战略、人力资源、社会责任、企业文化等方面内容的审计。

一般来说，内部环境审计要点包括：一是查明组织是否科学界定决策、管理、执行、监督各层面的地位、职责与任务，形成有效的分工和制衡机制；组织相关机构是否切实发挥了其职能作用；组织有无为内部控制建立和执行提供强有力的组织结构保障和工作机制保障。二是查明组织在经营管理过程中有无形成有效的精神、意识和理念，并查明它们对内部控制有效性和组织管理目标实现的影响。三是查明组织人力资源政策是否科学、规范、公平、公开与公正，是否有利于调动员工的积极性、主动性和创造性。四是查明组织是否有健全的内部审计机构，是否应重视和加强其内部审计监督工作；内部审计工作对于营造守法、公平、正直的内部环境和形成有权必有责、用权受监督的管理氛围是否发挥了应有的作用。

中国内部审计协会制定的《内部控制审计准则》认为，审计人员应充分了解控制环境，实施适当的审查程序，重点审查经营活动的复杂程度、管理权限的集中程度、管理行为守则的健全性和有效性、管理层对逾越既定控制程序的态度、组织文化的内容及组织成员对此的理解与认同、法人治理结构的健全性和有效性、组织各阶层人员的知识与技能、组织结构和职责划分的合理性、重要岗位人员的权责相称程度及其胜任能力、员工聘用程序及培训制度、员工业绩考核与激励机制等，以评价被审计单位的控制意识与态度。在审查控制环境时，审计人员应注意构成控制环境的方式和手段是多样的，内部控制环境不具有唯一性。健全的内部控制环境并不恪守于形式，而着重于最终能否满足控制目标。

2. 风险评估审计实务

风险评估审计，就是对风险评估内部控制有效性的检查和评价。根据中国注册会计师审计准则的要求，注册会计师应当了解被审计单位的风险评估过程和结果。风险评估过程包括识别与财务报告相关的经营风险，以及针对这些风险所采取的措施。在评价被审计单位风险评估过程的设计和执行时，注册会计师应当确定管理层如何识别与财务报告相关的经营风险，如何估计该风险的重要性，如何评估风险发生的可能性，以及如何采取措施管理这些风险。注册会计师应当询问管理层识别出的经营风险，并考虑这些风险是否可能导致重大错报。在审计过程中，如果识别出管理层未能识别的重大错报风险，注册会计师应当考虑被审计单位的风险评估过程为何没有识别出这些风险，以及评估过程是否适合于具体环境。在小型被审计单位，管理层可能没有正式的风险评估过程，注册会计师应当与管理层讨论其如何识别经营风险以及如何应对这些风险。根据中国内部审计协会制定的《内部控制审计准则》规范要求，内部审计人员应实施适当的审查程序，评价组织风险管理机制的健全性和有效性。这方面审查重点包括：一是可能引发风险的内外因素。为了审查风险管理机制是否健全有效，审计人员需要独立地对组织可能面临的风险因素进行识别，并与组织各职能部门的工作相比照，从而审查组织是否对可能的风险进行了有效的识别。二是风险发生的可能性和预计带来的后果。基于成本效益考虑，组织对所面临的不同风险将采取不同的对策。判断应采取何种对策，取决于对各种已识别的风险的可能性和预计后果进行的分析。对于发生可能性较大且预计后果比较严重的风险应该特别关注，采取有效措施进行管理。三是对抗风险的能力。在组织运营过程中，风险总是存在的。为了应对风险，组织应建立风险管理机制，保持恰当的对抗风险能力，尽可能地将风险损失降低到最小程度。内部审计人员需要对组织对抗风险的及时性以及措施的有效性进行审查和评价，保证组织能够持续稳定的运营，并帮助组织增强对抗风险的能力。四是风险管理的具体方法及效果。风险管理的具体方法是各职能部门采取的具体控制活动，内部审计人员的职责是对这些具体方法的实施效果进行检查与评价，以确定其是否能够有效将风险控制在组织可以接受的范围之内。

根据风险评估过程，风险评估审计主要包括目标设定审计、风险识别审计、风险分析审计和风险应对策略审计。就风险分析审计而言，其审计要点包括：一是是否从因果两个方面去分析风险发生的可能性和影响程度。因为找不出风险发生的原因，就无法判定风险发生的可能性（或然率），也难以找出预防风险的方法；如果不知道其结果，就无法判定风险的影响程度（重大性），也就难以确定用多少资源来控制风险。二是所采用的定性、定量分析标准和方法是否科学合理。审计人员应重点考虑已识别的风险特征、相关历史数据的充分性和可靠性、管理层进行风险评估的技术能力和成本效益的考核与衡量。三是是否根据风险分析的结果，运用专业判断，按照风险发生的可能性大小及其对企业影响的严重程度进行风险排序，以及风险排序是否准确、所拟定的风险管理决策是否恰当、有无确定重点关注的重要风险。

在我国企业内部控制审计实践中，有些企业把风险评估审计要点简单归纳为是否运用了科学合理的风险评估方法体系和模型对风险进行定期分析与评估，其审计方法包括：使用调查问卷对审计要点主要内容进行了解；询问各级公司和相关部门的风险信息管理人员，了解其是否掌握科学合理的风险评估方法体系和评估模型；查阅各级公司和相关部门的风险评估文档记录，证实其运用了风险评估方法体系和模型对本部门风险进行了分析与评估；询问部分员工，证实其是否了解本部门风险情况，对所了解风险是否进行了及时处理；查阅相关部门的风险评估与分析文档记录，证实遇到重大的外部环境变化时已及时向上级公司报送了风险信息。

中天恒3C框架认为，上述审计要点无疑是我国风险评估内部控制审计的基本内容，但风险评估内部控制构建与实施因主体的不同而不同，因此，风险评估内部控制审计内容因被审计单位的不同而不同，不能固定化、模式化。事实上，风险评估内部控制审计内容因其审计方式的不同也略有不同。一般来说，采用传统的全面审计方式，风险评估内部控制审计是审查和评价风险评估内部控制设计和运行的有效性两个方面，范围包括风险评估的设计、风险评估的执行等业务。采用现代以风险为导向审计方式，审计人员应以风险评估风险为导向，审计已经设计完成的风险评估内部控制及其相关的管理制度是否有效执行。是否有效控制了风险评估风险；已经设计有效的风险评估各控制点的控制措施是否有效实施，是否有效防止了各控制环节的风险，是否根据业务、环境等的变化持续改进风险评估内部控制等。

从中天恒长期从事风险评估内部控制审计的实践看，风险评估审计的要点与方法主要包括风险分析内部控制审计、风险评价内部控制审计、管理改进内部控制审计等内容。在具体操作中，风险评估审计一定要和具体业务审计相结合。

3. 控制活动评估审计实务

控制活动审计，就是对控制活动内部控制有效性的检查和评价。根据《内部审计具体准则第5号——内部控制审计》的规定，控制活动主要包括以下内容：一是所有经营活动应有适当的授权，即业务授权控制；二是不相容职务应当分离，即职责分工控制；三是有效控制凭证和记录的真实性，即凭证与记录控制；四是资产和记录的接近限制，即资产接触与记录使用控制；五是独立的业务审核，即独立稽核。其第十五条规定：内部审计人员应实施适当的审查程序，评价控制活动的适当性、合法性、有效性。内部审计人员需要按照组织的各业务环节逐一对控制活动进行评价和审查。其审查的重点内容包括：一是控制活动建立的适当性；二是控制活动对风险的识别和规避；三是控制活动对组织目标实现的作用；四是控制活动执行的有效性。

中天恒3C框架认为，控制活动内部控制构建与实施因企业的不同而不同，因此，控制活动内部控制审计内容，因被审计单位的不同而不同，不能固定化、模式化。事实上，控制活动内部控制审计内容因其审计方式的不同也略有不同。一般来说，采用传统的全面审计方式，控制活动内部控制审计是审查和评价控制活动内部控制设计和运行的有效性两个方面，范围包括控制活动的设计、控制活动的执行等业务。采用现代以风险为导向审计方式，审计人员应以控制活动风险为导向，审计已经设计完成的控制活动内部控制及其相关的管理制度是否有效执行，是否有效控制了控制活动风险；已经设计有效的控制活动各控制点的控制措施是否有效实施，是否有效防止了各控制环节的风险；是否根据业务、环境等的变化持续改进控制活动内部控制等。不管采用哪一种审计方式，内部活动审计，既要查明主体制定的内部控制各项措施是否恰当、有针对性、经济有效、方便易行，又要查明对具体业务与事项所采用的政策与程序是否适当有效。控制活动审计，总体上包括对职责分工、授权、审核批准、预算、财产保护、会计系统、内部报告、经济活动分析、绩效考评、信息技术等控制措施审计。在对控制活动总体审计的基础上，进一步审查控制措施在主要经济业务和事项中的贯彻执行情况。从中天恒会计师事务所长期从事控制活动内部控制审计的实践看，控制活动审计包括整体层面和业务层面控制活动审计两个层面，关键是业务层面控制活动审计，整体层面的控制活动审计应该是在业务层面审计基础上进行的，具有汇总性质。

4. 信息与沟通审计实务

信息与沟通审计，就是对信息与沟通内部控制有效性的检查和评价。《内部审计具体准则第 5 号——内部控制审计》第十六条的规定：内部审计人员应实施适当的审查程序，评价组织获取及处理信息的能力。一是获取财务信息、非财务信息的能力。内部审计人员需要审查信息系统的设计、运行情况，以及管理层对信息系统的支持程度，以评价获取财务信息、非财务信息的能力。二是信息处理的及时性和适当性。内部审计人员需要审查信息传递的时间、速度以及如何处理，以评价信息处理的及时性和适当性。三是信息传递渠道的便捷与畅通。内部审计人员需要审查组织各部门之间信息的沟通途径，以及各级管理层接纳信息的反应等内容，以评价信息传递渠道的便捷与畅通。四是管理信息系统的安全与可靠性。内部审计人员需要审查组织内部对信息系统安全和可靠性所采取的各种措施发挥作用的情况。

中天恒 3C 框架认为，信息与沟通内部控制构建与实施因主体的不同而不同，因此，信息与沟通内部控制审计内容因被审计单位的不同而不同，不能固定化、模式化。事实上，信息与沟通内部控制审计内容因其审计方式的不同也略有不同。一般来说，采用传统的全面审计方式，信息与沟通内部控制审计是审查和评价信息与沟通内部控制设计和运行的有效性两个方面，范围包括信息与沟通的设计、信息与沟通的执行等业务。采用现代以风险为导向审计方式，审计人员应以信息与沟通风险为导向，审计已经设计完成的信息与沟通内部控制及其相关的管理制度是否有效执行，是否有效控制了信息与沟通风险；已经设计有效的信息与沟通各控制点的控制措施是否有效实施，是否有效防止了各控制环节的风险；是否根据业务、环境等的变化持续改进信息与沟通内部控制等。从中天恒管理咨询公司长期从事信息与沟通内部控制审计的实践看，信息与沟通审计包括整体层面和业务层面两个层面，关键是业务层面信息与沟通审计，整体层面的信息与沟通审计应该是在业务层面审计基础上进行的，具有汇总的性质。在整体层面上，信息与沟通内部控制审计主要是查明主体所建立的信息收集系统和信息沟通渠道能否确保与影响内部控制其他要素有关的信息有效传递，促进决策层、管理层和全体员工正确履行相应的职能，主要内容包括信息收集审计和信息沟通审计。

（1）信息收集审计要点包括：能否准确识别、全面收集来自于单位外部及内部的财务及非财务信息，为内部控制的有效运行提供信息支持；是否通过会计资料、经营管理资料、调查研究报告、会议记录纪要、专项信息反馈、内部报刊网络等渠道和方式获取所需的内部会计信息、生产经营信息、资本运作信息、人员变动信息、技术创新信息、综合管理信息等；是否通过立法监管部门、社会中介机构、行业协会组织、业务往来单位、市场调查研究、外部来信来访、新闻传播媒体等渠道和方式获取所需的外部政策法规信息、经济形势信息、监管要求信息、市场竞争信息、行业动态信息、客户信用信息、社会文化信息、科技进步信息等；管理层是否能及时、完整地知悉自己为履行职责所必须知道的信息，组织如何把详细的信息及时提供给适当的员工，使他们有效率和有效果地执行任务；建立或修正资讯系统是否适应单位整体规划的需要，是否有利于单位整体目标和作业层级目标的实现；管理层是否重视和支持信息系统工作，在人力、物力及财力上投入程度如何、有哪些方面的承诺。

（2）信息沟通审计要点包括：是否采取互联网络、电子邮件、电话传真、手机短信、信息快报、例行会议、专题报告、调查研究 、员工手册、教育培训、内部刊物等多种方式，对所需的信息在单位内部准确、及时传递与共享；所沟通的信息是否通过筛选和核对，以保证其真实、可靠和适当，不至于产生负面影响；员工是否知道自己的工作目标、工作任务和控制责任，是否了解控制责任，是否正确履行在相关部门和人员之间的影响；是否允许员工对不当行为反映采取特别沟通方式，如匿名沟通、绕过直属上司向上级呈报，对反映疑似不当行为的人是否提供回馈、是否真的不打击报复；是否建立有开放性与外界沟通的渠道，是否建立有收集回馈资讯的机制，回馈资讯是否能及时、准确地传达给有关内部人员；是否关注与投资者和债权人的沟通、与客户的沟通、与供应商的沟通、与监管机制的沟通、与外部审计的沟通和与律师的沟通、与新闻媒体的沟通等；当管理层收到外界对单位不良反映或投诉时，是否积极地采取追查的行动，并把追查结果及时告知反映或投诉的单位和个人。

5. 内部监督审计实务

内部监督审计，就是对内部监督内部控制有效性的检查和评价。根据《内部审计具体准则第 5 号——内部控制审计》规定，内部监督主要包括以下内容：一是内部审计机构实施的独立监督。内部审计是内部控制的组成部分，同时，它又通过独立监督评价其他内部控制要素适当性、合法性和有效性，促进内部控制的完善。二是管理层对内部控制的自我评估。内部控制自我评估是在内部审计机构的主持下，通过研讨会或调查问卷等形式，由参与内部控制设计及实施的组织中的管理人员或其他人员考察和评估内部控制的效果。

中天恒 3C 框架认为，内部监督内部控制构建与实施因主体的不同而不同，因此，内部监督内部控制审计内容因被审计单位的不同而不同，不能固定化、模式化。事实上，内部监督审计内容因审计方式的不同也略有不同。一般来说，采用传统的全面审计方式，内部监督内部控制审计是审查和评价内部监督内部控制设计和运行的有效性两个方面，范围包括内部监督的设计、内部监督的执行等业务。采用现代以风险为导向审计方式，审计人员应以内部监督风险为导向，审计已经设计完成的内部监督内部控制及其相关的管理制度是否有效执行，是否有效控制了内部监督风险；已经设计有效的内部监督各控制点的控制措施是否有效实施，是否有效防止了各控制环节的风险；是否根据业务、环境等的变化持续改进内部监督内部控制等。从中天恒长期从事内部监督内部控制审计的实践看，内部监督审计包括整体层面和业务层面内部监督审计两个层面，关键是业务层面内部监督审计，整体层面的内部监督审计应该是在业务层面审计基础上进行的，具有汇总的性质。从内部监督内部控制审计的总体看，内部监督内部控制审计主要是查明主体所采用的对内部控制制度监督检查方式方法的合理性和有效性，包括持续性监督检查审计、专项监督检查审计和缺失报导和追查行动审计等。

（1）持续性监督检查审计要点。应关注以下问题：

➢ 审计委员会、内部审计机构或者实际履行内部控制监督检查职责的其他有关机构是否根据国家法律法规要求和组织授权，采取适当的程序和方法，对内部控制的建立与实施情况进行监督检查，形成检查结论并出具书面检查报告。

➢ 履行监督检查职责的机构是否加强了队伍职业道德建设和业务能力建设，其成员能力及经验水平是否适合其履行职责所需，监督检查的范围、责任和计划是否适当，监督检查机构在单位中的地位是否适当，能否直接向最高决策层或管理层报告工作，有无权威性。

➢ 对日常经营过程中的管理、监督、比较、调节和其他例行的行动，是否关注监督检查下列问题：负责营运的管理层，在履行日常管理职责时，有无取得内部控制持续发挥功能的原始记录（证据）；是否利用外部信息来验证内部产生的信息的正确性；是否利用健全的组织结构和职责分工来监督控制的有效性，并辨别其缺失；有无将记录与实体资产进行定期或不定期的核对，以揭示其差异，并追究原因；有无利用内审、外审用其他方面检查所取得的信息、建议，来强化内部控制；有无通过各种会议形式取得内部控制是否有效的信息，并进行反馈和采取对策；有无定期要求员工汇报他们是否了解单位的员工守则，是否贯彻执行守则，是否对所取得的汇报信息进行验证；管理层是否通过培训、会议等形式而获知内部控制是否有效的程度，员工建议是否由下向上传递，对合理的建议能否及时采取行动。

（2）专项监督检查审计要点。应关注以下问题：

➢ 专项监督检查的内容是否属于应该检查的内容，其范围的广度、深度及检查频次是否适当。

➢ 专项监督检查的程序是否适当，检查人员是否认真了解被检查活动，是否深入了解该项活动应该如何运作，是否将实际动作与应该如何动作作比较，并分析其差异。

➢ 专项监督检查所使用的检查表、问卷或其他评估工具是否适当，检查小组是否充分发挥集体智慧，负责检查人是否具有权威性。

➢ 是否拥有必要的评估资料，是否详细记录了检查过程和结果。

（3）其他审计要点。主要包括：

➢ 已发现的内部控制缺失（设计和执行中的缺陷）是否进行汇集并予以报导。

➢ 报告的方式方法是否适当，或直接告诉职工或其上级，或向更高层的主管和董事会报告等。

➢ 是否调查了发生问题的原因，是否针对缺失采取了更正措施，是否对更正行为效果进行了追查。

三、组织架构内部控制审计实务及其模板

1. 审计概念

关于组织架构的概念，《企业内部控制应用指引第1号——组织架构》第二条规定："本指引所称组织架构，是指企业按照国家有关法律法规、股东（大）会决议和企业章程，结合本企业实际，明确股东（大）会、董事会、监事会、经理层和企业内部各层级机构设置、职责权限、人员编制、工作程序和相关要求的制度安排。"

组织架构内部控制审计，就是对被审计单位组织架构内部控制设计与运行的有效性的审查和评价活动，对促使被审计单位加强组织架构内部控制建设、防范组织架构风险具有重要意义。COSO内部控制整合框架和企业风险管理整合框架认为，一个企业的组织结构提供了计划、执行、控制和监督其活动的框架。中天恒3C框架认为，组织架构在企业组织系统中起着框架作用，有了它，组织系统中的人流、物流、信息流才能正常流通，使组织目标的实现成为可能。组织架构对企业有效实施内部控制至关重要。

企业应当建立对组织架构内部控制的审计制度，明确审计机构或人员的职责权限，定期或不定期地进行检查。内部审计部门或人员应检查组织架构的设计、组织架构的执行业务内部控制制度是否健全，各项规定是否得到有效执行。

2. 审计依据

组织架构控制审计依据除了国家关于组织架构管理方面的法律法规、企业制定的组织架构管理制度及其《企业内部控制手册》有关组织架构部分的内容外，还应包括包括国家、行业协会、被审计单位有关审计方面的规范及标准等。

3. 审计目标

组织架构内部控制审计目标，就是审计人员通过对组织架构内部控制设计和运行情况的审查评价，确认组织架构内部控制设计和运行的有效性，促使企业持续不断地建立健全和有效实施组织架构内部控制，有效预防和控制组织架构风险。这实际上是组织架构内部控制审计的总体目标，在内部控制审计实践中，更重要的是要确定组织架构关键控制审计的具体目标。由于组织架构的关键控制因

企业不同而不同，因此，组织架构内部控制审计的具体审计目标也不可能完全一样。一般来说，以下几个方面是重要的。

3.1 治理结构内部控制审计目标

（1）董事会。通过对董事会内控审计，以预防和控制企业因不符合国家监管部门有关董事会的规定，可能受到处罚；独立董事不能充分发挥其作用，有可能出现损害中小股东利益的情况；非执行董事之间的交流不充分，可能无法充分发挥对管理层的监督职能等方面的风险。

（2）监事会。通过对监事会内控审计，以预防和控制企业因不符合国家监管部门有关监事会的规定，监事会可能无法充分和及时地实施对董事、总经理、副总经理和其他高级管理人员的监督等方面的风险。

（3）审计委员会。通过对审计委员内控审计，以预防和控制企业因不符合国家监管部门有关审计委员会的规定，可能受到处罚；审计委员会的职能不全，无法充分发挥作用，可能无法发现内控机制不完善及财务报告存在不真实陈述的情况等方面的风险。

（4）内部审计。通过对内部审计内控审计，以预防和控制企业因不符合国家监管部门有关内部审计的规定，内部审计独立性不强，不能充分履行其职能，无法有效协助公司管理层完善经营管理等方面的风险。

3.2 组织机构设置内部控制审计目标

（1）职责认知。通过对职责认知内控审计，以预防和控制企业因高级管理人员或员工对各自职责没有清楚的认知，则可能会造成公司管理的空挡，且无法进行责任追究等方面的风险。

（2）胜任能力。通过对胜任能力内控审计，以预防和控制企业因高级管理人员和其他的主要管理人员不具备适当的经验和知识水平，导致决策失误等方面的风险。

（3）组织机构调整。通过对组织机构调整内控审计，以预防和控制企业因固守原有的组织架构可能不足以有效应对不断变化的竞争环境；因没有一个合理的组织机构调整程序，可能会出现违背法律规定的问题等方面的风险。

3.3 权责分配内部控制审计目标

（1）岗位职责描述。通过对岗位职责描述内控审计，以预防和控制企业因实施控制的职责和权限无法得到充分保证和正确描述，可能造成控制被忽视或被废弃，在现实中失去效力等方面的风险。

（2）职责分解。通过对岗位职责分解内控审计，以预防和控制企业因职责分解不当，可能导致控制缺失或失效等方面的风险。

（3）权责匹配。通过对权责匹配内控审计，以预防和控制企业因员工没有得到与其所承担的职责相应的决策权时，将影响工作完成水平和工作效率等方面的风险。

4. 审计内容

关于组织建构内部控制审计内容，理论界认为主要包括：组织内部机构的设置是否能够适应组织经营管理的实际需要和外部环境的变化，是否符合减少管理层级和提高效能的原则，有无机构重叠和效率低下的情况；组织是否根据经营目标、职能划分和管理要求，明确高管人员、职能部门和分支机构及基层作业单位的职责权限，权利与责任是否分解到具体岗位；组织有无通过有效途径和方式使所有员工了解和掌握内部机构设置及权责分配情况，各层级员工是否明确自己的职责和如何履行自己的职责，以及如何正确接受对权责履行的监督；组织有无内部管理制度汇编、员工手册、组织结构图、业务流程图、职务说明书、权限指引等。这确实是在组织架构审计中必须重点关注的审计要点，但仍不具有操作性，组织架构内部控制审计的重点是控制措施的设计和运行的有效性。

《企业内部控制应用指引第 1 号——组织架构》重点对组织架构的设计、组织架构的运行进行了规范，涉及的控制要点主要是治理结构的确定、三重一大审批、内部机构设置、职能分解、制度制定、全面梳理、子公司管控、组织架构改进等。这些控制是企业组织架构的重要控制，是企业构建和实施组织架构内部控制时必须关注的控制要点，是组织架构内部控制审计的重要内容。

5. 审计程序

关于组织架构内部控制审计程序，中天恒 3C 框架研制的组织架构内部控制审计一般程序包括组织架构内部控制有效性的调查了解、初步评价、风险评估、控制测试、评价缺陷、审计评价、形成意见等。中天恒 3C 框架研究确定的组织架构内部控制审计程序如表 3－1。

表 3－1　　中天恒 3C 框架组织架构内部控制审计程序表

被审计单位名称		被审计单位编码		索引编号	0	页次	
业务流程名称	组织架构	业务流程编号		审计人		审计时间	
审计期间		截止日期		复核人		复核时间	

序号	审计程序	细分程序	执行情况说明	工作底稿索引号
1	调查了解	组织架构内部控制设计情况调查了解		A－1
		组织架构内部控制运行情况调查了解		A－2
		组织架构内部控制改进情况调查了解		A－3
2	初步评价	组织架构内部控制初步评价		B
3	风险评估	组织架构内部控制风险评估		C

续表

序号	审计程序	细分程序	执行情况说明	工作底稿索引号
4	控制测试	组织架构设计的内部控制有效性测试		D－1
		组织架构执行的内部控制有效性测试		D－2
5	评价缺陷	组织架构内部控制缺陷评价		E
6	审计评价	组织架构内部控制审计评价		F
7	形成意见	组织架构内部控制审计结果汇总		H
说明		1. 每一个审计程序可细分若干具体程序。 2. 上述审计程序可结合进行，以提高审计工作效率。 3. 在执行每一步骤后，应填写“执行情况说明”一栏。		

5.1 调查了解

调查了解，就是调查了解组织架构内部控制设计和运行的基本情况，是对组织架构内部控制审计实施阶段的首要环节。组织架构调查工作是在内部控制审计总体工作的准备阶段的基础上进行的，涉及的具体内容很多，因单位的不同而不同。对组织架构内部控制调查了解的方法有文字叙述法、调查表法、流程图法、控制矩阵法等。这些方法各有其特点，经常综合运用。实际审计工作中，为提高组织架构内部控制审计效率，调查了解工作应同组织架构现场测试工作一并进行，不宜为满足调查而走形式。这里需要特别说明的是，在具体进行组织架构内部控制审计时，对企业组织架构业务管理情况调查了解是必要的，但还需要对企业组织架构内部控制设计和运行的过程和结果的有效性进行适当的调查了解。中天恒 3C 框架研制的组织架构内部控制调查问卷见表 3－2、表 3－3、表 3－4。

表 3－2　　中天恒 3C 框架组织架构设计内部控制情况调查问卷

被审计单位名称		被审计单位编码		索引编号	A－1	页次	
业务流程名称	组织架构设计	业务流程编号		审计人		审计时间	
审计期间		截止日期		复核人		复核时间	

控制要点	调查内容	调查结果			证据名称	被调查部门	被调查人
		是	否	不适应			
治理结构确定	企业是否根据国家有关法律法规的规定，明确董事会、监事会和经理层的职责权限、任职条件、议事规则和工作程序。						

续表

控制要点	调查内容	调查结果			证据名称	被调查部门	被调查人
		是	否	不适应			
治理结构确定	企业是否确保决策、执行和监督相互分离，形成制衡。						
	董事会是否对股东（大）会负责，依法行使企业的经营决策权。						
	是否按照股东（大）会的有关决议，设立战略、审计、提名、薪酬与考核等专门委员会，明确各专门委员会的职责权限、任职资格、议事规则和工作程序。						
	监事会是否对股东（大）会负责，监督企业董事、经理和其他高级管理人员依法履行职责。						
	经理层是否对董事会负责，主持企业的生产经营管理工作。						
	经理和其他高级管理人员的职责分工是否明确。						
	董事会、监事会和经理层的产生程序是否合法合规。						
	董事会、监事会和经理层的人员构成、知识结构、能力素质是否满足履行职责的要求。						
三重一大审批	企业的重大决策、重大事项、重要人事任免及大额资金支付业务等，是否按照规定的权限和程序实行集体决策审批或者联签制度。						
	任何个人是否单独进行决策或者擅自改变集体决策意见。						
	重大决策、重大事项、重要人事任免及大额资金支付业务的具体标准是否由企业自行确定。						
内部机构设置	企业是否按照科学、精简、高效、制衡的原则，综合考虑企业性质、发展战略、文化理念和管理要求等因素，合理设置内部职能机构。						
	企业是否明确各机构的职责权限，避免业务重复或职能交叉、缺少或权责过于集中，形成各司其职、各负其责、相互制约、相互协调的工作机制。						

续表

控制要点	调查内容	调查结果			证据名称	被调查部门	被调查人
		是	否	不适应			
职能分解	企业是否对各机构的职能进行科学合理的分解。						
	企业是确定具体岗位的名称、职责和工作要求等，明确各个岗位的权限和相互关系。						
	企业在确定职权和岗位分工过程中，是否体现不相容职务相互分离的要求。						
	不相容职务是否包括：可行性研究与决策审批；决策审批与执行；执行与监督检查等。						
制度制定	企业是否制定组织结构图、业务流程图、岗（职）位说明书和权限指引等内部管理制度或相关文件。						
	企业是否使员工了解和掌握组织架构设计及权责分配情况，正确履行职责。						

表 3－3　　中天恒 3C 框架组织架构执行内部控制审计程序表

被审计单位名称		被审计单位编码		索引编号	A－2	页次	
业务流程名称	组织架构执行	业务流程编号		审计人		审计时间	
审计期间		截止日期		复核人		复核时间	

控制要点	调查内容	调查结果			证据名称	被调查部门	被调查人
		是	否	不适应			
全面梳理	企业是否根据组织架构的设计规范，对现有治理结构和内部机构设置进行全面梳理。						
	企业是否确保本企业治理结构、内部机构设置和运行机制等符合现代企业制度要求。						
	企业梳理治理结构，是否重点关注董事、监事、经理及其他高级管理人员的任职资格和履职情况，以及董事会、监事会和经理层的运行效果。						
	治理结构存在问题的，是否采取有效措施加以改进。						

续表

控制要点	调查内容	调查结果			证据名称	被调查部门	被调查人
		是	否	不适应			
全面梳理	企业梳理内部机构设置，是否重点关注内部机构设置的合理性和运行的高效性等。						
	内部机构设置和运行中存在职能交叉、缺失或运行效率低下的，是否及时解决。						
子公司管控	企业拥有子公司的，是否建立科学的投资管控制度。						
	企业拥有子公司的，是否通过合法有效的形式履行出资人职责、维护出资人权益。						
	企业是否重点关注子公司特别是异地和境外子公司的发展战略、年度财务预决算、重大投融资、重大担保、大额资金使用、主要资产处置、重要人事任免、内部控制体系建设等重要事项。						

表 3－4　　中天恒 3C 框架组织架构改进内部控制情况调查问卷

被审计单位名称		被审计单位编码		索引编号	A－3	页次	
业务流程名称	组织架构改进	业务流程编号		审计人		审计时间	
审计期间		截止日期		复核人		复核时间	

控制要点	调查内容	调查结果			证据名称	被调查部门	被调查人
		是	否	不适应			
组织架构评估	企业是否定期对组织架构设计与运行的效率和效果进行全面评估。						
组织架构优化	企业发现组织架构设计与运行中存在缺陷的，是否进行优化调整。						
组织架构调整	企业组织架构调整是否充分听取董事、监事、高级管理人员和其他员工的意见。						
	企业组织架构调整是否按照规定的权限和程序进行决策审批。						

5.2 初步评价

对组织架构内部控制初步评价，就是通过问题调查表和初步评价表对组织架构内部控制进行初步评价，可以结合调查了解程序一起进行，也可独立进行初步程序。中天恒 3C 框架研制的组织架构内部控制初步评价表见表 3－5。

表 3－5　　中天恒 3C 框架组织架构内部控制初步评价表

<table>
<tr><td colspan="2">被审计单位名称</td><td></td><td colspan="2">被审计单位编码</td><td></td><td colspan="2">索引编号</td><td>B</td><td>页次</td><td></td></tr>
<tr><td colspan="2">业务流程名称</td><td>组织架构</td><td colspan="2">业务流程编号</td><td>3C01</td><td colspan="2">审计人</td><td></td><td>审计时间</td><td></td></tr>
<tr><td colspan="2">审计期间</td><td></td><td colspan="2">截止日期</td><td></td><td colspan="2">复核人</td><td></td><td>复核时间</td><td></td></tr>
</table>

<table>
<tr><td rowspan="2">流程编号</td><td rowspan="2">一级流程</td><td rowspan="2">二级流程</td><td colspan="3">控制设计</td><td colspan="3">控制运行</td><td colspan="3">初步结论</td></tr>
<tr><td>好</td><td>中</td><td>差</td><td>完全</td><td>部分</td><td>无</td><td>高</td><td>中</td><td>低</td></tr>
<tr><td>3C01</td><td>组织架构</td><td></td><td></td><td></td><td></td><td></td><td></td><td></td><td></td><td></td><td></td></tr>
<tr><td>3C01.01</td><td></td><td>组织架构的设计</td><td></td><td></td><td></td><td></td><td></td><td></td><td></td><td></td><td></td></tr>
<tr><td>3C01.02</td><td></td><td>组织架构的执行</td><td></td><td></td><td></td><td></td><td></td><td></td><td></td><td></td><td></td></tr>
<tr><td>3C01.03</td><td></td><td>组织架构的改进</td><td></td><td></td><td></td><td></td><td></td><td></td><td></td><td></td><td></td></tr>
<tr><td>…</td><td></td><td></td><td></td><td></td><td></td><td></td><td></td><td></td><td></td><td></td><td></td></tr>
</table>

<table>
<tr><td rowspan="3">总体结论</td><td colspan="5">内控可信赖度</td><td colspan="2">是否需要作进一步测试</td></tr>
<tr><td>高</td><td>较高</td><td>中</td><td>较低</td><td>低</td><td>是</td><td>否</td></tr>
<tr><td>简要描述</td><td colspan="6"></td></tr>
</table>

5.3 风险评估

按照风险导向审计理论，审计人员进行组织架构内部控制审计应当以风险评估为基础，选择拟测试的控制，确定测试所需要收集的证据。组织架构风险评估，就是识别、分析、评价组织架构方面的风险。组织架构风险评估是项非常专业的工作，审计人员可以对被审计单位组织架构进行风险评估，但工作量巨大，现实的做法是用统计抽样的方法抽查组织架构风险评估结果的有效性。这里需要说明的是，审计人员进行的风险评估与内部控制构建和实施过程中进行风险评估目的不同，审计人员进行风险评估主要是为了确定审计重点范围。从中天恒管理咨询公司内部控制与风险管理咨询的实践来看，组织架构风险应识别和描述：治理结构形同虚设，缺乏科学决策、良性运行机制和执行力，可能导致企业经营失败，难以实现发展战略；内部机构设计不科学，权责分配不合理，可能导致机构重叠、职能交叉或缺失、推诿扯皮，运行效率低下。

中天恒 3C 框架研究确定组织架构风险评估表见表 3－6。

表 3-6　　中天恒 3C 框架组织架构风险评估表

被审计单位名称		被审计单位编码			索引编号	C	页次	
业务流程名称		组织架构	业务流程编号	3C01	审计人		审计时间	
审计期间			截止日期		复核人		复核时间	
流程编号	一级流程	二级流程	风险描述		可能性		影响程度	风险排序
3C01	组织架构		治理结构形同虚设，缺乏科学决策、良性运行机制和执行力，可能导致企业经营失败，难以实现发展战略。 内部机构设计不科学，权责分配不合理，可能导致机构重叠、职能交叉或缺失、推诿扯皮，运行效率低下。					
3C01.01		组织架构设计						
3C01.02		组织架构执行						
3C01.03		组织架构改进						

5.4　控制测试

一般认为，控制测试主要是对控制运行的测试，审计程序包括运行有效性汇总、运行有效性评价（和设计评价表要求不一致）、关键控制点测试。中天恒 3C 框架认为对内部控制设计的测试也是必要的，可结合运行的测试一并进行。

组织架构内部控制测试，就是审计人员现场测试组织架构内部控制设计和运行的有效性。而对组织架构内部控制设计有效性测试时，审计人员则应当综合运用询问适当人员、观察经营活动和检查相关文件等程序。而对组织架构内部控制运行有效性测试，审计人员则应当综合运用询问适当人员、观察经营活动、检查相关文件以及重新执行控制等程序。对组织架构内部控制控制测试要重点关注设计合理的控制措施是否得到执行，内部控制运行是否有效。审计实践中，审计人员对组织架构内部控制设计有效性和运行有效性是一并进行测试的，测试重点是组织架构关键控制。中天恒 3C 框架研究开发的组织架构内部控制测试工具包括组织架构内部控制有效性测试矩阵表、测试表、汇总分析表等，具体格式及要素见下列各表。

表 3－7　　中天恒 3C 框架组织架构的设计内部控制有效性测试矩阵表

被审计单位名称		被审计单位编码		索引编号	D－1	页次	
业务流程名称	组织架构设计	业务流程编号	3C01.01	审计人		审计时间	
审计期间		截止日期		复核人		复核时间	

关键控制名称	关键控制编号	控制方式	控制频率	样本总体	样本数量	测试要点	证据名称	测试程序	测试结果	交叉索引
治理结构确定						企业是否根据国家有关法律法规的规定，明确董事会、监事会和经理层的职责权限、任职条件、议事规则和工作程序。				
						企业是否确保决策、执行和监督相互分离，形成制衡。				
						董事会是否对股东（大）会负责，依法行使企业的经营决策权。				
						是否按照股东（大）会的有关决议，设立战略、审计、提名、薪酬与考核等专门委员会，明确各专门委员会的职责权限、任职资格、议事规则和工作程序。				
						监事会是否对股东（大）会负责，监督企业董事、经理和其他高级管理人员依法履行职责。				
						经理层是否对董事会负责，主持企业的生产经营管理工作。				
						经理和其他高级管理人员的职责分工是否明确。				
						董事会、监事会和经理层的产生程序是否合法合规。				
						董事会、监事会和经理层的人员构成、知识结构、能力素质是否满足履行职责的要求。				

续表

关键控制名称	关键控制编号	控制方式	控制频率	样本总体	样本数量	测试要点	证据名称	测试程序	测试结果	交叉索引
三重一大审批						企业的重大决策、重大事项、重要人事任免及大额资金支付业务等，是否按照规定的权限和程序实行集体决策审批或者联签制度。				
						任何个人是否单独进行决策或者擅自改变集体决策意见。				
						重大决策、重大事项、重要人事任免及大额资金支付业务的具体标准是否由企业自行确定。				
内部机构设置						企业是否按照科学、精简、高效、制衡的原则，综合考虑企业性质、发展战略、文化理念和管理要求等因素，合理设置内部职能机构。				
						企业是否明确各机构的职责权限，避免业务重复或职能交叉、缺少或权责过于集中，形成各司其职、各负其责、相互制约，相互协调的工作机制。				
职能分解						企业是否对各机构的职能进行科学合理的分解。				
						企业是否确定具体岗位的名称、职责和工作要求等，明确各个岗位的权限和相互关系。				
						企业在确定职权和岗位分工过程中，是否体现不相容职务相互分离的要求。				
						不相容职务是否包括：可行性研究与决策审批；决策审批与执行；执行与监督检查等。				

续表

关键控制名称	关键控制编号	控制方式	控制频率	样本总体	样本数量	测试要点	证据名称	测试程序	测试结果	交叉索引
制度制定						企业是否制定组织结构图、业务流程图、岗（职）位说明书和权限指引等内部管理制度或相关文件。				
						企业是否使员工了解和掌握组织架构设计及权责分配情况，正确履行职责。				

测试结论	设计有效性							运行有效性						
	有效	无效（控制薄弱环节说明）						有效	无效（控制薄弱环节说明）					
		控制不符合实际	应有的控制不存在	风险识别不准确	未设计控制证据	控制矩阵编制不规范	其他		制度未执行	措施未落实	控制证据不足	设计不适应	监控不力	其他

表3－8　　中天恒3C框架组织架构的执行内部控制有效性测试矩阵表

被审计单位名称		被审计单位编码		索引编号	D－2	页次	
业务流程名称	组织架构执行	业务流程编号	3C01.02	审计人		审计时间	
审计期间		截止日期		复核人		复核时间	

关键控制名称	关键控制编号	控制方式	控制频率	样本总体	样本数量	测试要点	证据名称	测试程序	测试结果	交叉索引
全面梳理						企业是否根据组织架构的设计规范，对现有治理结构和内部机构设置进行全面梳理。				
						企业是否确保本企业治理结构、内部机构设置和运行机制等符合现代企业制度要求。				
						企业梳理治理结构，是否重点关注董事、监事、经理及其他高级管理人员的任职资格和履职情况，以及董事会、监事会和经理层的运行效果。				

续表

关键控制名称	关键控制编号	控制方式	控制频率	样本总体	样本数量	测试要点	证据名称	测试程序	测试结果	交叉索引
全面梳理						治理结构存在问题的，是否采取有效措施加以改进。				
						企业梳理内部机构设置，是否重点关注内部机构设置的合理性和运行的高效性等。				
						内部机构设置和运行中存在职能交叉、缺失或运行效率低下的，是否及时解决。				
子公司管控						企业拥有子公司的，是否建立科学的投资管控制度。				
						企业拥有子公司的，是否通过合法有效的形式履行出资人职责、维护出资人权益。				
						企业是否重点关注子公司特别是异地、境外子公司的发展战略、年度财务预决算、重大投融资、重大担保、大额资金使用、主要资产处置、重要人事任免、内部控制体系建设等重要事项。				
						企业拥有子公司的，是否通过合法有效的形式履行出资人职责、维护出资人权益。				

<table>
<tr><td rowspan="4">测试结论</td><td colspan="7">设计有效性</td><td colspan="7">运行有效性</td></tr>
<tr><td rowspan="2">有效</td><td colspan="6">控制薄弱环节说明</td><td rowspan="2">有效</td><td colspan="6">控制薄弱环节说明</td></tr>
<tr><td>控制不符合实际</td><td>应有的控制不存在</td><td>风险识别不准确</td><td>未设计控制证据</td><td>控制矩阵编制不规范</td><td>其他</td><td>制度未执行</td><td>措施未落实</td><td>控制证据不足</td><td>设计不适应</td><td>监控不力</td><td>其他</td></tr>
<tr><td></td><td></td><td></td><td></td><td></td><td></td><td></td><td></td><td></td><td></td><td></td><td></td><td></td><td></td></tr>
</table>

表 3-9　　中天恒 3C 框架组织架构的改进内部控制有效性测试矩阵表

被审计单位名称		被审计单位编码		索引编号	D-3	页次	
业务流程名称	组织架构改进	业务流程编号	3C01.03	审计人		审计时间	
审计期间		截止日期		复核人		复核时间	

关键控制名称	关键控制编号	控制方式	控制频率	样本总体	样本数量	测试要点	证据名称	测试程序	测试结果	交叉索引
组织架构评估						企业是否定期对组织架构设计与运行的效率和效果进行全面评估。				
组织架构优化						企业发现组织架构设计与运行中存在缺陷的，是否进行优化调整。				
组织架构调整						企业组织架构调整是否充分听取董事、监事、高级管理人员和其他员工的意见。				
						企业组织架构调整是否按照规定的权限和程序进行决策审批。				

测试结论	设计有效性							运行有效性						
	有效	控制薄弱环节说明						有效	控制薄弱环节说明					
		控制不符合实际	应有的控制不存在	风险识别不准确	未设计控制证据	控制矩阵编制不规范	其他		制度未执行	措施未落实	控制证据不足	设计不适应	监控不力	其他

5.5　评价缺陷

评价组织架构控制缺陷，就是对组织架构内部控制存在的设计和执行有效性方面的缺陷进行分析和评价。对已发现的组织架构内部控制重大缺陷，审计人员应当及时以书面形式与被审计单位进行沟通，核对测试结果和数据，确认组织架构内部控制缺陷事实，并在缺陷认定底稿上签章。

对认定的缺陷进行整改十分重要，组织架构审计机构要提出具体整改建议，并编制组织架构内部控制缺陷整改建议表。要求被审计单位根据组织架构整改情况编制整改建议反馈表也是必要的。

中天恒 3C 框架组织架构内部控制缺陷评价矩阵表见表 3-10。

表 3－10　　　中天恒 3C 框架组织架构内部控制缺陷评价矩阵表

被审计单位名称		被审计单位编码				索引编号	E		页次		
业务流程名称	组织架构	业务流程编号		3C01		审计人			审计时间		
审计期间		截止日期				复核人			复核时间		
末级流程	关键控制	缺陷类型	缺陷描述	缺陷来源	缺陷性质			评价程序	评价索引	对报表影响	补偿性控制	整改意见
					一般缺陷	重大缺陷	重要缺陷					
组织架构的设计												
组织架构的执行												

5.6　审计评价

组织架构内部控制审计评价是组织架构内部控制审计工作的一个重要环节。组织架构内部控制审计评价的方法很多，其中，评分法比较常用。组织架构内部控制审计评价一定要以审计的结果为事实，进行客观公正的评价。评价标准应以组织架构配套指引的规范为基本标准，结合企业实际情况确定。对具体控制点的分值和权重，很少有明确的规定，只能根据审计人员的专业判断确定。不论是组织架构内部控制审计的评价标准，还是组织架构内部控制点的分值、权重，一定要在审计实施方案中确定，至少在一个企业内部要统一。如果是个集团公司，至少在整个集团内部要统一审计评价标准。这样会增加审计评价结果的可比性和有用性。中天恒 3C 框架研制的组织架构内部控制审计评价表及汇总表如下。

表 3－11　　　中天恒 3C 框架组织架构设计内部控制审计评价表

被审计单位名称		被审计单位编码		索引编号	F－1	页次	
业务流程名称	组织架构设计	业务流程编号		审计人		审计时间	
审计期间		截止日期		复核人		复核时间	

关键控制名称	评价标准	分值	权重	判断依据	实际得分
治理结构确定	企业应当根据国家有关法律法规的规定，明确董事会、监事会和经理层的职责权限、任职条件、议事规则和工作程序，确保决策、执行和监督相互分离，形成制衡。				

续表

关键控制名称	评价标准	分值	权重	判断依据	实际得分
治理结构确定	董事会对股东（大）会负责，依法行使企业的经营决策权。可按照股东（大）会的有关决议，设立战略、审计、提名、薪酬与考核等专门委员会，明确各专门委员会的职责权限、任职资格、议事规则和工作程序，为董事会科学决策提供支持。				
	监事会对股东（大）会负责，监督企业董事、经理和其他高级管理人员依法履行职责。				
	经理层对董事会负责，主持企业的生产经营管理工作。经理和其他高级管理人员的职责分工应当明确。				
	董事会、监事会和经理层的产生程序应当合法合规，其人员构成、知识结构、能力素质应当满足履行职责的要求。				
三重一大审批	企业的重大决策、重大事项、重要人事任免及大额资金支付业务等，应当按照规定的权限和程序实行集体决策审批或者联签制度，任何个人不得单独进行决策或者擅自改变集体决策意见。 重大决策、重大事项、重要人事任免及大额资金支付业务的具体标准由企业自行确定。				
内部机构设置	企业应当按照科学、精简、高效、制衡的原则，综合考虑企业性质、发展战略、文化理念和管理要求等因素，合理设置内部职能机构，明确各机构的职责权限，避免业务重复或职能交叉、缺少或权责过于集中，形成各司其职、各负其责、相互制约、相互协调的工作机制。				
职能分解	企业应当对各机构的职能进行科学合理的分解，确定具体岗位的名称、职责和工作要求等，明确各个岗位的权限和相互关系。				
	企业在确定职权和岗位分工过程中，应当体现不相容职务相互分离的要求。不相容职务通常包括：可行性研究与决策审批；决策审批与执行；执行与监督检查等。				
制度制定	企业应当制定组织结构图、业务流程图、岗（职）位说明书和权限指引等内部管理制度或相关文件，使员工了解和掌握组织架构设计及权责分配情况，正确履行职责。				

表 3-12　　中天恒 3C 框架组织架构执行内部控制审计评价表

被审计单位名称		被审计单位编码		索引编号	F-2	页次	
业务流程名称	组织架构执行	业务流程编号		审计人		审计时间	
审计期间		截止日期		复核人		复核时间	

关键控制名称	评价标准	分值	权重	判断标准	实际得分
全面梳理	企业应当根据组织架构的设计规范，对现有治理结构和内部机构设置进行全面梳理，确保本企业治理结构、内部机构设置和运行机制等符合现代企业制度要求。				
	企业梳理治理结构，应当重点关注董事、监事、经理及其他高级管理人员的任职资格和履职情况，以及董事会、监事会和经理层的运行效果。治理结构存在问题的，应当采取有效措施加以改进。				
	企业梳理内部机构设置，应当重点关注内部机构设置的合理性和运行的高效性等。内部机构设置和运行中存在职能交叉、缺失或运行效率低下的，应当及时解决。				
子公司管控	企业拥有子公司的，应当建立科学的投资管控制度，通过合法有效的形式履行出资人职责，维护出资人权益，重点关注子公司特别是异地和境外子公司的发展战略、年度财务预决算、重大投融资、重大担保、大额资金使用、主要资产处置、重要人事任免、内部控制体系建设等重要事项。				

表 3-13　　中天恒 3C 框架组织架构改进内部控制审计评价表

被审计单位名称		被审计单位编码		索引编号	F-3	页次	
业务流程名称	组织架构改进	业务流程编号		审计人		审计时间	
审计期间		截止日期		复核人		复核时间	

关键控制名称	评价标准	分值	权重	判断标准	实际得分
组织架构评估	企业应当定期对组织架构设计与运行的效率和效果进行全面评估。				
组织架构优化	企业发现组织架构设计与运行中存在缺陷的，应当进行优化调整。				
组织架构调整	企业组织架构调整应当充分听取董事、监事、高级管理人员和其他员工的意见，按照规定的权限和程序进行决策审批。				

5.7 形成意见

组织架构内部控制审计意见，就是对组织架构内部控制有效性的审计结论，是被审计单位内部控制审计意见的一部分。这项工作是在前面组织架构内部控制审计工作基础上进行的。

中天恒3C框架研制的组织架构内部控制审计意见形成表见表3-14。

表3-14　　中天恒3C框架组织架构内部控制审计意见形成表

被审计单位名称		被审计单位编码		索引编号	H	页次	
业务流程名称	组织架构	业务流程编号		审计人		审计时间	
审计期间		截止日期		复核人		复核时间	

序号	审计程序	各程序执行结果	工作底稿索引号	执行负责人
1	调查了解	组织架构内部控制调查了解	A	
2	初步评价	组织架构内部控制初步评价	B	
3	风险评估	组织架构内部控制风险评估	C	
4	控制测试	组织架构内部控制有效性测试	D	
5	评价缺陷	组织架构内部控制缺陷评价	E	
6	审计评价	组织架构内部控制审计评价	F	
7	形成意见	组织架构内部控制审计结果汇总	H	
总体审计意见		综合陈述		

四、发展战略内部控制审计实务及其模板

1. 审计概念

《企业内部控制应用指引第 2 号——发展战略》第二条规定："本指引所称发展战略，是指企业在对现实状况和未来趋势进行综合分析和科学预测的基础上，制定并实施的长远发展目标与战略规划。"中天恒 3C 框架理解，企业的发展战略包括企业的长远发展目标和战略规划两个方面。长远发展目标确定企业发展方向和未来预期达到的目标；而战略规划是实现战略目标的路径，即企业通过什么路径实现长远目标。目标与规划是企业发展战略相辅相成的两个方面。没有目标就谈不上战略；光有目标没有规划，目标就无法落地，就无法实现。

发展战略内部控制审计，就是对被审计单位发展战略内部控制设计与运行的有效性的审查和评价活动，对促使被审计单位加强发展战略内部控制建设、防范发展战略风险具有重要意义。

企业应当建立对发展战略内部控制的审计制度，明确审计机构或人员的职责权限，定期或不定期地进行检查。内部审计部门或人员应检查发展战略的制定及实施业务内部控制制度是否健全，各项规定是否得到有效执行。

2. 审计依据

发展战略内部控制审计依据除了国家关于发展战略管理方面的法律法规、企业制定的发展战略管理制度及其《企业内部控制手册》有关发展战略部分的内容外，还应包括包括国家、行业协会、被审计单位有关审计方面的规范及标准等。

3. 审计目标

发展战略内部控制审计目标，就是保证发展战略内部控制设计和运行的有效性，促使企业预防和控制发展战略风险，具体包括：

➢ 证实发展战略管理内部控制是否建立、健全并有效执行。

➢ 证实各项发展战略业务是否合法、合规等。

4. 审计内容

发展战略内部控制审计内容，因审计主体、审计要求及其审计方式的不同而

不同。采用传统的全面审计方式，发展战略内部控制审计是审查和评价发展战略内部控制设计和运行的有效性两个方面，范围包括发展战略的制定、发展战略的实施等业务。采用现代以风险为导向审计方式，审计人员应以发展战略风险为导向，审计已经设计完成的发展战略内部控制及其相关的管理制度是否有效执行，是否有效控制了发展战略风险；已经设计有效的发展战略各控制点的控制措施是否有效实施，是否有效防止了各控制环节的风险；是否根据业务、环境等的变化持续改进发展战略内部控制等。

基于中国企业发展战略内部控制实践，发展战略内部控制审计要点包括：

➢ 董事会是否组织研究公司的长远发展战略，根据需要成立战略委员会。

➢ 战略委员会是否有议事规则，明确其主要职能、权限和运作程序及成员的任职资格。

➢ 战略委员会是否由 3 ~7 名董事组成。

➢ 战略委员会委员是否由董事会选举产生，任期由董事会决定。

基于中国企业发展战略内部控制实践，发展战略内部控制审计方法包括：

➢ 了解关于战略决策委员会方面的规定。

➢ 调阅战略决策委员会的工作记录，判断是否遵照议事规则有效的执行其责任，如是否进行可行性研究、判断标准是否科学、决策过程是否民主。

➢ 调阅战略决策委员会成员的简历，判断是否符合议事规则的要求，具备适当的任职资格。

《企业内部控制应用指引第 2 号——发展战略》重点对发展战略制定、发展战略实施进行了规范，涉及的控制要点主要是发展目标制定、战略规划制定、战略委员会设立、战略审议批准、年度计划制定、发展战略宣传、战略实施监控、发展战略调整等。这些控制是发展战略的重要控制，是企业构建和实施发展战略内部控制时必须关注的控制要点，因此，这些是重要控制，也是发展战略内部控制审计的重要内容。

5. 审计程序

关于发展战略内部控制审计程序，中天恒 3C 框架研制的发展战略内部控制审计一般程序包括发展战略内部控制有效性调查、初步评价、风险评估、控制测试、评价缺陷、审计评价、形成意见等。具体见表 4 -1。

表 4 -1　　中天恒 3C 框架发展战略内部控制审计程序表

<table>
<tr><td>被审计单位名称</td><td colspan="2"></td><td>被审计单位编码</td><td></td><td>索引编号</td><td>0</td><td>页次</td><td></td></tr>
<tr><td>业务流程名称</td><td colspan="2">发展战略</td><td>业务流程编号</td><td></td><td>审计人</td><td></td><td>审计时间</td><td></td></tr>
<tr><td>审计期间</td><td colspan="2"></td><td>截止日期</td><td></td><td>复核人</td><td></td><td>复核时间</td><td></td></tr>
<tr><td>序号</td><td>审计程序</td><td colspan="3">细分程序</td><td colspan="2">执行情况说明</td><td colspan="2">工作底稿索引号</td></tr>
<tr><td>1</td><td>调查了解</td><td colspan="3">发展战略内部控制有效性调查</td><td colspan="2"></td><td colspan="2">A</td></tr>
</table>

续表

序号	审计程序	细分程序	执行情况说明	工作底稿索引号
2	初步评价	发展战略内部控制初步评价		B
3	风险评估	发展战略内部控制风险评估		C
4	控制测试	发展战略内部控制有效性测试		D
5	评价缺陷	发展战略内部控制缺陷评价		E
6	审计评价	发展战略内部控制审计评价		F
7	形成意见	发展战略内部控制审计结果汇总		H
说明	1. 每一个审计程序可细分若干具体程序。 2. 上述审计程序可结合进行，以提高审计工作效率。 3. 在执行每一步骤后，应填写“执行情况说明”一栏。			

5.1 调查了解

调查了解，就是调查了解发展战略内部控制设计和运行的基本情况，是对发展战略内部控制审计实施阶段的首要环节。发展战略调查工作是在内部控制审计总体工作的准备阶段的基础上进行的，涉及具体内容很多，因单位不同而不同。对发展战略内部控制调查了解的方法有文字叙述法、调查表法、流程图法、控制矩阵法等。这些方法各有其特点，经常综合运用。实际审计工作中，为提高发展战略内部控制审计效率，调查了解工作应同发展战略现场测试工作一并进行，不宜为满足调查而走形式。中天恒3C框架研制的发展战略内部控制调查问卷见表4－2、表4－3。

表4－2　　中天恒3C框架发展战略制定内部控制调查问卷

被审计单位名称		被审计单位编码		索引编号	A－1	页次	
业务流程名称	发展战略的制定	业务流程编号		审计人		审计时间	
审计期间		截止日期		复核人		复核时间	

控制要点	调查内容	调查结果			证据名称	被调查部门	被调查人
		是	否	不适应			
发展目标制定	企业是否在充分调查研究、科学分析预测和广泛征求意见的基础上制定发展目标。						
	企业在制定发展目标过程中，是否综合考虑宏观经济政策、国内外市场需求变化、技术发展趋势、行业及竞争对手状况、可利用资源水平和自身优势与劣势等影响因素。						

续表

控制要点	调查内容	调查结果			证据名称	被调查部门	被调查人
		是	否	不适应			
战略规划制定	企业是否根据发展目标制定战略规划。						
	战略规划是否明确发展的阶段性和发展程度。						
	战略规划是否确定每个发展阶段的具体目标、工作任务和实施路径。						
战略委员会设立	企业是否在董事会下设立战略委员会，或指定相关机构负责发展战略管理工作，履行相应职责。						
	企业是否明确战略委员会的职责、议事规则和决策程序。						
	企业是否对战略委员会会议的召开程序、表决方式、提案审议、保密要求和会议记录等作出规定。						
	企业是否确保议事过程规范透明、决策程序科学民主。						
	战略委员会是否组织有关部门对发展目标和战略规划进行可行性研究和科学论证，形成发展战略建议方案。						
	必要时，是否借助中介机构和外部专家的力量为其履行职责提供专业咨询意见。						
	战略委员会成员是否具有较强的综合素质和实践经验。						
	战略委员会成员任职资格和选任程序是否符合有关法律法规和企业章程的规定。						
战略审议批准	董事会是否严格审议战略委员会提交的发展战略建议方案。						
	董事会审议战略委员会提交的发展战略建议方案时，是否重点关注其全局性、长期性和可行性。						
	董事会在审议方案中如果发现重大问题，是否责成战略委员会对方案作出调整。						
	企业的发展战略方案经董事会审议通过后，是否报经股东（大）会批准实施。						

表 4－3　　中天恒 3C 框架发展战略实施内部控制调查问卷

被审计单位名称		被审计单位编码		索引编号	A－2	页次	
业务流程名称	发展战略的实施	业务流程编号		审计人		审计时间	
审计期间		截止日期		复核人		复核时间	
控制要点	调查内容	调查结果			证据名称	被调查部门	被调查人
		是	否	不适应			
年度计划制定	企业是否根据发展战略，制定年度工作计划，编制全面预算。						
	企业是否将年度目标分解、落实。						
	企业是否完善发展战略管理制度。						
	企业是否确保发展战略的有效实施。						
发展战略宣传	企业是否重视发展战略的宣传工作。						
	企业是否通过内部各层级会议和教育培训等有效方式，将发展战略及其分解落实情况传递到内部各管理层级和全体员工。						
战略实施监控	战略委员会是否加强对发展战略实施情况的监控。						
	战略委员会是否定期收集和分析相关信息。						
	战略委员会对于明显偏离发展战略的情况，是否及时报告。						
发展战略调整	是否由于经济形势、产业政策、技术进步、行业状况以及不可抗力等因素发生重大变化调整发展战略。						
	确需对发展战略作出调整的，是否按照规定和程序调整发展战略。						

5.2　初步评价

对发展战略内部控制初步评价，可通过问题调查表和初步评价表进行反映。发展战略初步评价可以结合调查了解程序一起进行，也独立进行。

5.3　风险评估

按照风险导向审计理论，审计人员进行发展战略内部控制审计应当以风险评估为基础，选择拟测试的控制，确定测试所需要收集的证据。发展战略风险评估，就是识别、分析、评价发展战略方面的风险。从中天恒管理咨询公司内部控制与风险管理咨询的实践来看，发展战略风险应识别和描述：

➢ 缺乏明确的发展战略或发展战略实施不到位，可能导致企业盲目发展，难以形成竞争优势，丧失发展机遇和动力。

➢ 发展战略过于激进，脱离企业实际能力或偏离主业，可能导致企业过度扩张，甚至经营失败。

➢ 发展战略因主观原因频繁变动，可能导致资源浪费，甚至危及企业的生存和持续发展。

中天恒3C框架发展战略风险评估表见表4－4。

表4－4　　中天恒3C框架发展战略风险评估表

被审计单位名称		被审计单位编码		索引编号	C	页次	
业务流程名称	发展战略	业务流程编号	3C02	审计人		审计时间	
审计期间		截止日期		复核人		复核时间	

流程编号	一级流程	二级流程	风险描述	可能性	影响程度	风险排序
3C02	发展战略		缺乏明确的发展战略或发展战略实施不到位，可能导致企业盲目发展，难以形成竞争优势，丧失发展机遇和动力。 发展战略过于激进，脱离企业实际能力或偏离主业，可能导致企业过度扩张，甚至经营失败。 发展战略因主观原因频繁变动，可能导致资源浪费，甚至危及企业的生存和持续发展。			
3C02.01		发展战略的制定				
3C02.02		发展战略的实施				

5.4　控制测试

发展战略内部控制测试，就是审计人员现场测试发展战略内部控制设计和运行的有效性。对发展战略内部控制设计有效性测试时，审计人员应当综合运用询问适当人员、观察经营活动和检查相关文件等程序。对发展战略内部控制运行有效性测试，审计人员应当综合运用询问适当人员、观察经营活动、检查相关文件以及重新执行控制等程序。审计实践中，审计人员对发展战略内部控制设计有效性和运行有效性是一并进行测试的，测试重点是发展战略关键控制。中天恒 3C 框架研究开发的发展战略内部控制测试工具包括发展战略内部控制有效性测试矩阵表、测试表、汇总分析表等，具体格式及要素见下列各表。

表 4－5　　中天恒 3C 框架发展战略的制定内部控制有效性测试矩阵表

被审计单位名称		被审计单位编码		索引编号	D－1	页次	
业务流程名称	发展战略的制定	业务流程编号	3C02. 01	审计人		审计时间	
审计期间		截止日期		复核人		复核时间	

关键控制名称	关键控制编号	控制方式	控制频率	样本总体	样本数量	测试要点	证据名称	测试程序	测试结果	交叉索引
发展目标制定						企业是否在充分调查研究、科学分析预测和广泛征求意见的基础上制定发展目标。				
						企业在制定发展目标过程中，是否综合考虑宏观经济政策、国内外市场需求变化、技术发展趋势、行业及竞争对手状况、可利用资源水平和自身优势与劣势等影响因素。				
战略规划制定						企业是否根据发展目标制定战略规划。				
						战略规划是否明确发展的阶段性和发展程度。				
						战略规划是否确定每个发展阶段的具体目标、工作任务和实施路径。				
战略委员会设立						企业是否在董事会下设立战略委员会，或指定相关机构负责发展战略管理工作，履行相应职责。				
						企业是否明确战略委员会的职责、议事规则和决策程序。				
						企业是否对战略委员会会议的召开程序、表决方式、提案审议、保密要求和会议记录等作出规定。				

续表

关键控制名称	关键控制编号	控制方式	控制频率	样本总体	样本数量	测试要点	证据名称	测试程序	测试结果	交叉索引
战略委员会设立						企业是否确保议事过程规范透明、决策程序科学民主。				
						战略委员会是否组织有关部门对发展目标和战略规划进行可行性研究和科学论证，形成发展战略建议方案。				
						必要时，是否借助中介机构和外部专家的力量为其履行职责提供专业咨询意见。				
						战略委员会成员是否具有较强的综合素质和实践经验。				
						战略委员会成员任职资格和选任程序是否符合有关法律法规和企业章程的规定。				
战略审议批准						董事会是否严格审议战略委员会提交的发展战略建议方案。				
						董事会审议战略委员会提交的发展战略建议方案，是否重点关注其全局性、长期性和可行性。				
						董事会在审议方案中如果发现重大问题，是否责成战略委员会对方案作出调整。				
						企业的发展战略方案经董事会审议通过后，是否报经股东（大）会批准实施。				

<table>
<tr><td rowspan="4">测试结论</td><td colspan="7">设计有效性</td><td colspan="7">运行有效性</td></tr>
<tr><td rowspan="2">有效</td><td colspan="6">控制薄弱环节说明</td><td rowspan="2">有效</td><td colspan="6">控制薄弱环节说明</td></tr>
<tr><td>控制不符合实际</td><td>应有的控制不存在</td><td>风险识别不准确</td><td>未设计控制证据</td><td>控制矩阵编制不规范</td><td>其他</td><td>制度未执行</td><td>措施未落实</td><td>控制证据不足</td><td>设计不适应</td><td>监控不力</td><td>其他</td></tr>
<tr><td></td><td></td><td></td><td></td><td></td><td></td><td></td><td></td><td></td><td></td><td></td><td></td><td></td><td></td></tr>
</table>

表4－6　　中天恒3C框架发展战略的实施内部控制有效性测试矩阵表

被审计单位名称		被审计单位编码		索引编号	D－2	页次	
业务流程名称	发展战略的实施	业务流程编号	3C02.02	审计人		审计时间	
审计期间		截止日期		复核人		复核时间	

关键控制名称	关键控制编号	控制方式	控制频率	样本总体	样本数量	测试要点	证据名称	测试程序	测试结果	交叉索引
年度计划制定						企业是否根据发展战略，制定年度工作计划，编制全面预算。				
						企业是否将年度目标分解、落实。				
						企业是否完善发展战略管理制度。				
						企业是否确保发展战略的有效实施。				
发展战略宣传						企业是否重视发展战略的宣传工作。				
						企业是否通过内部各层级会议和教育培训等有效方式，将发展战略及其分解落实情况传递到内部各管理层级和全体员工。				
战略实施监控						战略委员会是否加强对发展战略实施情况的监控。				
						战略委员会是否定期收集和分析相关信息。				
						战略委员会对于明显偏离发展战略的情况，是否及时报告。				
发展战略调整						是否由于经济形势、产业政策、技术进步、行业状况以及不可抗力等因素发生重大变化调整发展战略。				
						确需对发展战略作出调整的，是否按照规定和程序调整发展战略。				

测试结论	设计有效性							运行有效性						
	有效	控制薄弱环节说明						有效	控制薄弱环节说明					
		控制不符合实际	应有的控制不存在	风险识别不准确	未设计控制证据	控制矩阵编制不规范	其他		制度未执行	措施未落实	控制证据不足	设计不适应	监控不力	其他

5.5 评价缺陷

评价发展战略控制缺陷，就是对发展战略内部控制存在的设计和执行有效性方面的缺陷进行分析和评价。对已发现的发展战略内部控制重大缺陷，审计人员应当及时以书面形式与被审计单位进行沟通，核对测试结果和数据，确认发展战略内部控制缺陷事实并在缺陷认定底稿上签章。中天恒3C框架发展战略内部控制缺陷评价工作表格如下。

表4－7　　　　中天恒3C框架发展战略内部控制缺陷评价矩阵表

被审计单位名称		被审计单位编码		索引编号	E	页次	
业务流程名称	发展战略	业务流程编号	3C02	审计人		审计时间	
审计期间		截止日期		复核人		复核时间	

末级流程	关键控制	缺陷类型	缺陷描述	缺陷来源	缺陷性质			评价程序	评价索引	对报表影响	补偿性控制	整改意见
					一般缺陷	重大缺陷	重要缺陷					
发展战略的制定												
发展战略的实施												

表4－8　　　　中天恒3C框架发展战略内部控制缺陷评价表

被审计单位名称		被审计单位编码		索引编号	E－1	页次	
业务流程名称	发展战略	业务流程编号		审计人		审计时间	
关键控制名称		关键控制编号		复核人		复核时间	
影响会计科目		审计期间				截止日期	

缺陷类型	缺陷描述	评价标准	审计组初步认定意见	被审计单位（或当事人）意见及相关说明
缺陷事项证据资料				

5.6 审计评价

发展战略内部控制审计评价是发展战略内部控制审计工作的一个重要环节。发展战略内部控制审计评价的方法很多，比较常用的是评分法。中天恒3C框架研制的发展战略内部控制审计评价表及汇总表如下。

表 4－9　　　　中天恒 3C 框架发展战略的制定内部控制审计评价表

被审计单位名称		被审计单位编码		索引编号	F－1	页次	
业务流程名称	发展战略的制定	业务流程编号		审计人		审计时间	
审计期间		截止日期		复核人		复核时间	

关键控制名称	评价标准	分值	权重	判断依据	实际得分
发展目标制定	企业应当在充分调查研究、科学分析预测和广泛征求意见的基础上制定发展目标。				
	企业在制定发展目标过程中，应当综合考虑宏观经济政策、国内外市场需求变化、技术发展趋势、行业及竞争对手状况、可利用资源水平和自身优势与劣势等影响因素。				
战略规划制定	企业应当根据发展目标制定战略规划。				
	战略规划应当明确发展的阶段性和发展程度，确定每个发展阶段的具体目标、工作任务和实施路径。				
战略委员会设立	企业应当在董事会下设立战略委员会，或指定相关机构负责发展战略管理工作，履行相应职责。				
	企业应当明确战略委员会的职责、议事规则和决策程序，对战略委员会会议的召开程序、表决方式、提案审议、保密要求和会议记录等作出规定，确保议事过程规范透明、决策程序科学民主。				
	战略委员会应当组织有关部门对发展目标和战略规划进行可行性研究和科学论证，形成发展战略建议方案；必要时，可借助中介机构和外部专家的力量为其履行职责提供专业咨询意见。				
	战略委员会成员应当具有较强的综合素质和实践经验，其任职资格和选任程序应当符合有关法律法规和企业章程的规定。				
战略审议批准	董事会应当严格审议战略委员会提交的发展战略建议方案，重点关注其全局性、长期性和可行性。董事会在审议方案中如果发现重大问题，应当责成战略委员会对方案作出调整。				
	企业的发展战略方案经董事会审议通过后，报经股东（大）会批准实施。				

表 4-10　　中天恒 3C 框架发展战略的实施内部控制审计评价表

被审计单位名称		被审计单位编码		索引编号	F-2	页次	
业务流程名称	发展战略的实施	业务流程编号		审计人		审计时间	
审计期间		截止日期		复核人		复核时间	

关键控制名称	评价标准	分值	权重	判断标准	实际得分
年度计划制定	企业应当根据发展战略，制定年度工作计划，编制全面预算，将年度目标分解、落实；同时完善发展战略管理制度，确保发展战略的有效实施。				
发展战略宣传	企业应当重视发展战略的宣传工作，通过内部各层级会议和教育培训等有效方式，将发展战略及其分解落实情况传递到内部各管理层级和全体员工。				
战略实施监控	战略委员会应当加强对发展战略实施情况的监控，定期收集和分析相关信息，对于明显偏离发展战略的情况，应当及时报告。				
发展战略调整	由于经济形势、产业政策、技术进步、行业状况以及不可抗力等因素发生重大变化，确需对发展战略作出调整的，应当按照规定和程序调整发展战略。				

5.7　形成意见

发展战略内部控制审计意见，就是对发展战略内部控制有效性的审计结论，是被审计单位内部控制审计意见的一部分。这项工作是在前面发展战略内部控制审计工作基础上进行的。

五、人力资源内部控制审计实务及其模板

1. 审计概念

关于人力资源的概念，《企业内部控制应用指引第 3 号——人力资源》第二条规定：“本指引所称人力资源，是指企业组织生产经营活动而录（任）用的各种人员，包括董事、监事、高级管理人员和全体员工。”中天恒3C 框架认为，人力资源是企业最重要的资源，内部控制的关键是对人的控制。

人力资源内部控制审计，就是对被审计单位人力资源内部控制设计与运行的有效性的审查和评价活动，对促使被审计单位加强人力资源内部控制建设、防范人力资源风险具有重要意义。

企业应当建立对人力资源内部控制的审计制度，明确审计机构或人员的职责权限，定期或不定期地进行检查。内部审计部门或人员应检查人力资源的引进与开发、人力资源的使用与退出业务内部控制制度是否健全，各项规定是否得到有效执行。

2. 审计依据

人力资源控制审计依据除国家关于人力资源管理方面的法律法规、企业制定的人力资源管理制度及其《企业内部控制手册》有关人力资源部分的内容外，还应包括包括国家、行业协会、被审计单位有关审计方面的规范及标准等。

3. 审计目标

人力资源内部控制审计目标，就是保证人力资源内部控制设计和运行的有效性，促使企业预防和控制人力资源风险，包括：证实人力资源管理内部控制是否建立、健全并有效执行；证实各项人力资源业务是否合法、合规等。一般来说，重点要关注以下几个方面风险控制。

➢ 聘用控制风险。没有一个有效的聘用程序，可能会导致对拟聘员工的评价不客观，聘用的员工不能胜任其工作。

➢ 培训控制风险。缺乏优质及持续性的培训，可能导致员工知识、技能的更新速度慢，适应不了发展的需要。

➢ 考核控制风险。优秀员工得不到应有的报酬和晋升机会，会造成人才

流失。

➢ 激励控制风险。激励措施使用不当可能会挫伤员工的积极性，或给予员工不良导向。

➢ 问责控制风险。没有明确的问责制，可能导致管理层或员工不注重自身的控制责任，造成控制漏洞。

4. 审计内容

人力资源内部控制审计内容，因审计主体、审计要求及其审计方式的不同而不同。采用传统的全面审计方式，人力资源内部控制审计是审查和评价人力资源内部控制设计和运行的有效性两个方面，范围包括人力资源的引进与开发、人力资源的使用与退出等业务。采用现代以风险为导向审计方式，审计人员应以人力资源风险为导向，审计已经设计完成的人力资源内部控制及其相关的管理制度是否有效执行，是否有效控制了人力资源风险；已经设计有效的人力资源各控制点的控制措施是否有效实施，是否有效防止了各控制环节的风险；是否根据业务、环境等的变化持续改进人力资源内部控制等。

《企业内部控制应用指引第 3 号——人力资源》重点对人力资源的引进与开发、人力资源的使用与退出等环节进行规范。

5. 审计程序

关于人力资源内部控制审计程序，中天恒 3C 框架研制的人力资源内部控制审计一般程序包括人力资源内部控制有效性的调查了解、初步评价、风险评估、控制测试、评价缺陷、审计评价、形成意见等。中天恒 3C 框架研制的人力资源内部控制审计程序表见表 5－1。

表 5－1　　　　中天恒 3C 框架人力资源内部控制审计程序表

被审计单位名称		被审计单位编码		索引编号	0	页次	
业务流程名称	人力资源	业务流程编号		审计人		审计时间	
审计期间		截止日期		复核人		复核时间	

序号	审计程序	细分程序	执行情况说明	工作底稿索引号
1	调查了解	人力资源内部控制有效性调查		A
3	初步评价	人力资源内部控制初步评价		B
3	风险评估	人力资源内部控制风险评估		C
4	控制测试	人力资源内部控制有效性测试		D
5	评价缺陷	人力资源内部控制缺陷评价		E
6	审计评价	人力资源内部控制审计评价		F

续表

序号	审计程序	细分程序	执行情况说明	工作底稿索引号
7	形成意见	人力资源内部控制审计结果汇总		H
说明		1. 每一个审计程序可细分若干具体程序。 2. 上述审计程序可结合进行，以提高审计工作效率。 3. 在执行每一步骤后，应填写“执行情况说明”一栏。		

5.1 调查了解

调查了解，就是调查了解人力资源内部控制设计和运行的基本情况，是对人力资源内部控制审计实施阶段的首要环节。人力资源调查工作是在内部控制审计总体工作的准备阶段的基础上进行的，涉及具体内容很多，因单位的不同而不同。对人力资源内部控制调查了解的方法有文字叙述法、调查表法、流程图法、控制矩阵法等。这些方法各有其特点，经常综合运用。实际审计工作中，为提高人力资源内部控制审计效率，调查了解工作应同人力资源现场测试工作一并进行，不宜为满足调查而走形式。中天恒3C框架研制的人力资源内部控制调查问卷见表5－2。

表5－2　中天恒3C框架人力资源引进与开发内部控制调查问卷

被审计单位名称		被审计单位编码			索引编号	A－1	页次	
业务流程名称	人力资源引进与开发	业务流程编号			审计人		审计时间	
审计期间		截止日期			复核人		复核时间	
控制要点	调查内容	调查结果			证据名称	被调查部门	被调查人	
		是	否	不适应				
人员选聘	企业是否根据人力资源能力框架要求，明确各岗位的职责权限、任职条件和工作要求，遵循德才兼备、以德为先和公开、公平、公正的原则，通过公开招聘、竞争上岗等多种方式选聘优秀人才。							
	企业在选聘人员的过程中，是否重点关注选聘对象的价值取向和责任意识。							
	企业选拔高级管理人员和聘用中层及以下员工，是否切实做到因事设岗、以岗选人，避免因人设事或设岗，确保选聘人员能够胜任岗位职责要求。							
	企业选聘人员是否实行岗位回避制度。							

续表

控制要点	调查内容	调查结果			证据名称	被调查部门	被调查人
		是	否	不适应			
签订合同	企业确定选聘人员后，是否依法签订劳动合同，建立劳动用工关系。						
	企业对于在产品技术、市场、管理等方面掌握或涉及关键技术知识产权、商业秘密或国家机密的工作岗位，是否与该岗位员工签订有关岗位保密协议，明确保密义务。						
人员试用	企业是否建立选聘人员试用期制度。						
	是否试用期满考核合格后，方可正式上岗。						
	试用期满考核不符合者，是否及时解除劳动关系。						
岗前培训	企业是否建立选聘人员岗前培训制度。						
	是否对试用人员进行严格考察，促进选聘员工全面了解岗位职责，掌握岗位基本技能，适应工作要求。						
员工培训	企业是否建立员工培训长效机制，营造尊重知识、尊重人才和关心员工职业发展的文化氛围。						
后备人才	企业是否加强后备人才队伍建设，促进全体员工的知识、技能持续更新，不断提升员工的服务效能。						

表 5－3　　中天恒 3C 框架人力资源使用与退出内部控制调查问卷

被审计单位名称		被审计单位编码		索引编号	A－2	页次	
业务流程名称	人力资源使用与退出	业务流程编号		审计人		审计时间	
审计期间		截止日期		复核人		复核时间	

控制要点	调查内容	调查结果			证据名称	被调查部门	被调查人
		是	否	不适应			
绩效管理	企业是否建立和完善人力资源的激励约束机制。						

续表

控制要点	调查内容	调查结果			证据名称	被调查部门	被调查人
		是	否	不适应			
绩效管理	企业是否设置科学的业绩考核指标体系，对各级管理人员和全体员工进行严格考核与评价，以此作为确定员工薪酬、职级调整和解除劳动合同等重要依据，确保员工队伍处于持续优化状态。						
薪酬制度	企业是否制定与业绩考核挂钩的薪酬制度。						
	企业是否切实做到薪酬安排与员工贡献相协调，体现效率优先，兼顾公平。						
轮岗制度	企业是否制定各级管理人员和关键岗位员工定期轮岗制度。						
	企业是否明确轮岗范围、轮岗周期、轮岗方式等。						
	企业是否形成相关岗位员工的有序持续流动，全面提升员工素质。						
人力退出	企业是否按照有关法律法规规定，结合企业实际，建立健全员工退出（辞职、解除劳动合同、退休等）机制，明确退出的条件和程序，确保员工退出机制得到有效实施。						
	企业对考核不能胜任岗位要求的员工，是否及时暂停其工作，安排再培训或调整工作岗位，安排转岗培训。						
	对安排再培训或调整工作岗位后仍不能满足岗位职责要求的，是否按照规定的权限和程序解除劳动合同。						
人力退出	企业是否与退出员工依法约定保守关键技术、商业机密、国家机密和竞业限制的期限，确保知识产权、商业秘密和国家机密的安全。						
	企业关键岗位人员离职，是否根据有关法律法规的规定进行工作交接或离任审计。						
人力评估	企业是否定期对年度人力资源计划执行情况进行评估。						
	企业是否总结人力资源管理经验，分析存在的主要缺陷和不足，完善人力资源政策，促进企业整体团队充满生机和活力。						

5.2　初步评价

对人力资源内部控制初步评价，可通过问题调查表和初步评价表进行反映。人力资源初步评价可以结合调查了解程序一起进行，也可以独立进行。

5.3　风险评估

按照风险导向审计理论，审计人员进行人力资源内部控制审计应当以风险评估为基础，选择拟测试的控制，确定测试所需要收集的证据。人力资源风险评估，就是识别、分析、评价人力资源方面的风险。从中天恒管理咨询公司内部控制与风险管理咨询的实践来看，人力资源风险应识别和描述：

➢ 人力资源缺乏或过剩、结构不合理、开发机制不健全，可能导致企业发展战略难以实现。

➢ 人力资源激励约束制度不合理、关键岗位人员管理不完善，可能导致人才流失、经营效率低下或关键技术、商业秘密和国家机密泄露。

➢ 人力资源退出机制不当，可能导致法律诉讼或企业声誉受损。

中天恒3C框架人力资源风险评估表见5－4。

表5－4　　　　中天恒3C框架人力资源风险评估表

被审计单位名称		被审计单位编码		索引编号	C	页次	
业务流程名称	人力资源	业务流程编号	3C03	审计人		审计时间	
审计期间		截止日期		复核人		复核时间	

流程编号	一级流程	二级流程	风险描述	可能性	影响程度	风险排序
3C03	人力资源		人力资源缺乏或过剩、结构不合理、开发机制不健全，可能导致企业发展战略难以实现。 人力资源激励约束制度不合理、关键岗位人员管理不完善，可能导致人才流失、经营效率低下或关键技术、商业秘密和国家机密泄露。 人力资源退出机制不当，可能导致法律诉讼或企业声誉受损。			
3C03.01		人力资源的引进与开发				
3C03.03		人力资源的使用与退出				

5.4 控制测试

人力资源内部控制测试，就是审计人员现场测试人力资源内部控制设计和运行的有效性。对人力资源内部控制设计有效性测试时，审计人员应当综合运用询问适当人员、观察经营活动和检查相关文件等程序。对人力资源内部控制运行有效性测试，审计人员应当综合运用询问适当人员、观察经营活动、检查相关文件以及重新执行控制等程序。审计实践中，审计人员对人力资源内部控制设计有效性和运行有效性是一并进行测试的，测试重点是人力资源关键控制。中天恒 3C 框架研究开发的人力资源内部控制测试工具包括人力资源内部控制有效性测试矩阵表、测试表、汇总分析表等，具体格式及要素见下列各表。

表 5－5 中天恒 3C 框架人力资源的引进与开发内部控制有效性测试矩阵表

<table>
<tr><td colspan="3">被审计单位名称</td><td colspan="2"></td><td colspan="2">被审计单位编码</td><td></td><td>索引编号</td><td>D－1</td><td>页次</td><td></td></tr>
<tr><td colspan="3">业务流程名称</td><td colspan="2">人力资源引进与开发</td><td colspan="2">业务流程编号</td><td>3C03.01</td><td>审计人</td><td></td><td>审计时间</td><td></td></tr>
<tr><td colspan="3">审计期间</td><td colspan="2"></td><td colspan="2">截止日期</td><td></td><td>复核人</td><td></td><td>复核时间</td><td></td></tr>
<tr><td>关键控制名称</td><td>关键控制编号</td><td>控制方式</td><td>控制频率</td><td>样本总体</td><td>样本数量</td><td colspan="3">测试要点</td><td>证据名称</td><td>测试程序</td><td>测试结果</td><td>交叉索引</td></tr>
<tr><td rowspan="4">人员选聘</td><td rowspan="4"></td><td rowspan="4"></td><td rowspan="4"></td><td rowspan="4"></td><td rowspan="4"></td><td colspan="3">企业是否根据人力资源能力框架要求，明确各岗位的职责权限、任职条件和工作要求，遵循德才兼备、以德为先和公开、公平、公正的原则，通过公开招聘、竞争上岗等多种方式选聘优秀人才。</td><td rowspan="4"></td><td rowspan="4"></td><td rowspan="4"></td><td rowspan="4"></td></tr>
<tr><td colspan="3">企业在选聘人员的过程中，是否重点关注选聘对象的价值取向和责任意识。</td></tr>
<tr><td colspan="3">企业选拔高级管理人员和聘用中层及以下员工，是否切实做到因事设岗、以岗选人，避免因人设事或设岗，确保选聘人员能够胜任岗位职责要求。</td></tr>
<tr><td colspan="3">企业选聘人员是否实行岗位回避制度。</td></tr>
</table>

续表

关键控制名称	关键控制编号	控制方式	控制频率	样本总体	样本数量	测试要点	证据名称	测试程序	测试结果	交叉索引
签订合同						企业确定选聘人员后，是否依法签订劳动合同，建立劳动用工关系。				
						企业对于在产品技术、市场、管理等方面掌握或涉及关键技术知识产权、商业秘密或国家机密的工作岗位，是否与该岗位员工签订有关岗位保密协议，明确保密义务。				
人员试用						企业是否建立选聘人员试用期制度。				
						是否试用期满考核合格后，方可正式上岗。				
						试用期满考核不符合者，是否及时解除劳动关系。				
岗前培训						企业是否建立选聘人员岗前培训制度。				
						是否对试用人员进行严格考察，促进选聘员工全面了解岗位职责，掌握岗位基本技能，适应工作要求。				
员工培训						企业是否建立员工培训长效机制，营造尊重知识、尊重人才和关心员工职业发展的文化氛围。				
后备人才						企业是否加强后备人才队伍建设，促进全体员工的知识、技能持续更新，不断提升员工的服务效能。				

测试结论	设计有效性							运行有效性						
	有效	控制薄弱环节说明						有效	控制薄弱环节说明					
		控制不符合实际	应有的控制不存在	风险识别不准确	未设计控制证据	控制矩阵编制不规范	其他		制度未执行	措施未落实	控制证据不足	设计不适应	监控不力	其他

表 5－6　　中天恒 3C 框架人力资源使用与退出内部控制有效性测试矩阵表

被审计单位名称		被审计单位编码		索引编号	D－3	页次	
业务流程名称	人力资源使用与退出	业务流程编号	3C03.03	审计人		审计时间	
审计期间		截止日期		复核人		复核时间	

关键控制名称	关键控制编号	控制方式	控制频率	样本总体	样本数量	测试要点	证据名称	测试程序	测试结果	交叉索引
绩效管理						企业是否建立和完善人力资源的激励约束机制。				
						企业是否设置科学的业绩考核指标体系，对各级管理人员和全体员工进行严格考核与评价，以此作为确定员工薪酬、职级调整和解除劳动合同等重要依据，确保员工队伍处于持续优化状态。				
薪酬制度						企业是否制定与业绩考核挂钩的薪酬制度。				
						企业是否切实做到薪酬安排与员工贡献相协调，体现效率优先，兼顾公平。				
轮岗制度						企业是否制定各级管理人员和关键岗位员工定期轮岗制度。				
						企业是否明确轮岗范围、轮岗周期、轮岗方式等。				
						企业是否形成相关岗位员工的有序持续流动，全面提升员工素质。				
人力退出						企业是否按照有关法律法规规定，结合企业实际，建立健全员工退出（辞职、解除劳动合同、退休等）机制，明确退出的条件和程序，确保员工退出机制得到有效实施。				
						企业对考核不能胜任岗位要求的员工，是否及时暂停其工作，安排再培训或调整工作岗位，安排转岗培训。				

续表

关键控制名称	关键控制编号	控制方式	控制频率	样本总体	样本数量	测试要点	证据名称	测试程序	测试结果	交叉索引
人力退出						对安排再培训或调整工作岗位后仍不能满足岗位职责要求的，是否按照规定的权限和程序解除劳动合同。				
						企业是否与退出员工依法约定保守关键技术、商业机密、国家机密和竞业限制的期限，确保知识产权、商业秘密和国家机密的安全。				
						企业关键岗位人员离职，是否根据有关法律法规的规定进行工作交接或离任审计。				
人力评估						企业是否定期对年度人力资源计划执行情况进行评估。				
						企业是否总结人力资源管理经验，分析存在的主要缺陷和不足，完善人力资源政策，促进企业整体团队充满生机和活力。				

测试结论	设计有效性							运行有效性						
	有效	控制薄弱环节说明						有效	控制薄弱环节说明					
		控制不符合实际	应有的控制不存在	风险识别不准确	未设计控制证据	控制矩阵编制不规范	其他		制度未执行	措施未落实	控制证据不足	设计不适应	监控不力	其他

5.5 评价缺陷

评价人力资源控制缺陷，就是对人力资源内部控制存在的设计和执行有效性方面的缺陷进行分析和评价。对已发现的人力资源内部控制重大缺陷，审计人员应当及时以书面形式与被审计单位进行沟通，核对测试结果和数据，确认人力资源内部控制缺陷事实并在缺陷认定底稿上签章。中天恒 3C 框架人力资源内部控制缺陷评价工作表格如下。

表 5－7　　　　中天恒 3C 框架人力资源内部控制缺陷评价矩阵表

被审计单位名称		被审计单位编码		索引编号	E	页次	
业务流程名称	人力资源	业务流程编号	3C03	审计人		审计时间	
审计期间		截止日期		复核人		复核时间	

末级流程	关键控制	缺陷类型	缺陷描述	缺陷来源	缺陷性质			评价程序	评价索引	对报表影响	补偿性控制	整改意见
					一般缺陷	重大缺陷	重要缺陷					
人力资源引进与开发												
人力资源使用与退出												

表 5－8　　　　中天恒 3C 框架人力资源内部控制缺陷评价表

被审计单位名称		被审计单位编码		索引编号	E－1	页次	
业务流程名称	人力资源	业务流程编号		审计人		审计时间	
关键控制名称		关键控制编号		复核人		复核时间	
影响会计科目		审计期间				截止日期	

缺陷类型	缺陷描述	评价标准	审计组初步认定意见	被审计单位（或当事人）意见及相关说明
缺陷事项证据资料				

5.6　审计评价

人力资源内部控制审计评价是人力资源内部控制审计工作的一个重要环节。人力资源内部控制审计评价的方法很多，比较常用的是评分法。中天恒 3C 框架研制了人力资源内部控制审计评价表及汇总表如下。

表 5－9　　　中天恒 3C 框架人力资源引进与开发内部控制审计评价表

被审计单位名称		被审计单位编码		索引编号	F－1	页次	
业务流程名称	人力资源引进与开发	业务流程编号		审计人		审计时间	
审计期间		截止日期		复核人		复核时间	

关键控制名称	评价标准	分值	权重	判断依据	实际得分
人员选聘	企业应当根据人力资源能力框架要求，明确各岗位的职责权限、任职条件和工作要求，遵循德才兼备、以德为先和公开、公平、公正的原则，通过公开招聘、竞争上岗等多种方式选聘优秀人才，重点关注选聘对象的价值取向和责任意识。				

续表

关键控制名称	评价标准	分值	权重	判断依据	实际得分
人员选聘	企业选拔高级管理人员和聘用中层及以下员工，应当切实做到因事设岗、以岗选人，避免因人设事或设岗，确保选聘人员能够胜任岗位职责要求。				
	企业选聘人员应当实行岗位回避制度。				
签订合同	企业确定选聘人员后，应当依法签订劳动合同，建立劳动用工关系。				
	企业对于在产品技术、市场、管理等方面掌握或涉及关键技术知识产权、商业秘密或国家机密的工作岗位，应当与该岗位员工签订有关岗位保密协议，明确保密义务。				
人员试用	企业应当建立选聘人员试用期制度，试用期满考核合格后，方可正式上岗；试用期满考核不符合者，应当及时解除劳动关系。				
岗前培训	企业应当建立选聘人员岗前培训制度，对试用人员进行严格考察，促进选聘员工全面了解岗位职责，掌握岗位基本技能，适应工作要求。				
员工培训	企业应当建立员工培训长效机制，营造尊重知识、尊重人才和关心员工职业发展的文化氛围。				
后备人才	企业应当加强后备人才队伍建设，促进全体员工的知识、技能持续更新，不断提升员工的服务效能。				

表 5－10　　中天恒 3C 框架人力资源使用与退出内部控制审计评价表

被审计单位名称		被审计单位编码		索引编号	F－2	页次	
业务流程名称	人力资源使用与退出	业务流程编号		审计人		审计时间	
审计期间		截止日期		复核人		复核时间	

关键控制名称	评价标准	分值	权重	判断标准	实际得分
绩效管理	企业应当建立和完善人力资源的激励约束机制，设置科学的业绩考核指标体系，对各级管理人员和全体员工进行严格考核与评价，以此作为确定员工薪酬、职级调整和解除劳动合同等重要依据，确保员工队伍处于持续优化状态。				

续表

关键控制名称	评价标准	分值	权重	判断标准	实际得分
薪酬制度	企业应当制定与业绩考核挂钩的薪酬制度，切实做到薪酬安排与员工贡献相协调，体现效率优先，兼顾公平。				
轮岗制度	企业应当制定各级管理人员和关键岗位员工定期轮岗制度，明确轮岗范围、轮岗周期、轮岗方式等，形成相关岗位员工的有序持续流动，全面提升员工素质。				
人力退出	企业应当按照有关法律法规规定，结合企业实际，建立健全员工退出（辞职、解除劳动合同、退休等）机制，明确退出的条件和程序，确保员工退出机制得到有效实施。				
	企业对考核不能胜任岗位要求的员工，应当及时暂停其工作，安排再培训或调整工作岗位，安排转岗培训；仍不能满足岗位职责要求的，应当按照规定的权限和程序解除劳动合同。				
人力退出	企业应当与退出员工依法约定保守关键技术、商业机密、国家机密和竞业限制的期限，确保知识产权、商业秘密和国家机密的安全。				
	企业关键岗位人员离职，应当根据有关法律法规的规定进行工作交接或离任审计。				
人力评估	企业应当定期对年度人力资源计划执行情况进行评估，总结人力资源管理经验，分析存在的主要缺陷和不足，完善人力资源政策，促进企业整体团队充满生机和活力。				

5.7 形成意见

人力资源内部控制审计意见，就是对人力资源内部控制有效性的审计结论，是被审计单位内部控制审计意见的一部分。这项工作是在前面人力资源内部控制审计工作基础上进行的。

六、社会责任内部控制审计实务及其模板

1. 审计概念

《企业内部控制应用指引第4号——社会责任》第二条规定："本指引所称社会责任，是指企业在经营发展过程中应当履行的社会职责和义务，主要包括安全生产、产品质量（含服务，下同）、环境保护、资源节约、促进就业、员工权益保护等。"指引第二条界定了社会责任的定义，可从以下两个方面来理解：

（1）社会责任的定义。社会责任是企业在经营发展过程中应当履行的社会职责和义务。中天恒3C框架理解，企业在发展过程中，除了追求经济利益之外，还应当履行相关的社会职责与义务，比如保护环境、促进就业等。这些社会职责和义务即是企业的社会责任。

（2）社会责任的内容。企业社会责任包括安全生产、产品质量（含服务，下同）、环境保护、资源节约、促进就业、员工权益保护等。中天恒3C框架理解，企业的社会责任包含的内容很多，相关的规范对企业责任的内容界定也存在较大差别，概括起来大致有如下一些方面：保护投资者和债权人的利益；保护职工合法权益；提高产品和服务质量，保护供应商、客户和消费者权益；保障安全生产；保护环境和资源的节约使用；促进就业和社区发展；促进社会公益事业发展，等等。指引重点提示了安全生产、产品质量（含服务，下同）、环境保护、资源节约、促进就业、员工权益保护等。

社会责任内部控制审计，就是对被审计单位社会责任内部控制设计与运行的有效性的审查和评价活动，对促使被审计单位加强社会责任内部控制建设、防范社会责任风险具有重要意义。

企业应当建立对社会责任内部控制的审计制度，明确审计机构或人员的职责权限，定期或不定期地进行检查。内部审计部门或人员应检查安全生产、产品质量等内部控制制度是否健全，各项规定是否得到有效执行。

2. 审计目标

社会责任内部控制审计目标，就是保证社会责任内部控制设计和运行的有效性，促使企业预防和控制社会责任风险，具体包括：

➢ 证实社会责任管理内部控制是否建立、健全并有效执行。

➢ 证实各项社会责任业务是否合法、合规等。

3. 审计依据

社会责任控制审计依据除了国家关于社会责任管理方面的法律法规、企业制定的社会责任管理制度及其《企业内部控制手册》有关社会责任部分的内容外，还应包括包括国家、行业协会、被审计单位有关审计方面的规范及标准等。

4. 审计内容

社会责任内部控制审计内容，因审计主体、审计要求及其审计方式的不同而不同。采用传统的全面审计方式，社会责任内部控制审计是审查和评价社会责任内部控制设计和运行的有效性两个方面，范围包括安全生产、产品质量等业务。采用现代以风险为导向审计方式，审计人员应以社会责任风险为导向，审计已经设计完成的社会责任内部控制及其相关的管理制度是否有效执行，是否有效控制了社会责任风险；已经设计有效的社会责任各控制点的控制措施是否有效实施，是否有效防止了各控制环节的风险；是否根据业务、环境等的变化持续改进社会责任内部控制等。

5. 审计程序

关于社会责任内部控制审计程序，中天恒 3C 框架研制的社会责任内部控制审计一般程序包括社会责任内部控制有效性调查、初步评价、风险评估、控制测试、评价缺陷、审计评价、形成意见等。具体审计程序见表 6－1。

表 6－1　　中天恒 3C 框架社会责任内部控制审计程序表

被审计单位名称		被审计单位编码		索引编号	0	页次	
业务流程名称	社会责任	业务流程编号		审计人		审计时间	
审计期间		截止日期		复核人		复核时间	

序号	审计程序	细分程序	执行情况说明	工作底稿索引号
1	调查了解	社会责任内部控制有效性调查		A
2	初步评价	社会责任内部控制初步评价		B
3	风险评估	社会责任内部控制风险评估		C
4	控制测试	社会责任内部控制有效性测试		D
5	评价缺陷	社会责任内部控制缺陷评价		E
6	审计评价	社会责任内部控制审计评价		F
7	形成意见	社会责任内部控制审计结果汇总		H
说明		1. 每一个审计程序可细分若干具体程序。 4. 上述审计程序可结合进行，以提高审计工作效率。 4. 在执行每一步骤后，应填写“执行情况说明”一栏。		

5.1 调查了解

调查了解，就是调查了解社会责任内部控制设计和运行的基本情况，是对社会责任内部控制审计实施阶段的首要环节。社会责任调查工作是在内部控制审计总体工作的准备阶段的基础上进行的，涉及的具体内容很多，因单位的不同而不同。对社会责任内部控制调查了解的方法有文字叙述法、调查表法、流程图法、控制矩阵法等。这些方法各有其特点，经常综合运用。实际审计工作中，为提高社会责任内部控制审计效率，调查了解工作应同社会责任现场测试工作一并进行，不宜为满足调查而走形式。中天恒 3C 框架研制的社会责任内部控制调查问卷见下列各表。

表 6-2　　中天恒 3C 框架安全生产内部控制调查问卷

被审计单位名称		被审计单位编码		索引编号	A-1	页次	
业务流程名称	安全生产	业务流程编号		审计人		审计时间	
审计期间		截止日期		复核人		复核时间	

控制要点	调查内容	调查结果			证据名称	被调查部门	被调查人
		是	否	不适应			
建章建制	企业是否根据国家有关安全生产的规定，结合本企业实际情况，建立严格的安全生产管理体系、操作规范和应急预案。						
	企业是否强化安全生产责任追究制度，切实做到安全生产。						
设立机构	企业是否设立安全管理部门和安全监督机构，负责企业安全生产的日常监督管理工作。						
安全投入	企业是否重视安全生产投入，在人力、物力、资金、技术等方面提供必要的保障。						
	企业是否健全检查监督机制。						
	企业是否确保各项安全措施落实到位。						
	企业是否随意降低保障标准和要求。						
事前预防	企业是否贯彻预防为主的原则。						
	企业是否采用多种形式增强员工安全意识。						
	企业是否重视岗位培训。						
	企业是否对于特殊岗位实行资格认证制度。						
	企业是否加强生产设备的经常性维护管理。						
	企业是否及时排除安全隐患。						

续表

控制要点	调查内容	调查结果			证据名称	被调查部门	被调查人
		是	否	不适应			
事故处理	企业如果发生生产安全事故，是否按照安全生产管理制度妥善处理，排除故障，减轻损失，追究责任。						
	重大安全生产事故企业是否启动应急预案。						
	重大安全生产事故企业是否按照国家有关规定及时报告。						
	企业是否存在重大安全生产事故迟报、谎报和瞒报的情形。						

表 6-3　　中天恒 3C 框架产品质量内部控制调查问卷

被审计单位名称		被审计单位编码		索引编号	A-2	页次	
业务流程名称	产品质量	业务流程编号		审计人		审计时间	
审计期间		截止日期		复核人		复核时间	

控制要点	调查内容	调查结果			证据名称	被调查部门	被调查人
		是	否	不适应			
质量标准	企业是否根据国家和行业相关产品质量的要求，从事生产经营活动。						
	企业是否切实提高产品质量和服务水平，努力为社会提供优质安全健康的产品和服务，最大限度地满足消费者的需求。						
	企业是否对社会和公众负责，接受社会监督，承担社会责任。						
质量控制	企业是否规范生产流程。						
	企业是否建立严格的产品质量控制和检验制度，严把质量关。						
	企业是否把缺乏质量保障、危害人民生命健康的产品流向社会。						

续表

控制要点	调查内容	调查结果			证据名称	被调查部门	被调查人
		是	否	不适应			
售后服务	企业是否加强产品的售后服务。						
	售后发现严重质量缺陷隐患的产品，是否及时召回或采取其他有效措施，最大限度地降低或消除缺陷隐患产品的社会危害。						
	企业是否妥善处理消费者提出的投诉和建议，切实保护消费者权益。						

表 6－4　　中天恒 3C 框架环境保护和资源节约内部控制调查问卷

被审计单位名称		被审计单位编码		索引编号	A－3	页次	
业务流程名称	环境保护和资源节约	业务流程编号		审计人		审计时间	
审计期间		截止日期		复核人		复核时间	

控制要点	调查内容	调查结果			证据名称	被调查部门	被调查人
		是	否	不适应			
建立制度	企业是否按照国家有关环境保护与资源节约的规定，结合本企业实际情况，建立环境保护与资源节约制度。						
落实措施	企业是否认真落实节能减排责任。						
	企业是否积极开发和使用节能产品。						
	企业是否发展循环经济。						
	企业是否降低污染物排放。						
	企业是否提高资源综合利用效率。						
提高意识	企业是否通过宣传培训等有效形式，不断提高员工的环境保护和资源节约意识。						
生态保护	企业是否重视生态保护。						
	企业是否加大对环保工作的人力、物力、财力的投入和技术支持。						
	企业是否不断改进工艺流程，降低能耗和污染物排放水平，实现清洁生产。						
	企业是否加强对废气、废水、废渣的综合治理。						
	企业是否建立废料回收和循环利用制度。						

续表

控制要点	调查内容	调查结果			证据名称	被调查部门	被调查人
		是	否	不适应			
资源节约	企业是否重视资源节约和资源保护。						
	企业是否着力开发利用可再生资源。						
	企业是否防止对不可再生资源进行掠夺性或毁灭性开发。						
	企业是否重视国家产业结构相关政策。						
	企业是否特别关注产业结构调整的发展要求，加快高新技术开发和传统产业改造，切实转变发展方式，实现低投入、低消耗、低排放和高效率。						
监督检查	企业是否建立环境保护和资源节约的监控制度。						
	企业是否定期开展监督检查，发现问题，及时采取措施予以纠正。						
	污染物排放超过国家有关规定的，企业是否承担治理或相关法律责任。						
应急处理	发生紧急、重大环境污染事件时，企业是否启动应急机制。						
	发生紧急、重大环境污染事件时，企业是否及时报告和处理。						
	发生紧急、重大环境污染事件时，企业是否依法追究相关责任人的责任。						

表 6-5　中天恒 3C 框架促进就业与员工权益保护内部控制调查问卷

被审计单位名称		被审计单位编码		索引编号	A-4	页次	
业务流程名称	促进就业与员工权益保护	业务流程编号		审计人		审计时间	
审计期间		截止日期		复核人		复核时间	

控制要点	调查内容	调查结果			证据名称	被调查部门	被调查人
		是	否	不适应			
促进就业	企业是否依法保护员工的合法权益。						
	企业是否贯彻人力资源政策，保护员工依法享有劳动权利和履行劳动义务。						
	企业是否保持工作岗位相对稳定，积极促进充分就业，切实履行社会责任。						

续表

控制要点	调查内容	调查结果			证据名称	被调查部门	被调查人
		是	否	不适应			
促进就业	企业是否避免正常经营情况下批量辞退员工，增加社会负担。						
员工薪酬	企业是否与员工签订并履行劳动合同。						
	企业是否遵循按劳分配、同工同酬的原则。						
	企业是否建立科学的员工薪酬制度和激励机制。						
	企业是否克扣或无故拖欠员工薪酬。						
	企业是否建立高级管理人员与员工薪酬的正常增长机制，切实保持合理水平，维护社会公平。						
社会保险	企业是否及时办理员工社会保险。						
	企业是否足额缴纳社会保险费。						
	企业是否保障员工依法享受社会保险待遇。						
健康监护	企业是否按照有关规定做好健康管理工作。						
	企业是否预防、控制和消除职业危害。						
	企业是否按期对员工进行非职业性健康监护。						
	企业是否对从事有职业危害作业的员工进行职业性健康监护。						
休息休假	企业是否遵守法定的劳动时间和休息休假制度，确保员工的休息休假权利。						
维护权益	企业是否加强职工代表大会和工会组织建设，维护员工合法权益。						
	企业是否积极开展员工职业教育培训，创造平等发展机会。						
人格尊重	企业是否尊重员工人格，杜绝性别、民族、宗教、年龄等各种歧视，保障员工身心健康。						
实习基地	企业是否按照产学研用相结合的社会需求，积极创建实习基地，大力支持社会有关方面培养、锻炼社会需要的应用型人才。						
慈善事业	企业是否积极履行社会公益方面的责任和义务，关心帮助社会弱势群体，支持慈善事业。						

5.2 初步评价

对社会责任内部控制初步评价，可通过问题调查表和初步评价表进行反映。社会责任初步评价可以结合调查了解程序一起进行，也可以独立进行。中天恒3C框架研制的社会责任内部控制初步评价表见表6-6。

表6-6　　　　中天恒3C框架社会责任内部控制初步评价表

被审计单位名称		被审计单位编码		索引编号	B	页次	
业务流程名称	社会责任	业务流程编号	3C04	审计人		审计时间	
审计期间		截止日期		复核人		复核时间	

流程编号	一级流程	二级流程	控制设计			控制运行			初步结论		
			好	中	差	完全	部分	无	高	中	低
3C04	社会责任										
3C04.01		安全生产									
3C04.04		产品质量									
…											

<table>
<tr><td rowspan="3">总体结论</td><td colspan="5">内控可信赖度</td><td colspan="2">是否需要作进一步测试</td></tr>
<tr><td>高</td><td>较高</td><td>中</td><td>较低</td><td>低</td><td>是</td><td>否</td></tr>
<tr><td>简要描述</td><td colspan="6"></td></tr>
</table>

5.3 风险评估

按照风险导向审计理论，审计人员进行社会责任内部控制审计应当以风险评估为基础，选择拟测试的控制，确定测试所需要收集的证据。社会责任风险评估，就是识别、分析、评价社会责任方面的风险。从中天恒管理咨询公司内部控制与风险管理咨询的实践来看，社会责任风险应识别和描述以下内容：

➢ 安全生产措施不到位，责任不落实，可能导致企业发生安全事故。

➢ 产品质量低劣，侵害消费者利益，可能导致企业巨额赔偿、形象受损，甚至破产。

➢ 环境保护投入不足，资源耗费大，造成环境污染或资源枯竭，可能导致企业巨额赔偿、缺乏发展后劲，甚至停业。

➢ 促进就业和员工权益保护不够，可能导致员工积极性受挫，影响企业发展和社会稳定。

中天恒3C框架研制的社会责任风险评估表见表6-7。

表6－7　　中天恒3C框架社会责任风险评估表

被审计单位名称			被审计单位编码		索引编号	C	页次	
业务流程名称		社会责任	业务流程编号	3C04	审计人		审计时间	
审计期间			截止日期		复核人		复核时间	
流程编号	一级流程	二级流程	风险描述			可能性	影响程度	风险排序
3C04	社会责任		安全生产措施不到位，责任不落实，可能导致企业发生安全事故。 产品质量低劣，侵害消费者利益，可能导致企业巨额赔偿、形象受损，甚至破产。 环境保护投入不足，资源耗费大，造成环境污染或资源枯竭，可能导致企业巨额赔偿、缺乏发展后劲，甚至停业。 促进就业和员工权益保护不够，可能导致员工积极性受挫，影响企业发展和社会稳定。					

5.4　控制测试

社会责任内部控制测试，就是审计人员现场测试社会责任内部控制设计和运行的有效性。对社会责任内部控制设计有效性测试时，审计人员应当综合运用询问适当人员、观察经营活动和检查相关文件等程序。对社会责任内部控制运行有效性测试，审计人员应当综合运用询问适当人员、观察经营活动、检查相关文件以及重新执行控制等程序。实践中，审计人员对社会责任内部控制设计有效性和运行有效性是一并进行测试的，测试重点是社会责任关键控制。中天恒3C框架研究开发的社会责任内部控制有效性测试矩阵表、汇总分析表见下列各表。

表6－8　　中天恒3C框架安全生产内部控制有效性测试矩阵表

被审计单位名称			被审计单位编码			索引编号	D－1	页次		
业务流程名称		安全生产	业务流程编号		3C04.01	审计人		审计时间		
审计期间			截止日期			复核人		复核时间		
关键控制名称	关键控制编号	控制方式	控制频率	样本总体	样本数量	测试要点	证据名称	测试程序	测试结果	交叉索引
建章建制						企业是否根据国家有关安全生产的规定，结合本企业实际情况，建立严格的安全生产管理体系、操作规范和应急预案。				

续表

关键控制名称	关键控制编号	控制方式	控制频率	样本总体	样本数量	测试要点	证据名称	测试程序	测试结果	交叉索引
建章建制						企业是否强化安全生产责任追究制度，切实做到安全生产。				
设立机构						企业是否设立安全管理部门和安全监督机构，负责企业安全生产的日常监督管理工作。				
安全投入						企业是否重视安全生产投入，在人力、物力、资金、技术等方面提供必要的保障。				
						企业是否健全检查监督机制。				
						企业是否确保各项安全措施落实到位。				
						企业是否随意降低保障标准和要求。				
						企业是否健全检查监督机制。				
事前预防						企业是否贯彻预防为主的原则。				
						企业是否采用多种形式增强员工安全意识。				
						企业是否重视岗位培训。				
						企业是否对于特殊岗位实行资格认证制度。				
						企业是否加强生产设备的经常性维护管理。				
						企业是否及时排除安全隐患。				
事故处理						企业如果发生生产安全事故，是否按照安全生产管理制度妥善处理，排除故障，减轻损失，追究责任。				
						重大安全生产事故企业是否启动应急预案。				
						重大安全生产事故企业是否按照国家有关规定及时报告。				

续表

关键控制名称	关键控制编号	控制方式	控制频率	样本总体	样本数量	测试要点	证据名称	测试程序	测试结果	交叉索引
事故处理						企业是否存在重大安全生产事故迟报、谎报和瞒报的情形。				

测试结论	设计有效性							运行有效性						
	有效	控制薄弱环节说明						有效	控制薄弱环节说明					
		控制不符合实际	应有的控制不存在	风险识别不准确	未设计控制证据	控制矩阵编制不规范	其他		制度未执行	措施未落实	控制证据不足	设计不适应	监控不力	其他

表6－9　　中天恒3C框架产品质量内部控制有效性测试矩阵表

被审计单位名称		被审计单位编码		索引编号	D－2	页次	
业务流程名称	产品质量	业务流程编号	3C04.04	审计人		审计时间	
审计期间		截止日期		复核人		复核时间	

关键控制名称	关键控制编号	控制方式	控制频率	样本总体	样本数量	测试要点	证据名称	测试程序	测试结果	交叉索引
质量标准						企业是否根据国家和行业相关产品质量的要求，从事生产经营活动。				
						企业是否切实提高产品质量和服务水平，努力为社会提供优质安全健康的产品和服务，最大限度地满足消费者的需求。				
						企业是否对社会和公众负责，接受社会监督，承担社会责任。				
质量控制						企业是否规范生产流程。				
						企业是否建立严格的产品质量控制和检验制度，严把质量关。				
						企业是否把缺乏质量保障、危害人民生命健康的产品流向社会。				

续表

关键控制名称	关键控制编号	控制方式	控制频率	样本总体	样本数量	测试要点	证据名称	测试程序	测试结果	交叉索引
售后服务						企业是否加强产品的售后服务。				
						售后发现严重质量缺陷隐患的产品，是否及时召回或采取其他有效措施，最大限度地降低或消除缺陷隐患产品的社会危害。				
						企业是否妥善处理消费者提出的投诉和建议，切实保护消费者权益。				

测试结论	设计有效性							运行有效性						
	有效	控制薄弱环节说明						有效	控制薄弱环节说明					
		控制不符合实际	应有的控制不存在	风险识别不准确	未设计控制证据	控制矩阵编制不规范	其他		制度未执行	措施未落实	控制证据不足	设计不适应	监控不力	其他

表 6-10 中天恒 3C 框架环境保护和资源节约内部控制有效性测试矩阵表

被审计单位名称		被审计单位编码		索引编号	D-3	页次	
业务流程名称	环境保护和资源节约	业务流程编号	3C04.04	审计人		审计时间	
审计期间		截止日期		复核人		复核时间	

关键控制名称	关键控制编号	控制方式	控制频率	样本总体	样本数量	测试要点	证据名称	测试程序	测试结果	交叉索引
建立制度						企业是否按照国家有关环境保护与资源节约的规定，结合本企业实际情况，建立环境保护与资源节约制度。				
落实措施						企业是否认真落实节能减排责任。				
						企业是否积极开发和使用节能产品。				
						企业是否发展循环经济。				

续表

关键控制名称	关键控制编号	控制方式	控制频率	样本总体	样本数量	测试要点	证据名称	测试程序	测试结果	交叉索引
落实措施						企业是否降低污染物排放。				
						企业是否提高资源综合利用效率。				
提高意识						企业是否通过宣传培训等有效形式，不断提高员工的环境保护和资源节约意识。				
生态保护						企业是否重视生态保护。				
						企业是否加大对环保工作的人力、物力、财力的投入和技术支持。				
						企业是否不断改进工艺流程，降低能耗和污染物排放水平，实现清洁生产。				
						企业是否加强对废气、废水、废渣的综合治理。				
						企业是否建立废料回收和循环利用制度。				
资源节约						企业是否重视资源节约和资源保护。				
						企业是否着力开发利用可再生资源。				
						企业是否防止对不可再生资源进行掠夺性或毁灭性开发。				
						企业是否重视国家产业结构相关政策。				
						企业是否特别关注产业结构调整的发展要求，加快高新技术开发和传统产业改造，切实转变发展方式，实现低投入、低消耗、低排放和高效率。				
监督检查						企业是否建立环境保护和资源节约的监控制度。				
						企业是否定期开展监督检查，发现问题，及时采取措施予以纠正。				
						污染物排放超过国家有关规定的，企业是否承担治理或相关法律责任。				

续表

关键控制名称	关键控制编号	控制方式	控制频率	样本总体	样本数量	测试要点	证据名称	测试程序	测试结果	交叉索引
应急处理						发生紧急、重大环境污染事件时，企业是否启动应急机制。				
						发生紧急、重大环境污染事件时，企业是否及时报告和处理。				
						发生紧急、重大环境污染事件时，企业是否依法追究相关责任人的责任。				

测试结论	设计有效性							运行有效性						
	有效	控制薄弱环节说明						有效	控制薄弱环节说明					
		控制不符合实际	应有的控制不存在	风险识别不准确	未设计控制证据	控制矩阵编制不规范	其他		制度未执行	措施未落实	控制证据不足	设计不适应	监控不力	其他

表6-11　中天恒3C框架促进就业与员工权益保护内部控制有效性测试矩阵表

被审计单位名称		被审计单位编码		索引编号	D-4	页次	
业务流程名称	促进就业与员工权益保护	业务流程编号	3C04.04	审计人		审计时间	
审计期间		截止日期		复核人		复核时间	

关键控制名称	关键控制编号	控制方式	控制频率	样本总体	样本数量	测试要点	证据名称	测试程序	测试结果	交叉索引
促进就业						企业是否依法保护员工的合法权益。				
						企业是否贯彻人力资源政策，保护员工依法享有劳动权利和履行劳动义务。				
						企业是否保持工作岗位相对稳定，积极促进充分就业，切实履行社会责任。				
						企业是否避免正常经营情况下批量辞退员工，增加社会负担。				

续表

关键控制名称	关键控制编号	控制方式	控制频率	样本总体	样本数量	测试要点	证据名称	测试程序	测试结果	交叉索引
员工薪酬						企业是否与员工签订并履行劳动合同。				
						企业是否遵循按劳分配、同工同酬的原则。				
						企业是否建立科学的员工薪酬制度和激励机制。				
						企业是否克扣或无故拖欠员工薪酬。				
						企业是否建立高级管理人员与员工薪酬的正常增长机制，切实保持合理水平，维护社会公平。				
社会保险						企业是否及时办理员工社会保险。				
						企业是否足额缴纳社会保险费。				
						企业是否保障员工依法享受社会保险待遇。				
健康监护						企业是否按照有关规定做好健康管理工作。				
						企业是否预防、控制和消除职业危害。				
						企业是否按期对员工进行非职业性健康监护。				
						企业是否对从事有职业危害作业的员工进行职业性健康监护。				
休息休假						企业是否遵守法定的劳动时间和休息休假制度，确保员工的休息休假权利。				
维护权益						企业是否加强职工代表大会和工会组织建设，维护员工合法权益。				
						企业是否积极开展员工职业教育培训，创造平等发展机会。				
人格尊重						企业是否尊重员工人格，杜绝性别、民族、宗教、年龄等各种歧视，保障员工身心健康。				

续表

关键控制名称	关键控制编号	控制方式	控制频率	样本总体	样本数量	测试要点	证据名称	测试程序	测试结果	交叉索引
实习基地						企业是否按照产学研用相结合的社会需求，积极创建实习基地，大力支持社会有关方面培养、锻炼社会需要的应用型人才。				
慈善事业						企业是否积极履行社会公益方面的责任和义务，关心帮助社会弱势群体，支持慈善事业。				

测试结论	设计有效性							运行有效性						
		控制薄弱环节说明							控制薄弱环节说明					
	有效	控制不符合实际	应有的控制不存在	风险识别不准确	未设计控制证据	控制矩阵编制不规范	其他	有效	制度未执行	措施未落实	控制证据不足	设计不适应	监控不力	其他

表 6－12　中天恒 3C 框架社会责任内部控制有效性测试结果汇总分析表

被审计单位名称		被审计单位编码		索引编号	D－5	页次	
业务流程名称	社会责任	业务流程编号	3C04	审计人		审计时间	
审计期间		截止日期		复核人		复核时间	

末级流程	关键控制	样本总体	应抽样本	实抽样本	设计有效性							运行有效性						
						控制薄弱环节说明							控制薄弱环节说明					
					有效	控制不符合实际	应有的控制不存在	风险识别不准确	未设计控制证据	控制矩阵编制不规范	其他	有效	制度未执行	措施未落实	控制证据不足	设计不适应	监控不力	其他
安全生产																		
产品质量																		

5.5 评价缺陷

评价社会责任控制缺陷，就是对社会责任内部控制存在的设计和执行有效性方面的缺陷进行分析和评价。对已发现的社会责任内部控制重大缺陷，审计人员应当及时以书面形式与被审计单位进行沟通，核对测试结果和数据，确认社会责任内部控制缺陷事实，并在缺陷认定底稿上签章。中天恒 3C 框架研制的缺陷评价相关工作表格如下：

表 6－13　　中天恒 3C 框架社会责任内部控制缺陷评价矩阵表

被审计单位名称		被审计单位编码		索引编号	E	页次						
业务流程名称	社会责任	业务流程编号	3C04	审计人		审计时间						
审计期间		截止日期		复核人		复核时间						
末级流程	关键控制	缺陷类型	缺陷描述	缺陷来源	缺陷性质			评价程序	评价索引	对报表影响	补偿性控制	整改意见
					一般缺陷	重大缺陷	重要缺陷					
安全生产												
产品质量												

表 6－14　　中天恒 3C 框架社会责任内部控制缺陷评价表

被审计单位名称		被审计单位编码		索引编号	E－1	页次	
业务流程名称	社会责任	业务流程编号		审计人		审计时间	
关键控制名称		关键控制编号		复核人		复核时间	
影响会计科目		审计期间				截止日期	
缺陷类型	缺陷描述	评价标准	审计组初步认定意见	被审计单位（或当事人）意见及相关说明			
缺陷事项证据资料							

5.6 审计评价

社会责任内部控制审计评价是社会责任内部控制审计工作的一个重要环节。社会责任内部控制审计评价的方法很多，比较常用的是评分法。中天恒 3C 框架研制的社会责任内部控制审计评价表及汇总表见下列各表。

表 6－15　　中天恒 3C 框架安全生产内部控制审计评价表

被审计单位名称		被审计单位编码		索引编号	F－1	页次	
业务流程名称	安全生产	业务流程编号		审计人		审计时间	
审计期间		截止日期		复核人		复核时间	

关键控制名称	评价标准	分值	权重	判断依据	实际得分
建章建制	企业应当根据国家有关安全生产的规定，结合本企业实际情况，建立严格的安全生产管理体系、操作规范和应急预案，强化安全生产责任追究制度，切实做到安全生产。				
设立机构	企业应当设立安全管理部门和安全监督机构，负责企业安全生产的日常监督管理工作。				
安全投入	企业应当重视安全生产投入，在人力、物力、资金、技术等方面提供必要的保障，健全检查监督机制，确保各项安全措施落实到位，不得随意降低保障标准和要求。				
事前预防	企业应当贯彻预防为主的原则，采用多种形式增强员工安全意识，重视岗位培训，对于特殊岗位实行资格认证制度。				
	企业应当加强生产设备的经常性维护管理，及时排除安全隐患。				
事故处理	企业如果发生生产安全事故，应当按照安全生产管理制度妥善处理，排除故障，减轻损失，追究责任。				
	重大安全生产事故应当启动应急预案，同时按照国家有关规定及时报告，严禁迟报、谎报和瞒报。				

表 6－16　　中天恒 3C 框架产品质量内部控制审计评价表

被审计单位名称		被审计单位编码		索引编号	F－2	页次	
业务流程名称	产品质量	业务流程编号		审计人		审计时间	
审计期间		截止日期		复核人		复核时间	

关键控制名称	评价标准	分值	权重	判断标准	实际得分
质量标准	企业应当根据国家和行业相关产品质量的要求，从事生产经营活动，切实提高产品质量和服务水平，努力为社会提供优质安全健康的产品和服务，最大限度地满足消费者的需求，对社会和公众负责，接受社会监督，承担社会责任。				

续表

关键控制名称	评价标准	分值	权重	判断标准	实际得分
质量控制	企业应当规范生产流程，建立严格的产品质量控制和检验制度，严把质量关，禁止缺乏质量保障、危害人民生命健康的产品流向社会。				
售后服务	企业应当加强产品的售后服务。售后发现严重质量缺陷隐患的产品，应当及时召回或采取其他有效措施，最大限度地降低或消除缺陷隐患产品的社会危害。				
	企业应当妥善处理消费者提出的投诉和建议，切实保护消费者权益。				

表 6-17　中天恒 3C 框架环境保护和资源节约内部控制审计评价表

被审计单位名称		被审计单位编码		索引编号	F-3	页次	
业务流程名称	环境保护和资源节约	业务流程编号		审计人		审计时间	
审计期间		截止日期		复核人		复核时间	

关键控制名称	评价标准	分值	权重	判断标准	实际得分
建立制度	企业应当按照国家有关环境保护与资源节约的规定，结合本企业实际情况，建立环境保护与资源节约制度。				
落实措施	企业应当认真落实节能减排责任，积极开发和使用节能产品，发展循环经济，降低污染物排放，提高资源综合利用效率。				
提高意识	企业应当通过宣传培训等有效形式，不断提高员工的环境保护和资源节约意识。				
生态保护	企业应当重视生态保护，加大对环保工作的人力、物力、财力的投入和技术支持，不断改进工艺流程，降低能耗和污染物排放水平，实现清洁生产。				
	企业应当加强对废气、废水、废渣的综合治理，建立废料回收和循环利用制度。				

续表

关键控制名称	评价标准	分值	权重	判断标准	实际得分
资源节约	企业应当重视资源节约和资源保护，着力开发利用可再生资源，防止对不可再生资源进行掠夺性或毁灭性开发。				
	企业应当重视国家产业结构相关政策，特别关注产业结构调整的发展要求，加快高新技术开发和传统产业改造，切实转变发展方式，实现低投入、低消耗、低排放和高效率。				
监督检查	企业应当建立环境保护和资源节约的监控制度，定期开展监督检查，发现问题，及时采取措施予以纠正。污染物排放超过国家有关规定的，企业应当承担治理或相关法律责任。				
应急处理	发生紧急、重大环境污染事件时，企业应当启动应急机制，及时报告和处理，并依法追究相关责任人的责任。				

表 6－18　中天恒 3C 框架促进就业与员工权益保护内部控制审计评价表

被审计单位名称		被审计单位编码		索引编号	F－4	页次	
业务流程名称	促进就业与员工权益保护	业务流程编号		审计人		审计时间	
审计期间		截止日期		复核人		复核时间	

关键控制名称	评价标准	分值	权重	判断标准	实际得分
促进就业	企业应当依法保护员工的合法权益，贯彻人力资源政策，保护员工依法享有劳动权利和履行劳动义务，保持工作岗位相对稳定，积极促进充分就业，切实履行社会责任。				
	企业应当避免正常经营情况下批量辞退员工，增加社会负担。				
员工薪酬	企业应当与员工签订并履行劳动合同，遵循按劳分配、同工同酬的原则，建立科学的员工薪酬制度和激励机制，不得克扣或无故拖欠员工薪酬。				
	企业应当建立高级管理人员与员工薪酬的正常增长机制，切实保持合理水平，维护社会公平。				
社会保险	企业应当及时办理员工社会保险，足额缴纳社会保险费，保障员工依法享受社会保险待遇。				

续表

关键控制名称	评价标准	分值	权重	判断标准	实际得分
健康监护	企业应当按照有关规定做好健康管理工作，预防、控制和消除职业危害；按期对员工进行非职业性健康监护，对从事有职业危害作业的员工进行职业性健康监护。				
休息休假	企业应当遵守法定的劳动时间和休息休假制度，确保员工的休息休假权利。				
维护权益	企业应当加强职工代表大会和工会组织建设，维护员工合法权益，积极开展员工职业教育培训，创造平等发展机会。				
人格尊重	企业应当尊重员工人格，杜绝性别、民族、宗教、年龄等各种歧视，保障员工身心健康。				
实习基地	企业应当按照产学研用相结合的社会需求，积极创建实习基地，大力支持社会有关方面培养、锻炼社会需要的应用型人才。				
慈善事业	企业应当积极履行社会公益方面的责任和义务，关心帮助社会弱势群体，支持慈善事业。				

表 6－19　　中天恒 3C 框架社会责任内部控制审计评价结果汇总表

被审计单位名称		被审计单位编码		索引编号	F－4	页次	
业务流程名称	社会责任	业务流程编号		审计人		审计时间	
审计期间		截止日期		复核人		复核时间	

流程编号	一级流程	二级流程	自我评价得分	审计评价得分
3C04	社会责任			
3C04.01		社会责任		
3C04.02		产品质量		
3C04.03		环境保护和资源节约		
3C04.04		促进就业与员工权益保护		

5.7　形成意见

社会责任内部控制审计意见，就是对社会责任内部控制有效性的审计结论，是被审计单位内部控制审计意见的一部分。这项工作是在前面社会责任内部控制审计工作基础上进行的。

七、企业文化内部控制审计实务及其模板

1. 审计概念

《企业内部控制应用指引第5号——企业文化》第二条规定：“本指引所称企业文化，是指企业在生产经营实践中逐步形成的、为整体团队所认同并遵守的价值观、经营理念和企业精神，以及在此基础上形成的行为规范的总称。”

企业文化内部控制审计，就是对被审计单位企业文化内部控制设计与运行的有效性的审查和评价活动，对促使被审计单位加强企业文化内部控制建设、防范企业文化风险具有重要意义。

企业应当建立对企业文化内部控制的审计制度，明确审计机构或人员的职责权限，定期或不定期地进行检查。内部审计部门或人员应检查企业文化建设、企业文化的评估业务内部控制制度是否健全，各项规定是否得到有效执行。

2. 审计依据

企业文化控制审计依据除了国家关于企业文化管理方面的法律法规、企业制定的企业文化管理制度及其《企业内部控制手册》有关企业文化部分的内容外，还应包括包括国家、行业协会、被审计单位有关审计方面的规范及标准等。

3. 审计目标

企业文化内部控制审计目标，就是保证企业文化内部控制设计和运行的有效性，促使企业预防和控制企业文化风险，具体包括：

➤ 证实企业文化管理内部控制是否建立、健全并有效执行。

➤ 证实各项企业文化业务是否合法、合规等。

4. 审计内容

企业文化内部控制审计内容，因审计主体、审计要求及其审计方式的不同而不同。采用传统的全面审计方式，企业文化内部控制审计是审查和评价企业文化内部控制设计和运行的有效性两个方面，范围包括企业文化建设、企业文化的评估等业务。采用现代以风险为导向审计方式，审计人员应以企业文化风险为导向，审计已经设计完成的企业文化内部控制及其相关的管理制度是否有效执行，

是否有效控制了企业文化风险；已经设计有效的企业文化各控制点的控制措施是否有效实施，是否有效防止了各控制环节的风险；是否根据业务、环境等的变化持续改进企业文化内部控制等。

5. 审计程序

关于企业文化内部控制审计程序，中天恒 3C 框架研制的企业文化内部控制审计一般程序包括企业文化内部控制有效性调查、初步评价、风险评估、控制测试、评价缺陷、审计评价、形成意见等。审计程序表见表 7－1。

表 7－1　　中天恒 3C 框架企业文化内部控制审计程序表

被审计单位名称		被审计单位编码		索引编号	0	页次	
业务流程名称	企业文化	业务流程编号		审计人		审计时间	
审计期间		截止日期		复核人		复核时间	

序号	审计程序	细分程序	执行情况说明	工作底稿索引号
1	调查了解	企业文化内部控制有效性调查		A
5	初步评价	企业文化内部控制初步评价		B
5	风险评估	企业文化内部控制风险评估		C
4	控制测试	企业文化内部控制有效性测试		D
5	评价缺陷	企业文化内部控制缺陷评价		E
6	审计评价	企业文化内部控制审计评价		F
7	形成意见	企业文化内部控制审计结果汇总		H
说明	1. 每一个审计程序可细分若干具体程序。 2. 上述审计程序可结合进行，以提高审计工作效率。 3. 在执行每一步骤后，应填写“执行情况说明”一栏。			

5.1　调查了解

调查了解，就是调查了解企业文化内部控制设计和运行的基本情况，是对企业文化内部控制审计实施阶段的首要环节。企业文化调查工作是在内部控制审计总体工作的准备阶段的基础上进行的，涉及具体内容很多，因单位的不同而不同。对企业文化内部控制调查了解的方法有文字叙述法、调查表法、流程图法、控制矩阵法等。这些方法各有其特点，经常综合运用。实际审计工作中，为提高企业文化内部控制审计效率，调查了解工作应同企业文化现场测试工作一并进行，不宜为满足调查而走形式。中天恒 3C 框架研制的企业文化内部控制调查问卷见下列各表。

表 7－2　　中天恒 3C 框架企业文化建设内部控制调查问卷

被审计单位名称		被审计单位编码		索引编号	A－1	页次	
业务流程名称	企业文化建设	业务流程编号		审计人		审计时间	
审计期间		截止日期		复核人		复核时间	

控制要点	调查内容	调查结果			证据名称	被调查部门	被调查人
		是	否	不适应			
培育企业特色文化	企业是否采取切实有效的措施，积极培育具有自身特色的企业文化，引导和规范员工行为，打造以主业为核心的企业品牌，形成整体团队的向心力，促进企业长远发展。						
	企业是否培育体现企业特色的发展愿景、积极向上的价值观、诚实守信的经营理念、履行社会责任和开拓创新的企业精神，以及团队协作和风险防范意识。						
	企业是否重视并购重组的文化建设，平等对待被并购方的员工，促进与被并购方的文化融合。						
制定企业文化规范	企业是否根据发展战略和实际情况，总结优良传统，挖掘文化底蕴，提炼核心价值，确定文化建设的目标和内容，形成企业文化规范，使其构成员工行为守则的重要组成部分。						
营造企业文化环境	董事、监事、经理和其他高级管理人员是否在文化建设中发挥主导和垂范作用。						
	董事、监事、经理和其他高级管理人员是否以自身的优秀品格和脚踏实地的工作作风，带动影响整个团队，共同营造积极向上的文化环境。						
	企业是否促进文化建设在内部各层级的有效沟通。						
	企业是否加强企业文化的宣传贯彻，确保全体员工共同遵守。						
融入生产经营过程	企业文化建设是否融入生产经营全过程。						
	企业文化建设是否切实做到文化建设与发展战略的有机结合。						
	企业文化建设是否增强员工的责任感和使命感。						

续表

控制要点	调查内容	调查结果			证据名称	被调查部门	被调查人
		是	否	不适应			
提升员工文化修养	企业是否加强对员工的文化教育和熏陶。						
	企业是否全面提升员工的文化修养和内在素质。						

表 7－3　　中天恒 3C 框架企业文化的评估内部控制调查问卷

被审计单位名称		被审计单位编码		索引编号	A－2	页次	
业务流程名称	企业文化的评估	业务流程编号		审计人		审计时间	
审计期间		截止日期		复核人		复核时间	

控制要点	调查内容	调查结果			证据名称	被调查部门	被调查人
		是	否	不适应			
建立企业文化评估制度	企业是否建立文化评估制度，明确评估的内容、程序和方法。						
	企业是否落实评估责任制，避免企业文化建设流于形式。						
关注企业文化评估重点	企业文化评估，是否重点关注董事、监事、经理和其他高级管理人员在企业文化建设中的责任履行情况、全体员工对企业核心价值的认同感、企业经营管理行为与企业文化的一致性、企业品牌的社会影响力、参与企业并购重组各方文化的融合度，以及员工对企业未来发展的信心。						
重视企业文化评估结果	企业是否重视企业文化的评估结果。						
	企业是否巩固和发扬文化建设成果。						
	企业是否针对评估过程中发现的问题，研究影响企业文化建设的不利因素，分析深层次的原因，及时采取措施加以改进。						

5.2　初步评价

对企业文化内部控制初步评价，可通过问题调查表和初步评价表进行反映。企业文化初步评价可以结合调查了解程序一起进行，也独立进行。

5.3 风险评估

按照风险导向审计理论，审计人员进行企业文化内部控制审计应当以风险评估为基础，选择拟测试的控制，确定测试所需要收集的证据。企业文化风险评估，就是识别、分析、评价企业文化方面的风险。从中天恒管理咨询公司内部控制与风险管理咨询的实践来看，企业文化风险应识别和描述：

➢ 缺乏积极向上的企业文化，可能导致员工丧失对企业的信心和认同感，企业缺乏凝聚力和竞争力。

➢ 缺乏开拓创新、团队协作和风险意识，可能导致企业发展目标难以实现，影响可持续发展。

➢ 缺乏诚实守信的经营理念，可能导致舞弊事件的发生，造成企业损失，影响企业信誉。

➢ 忽视企业并购重组中的文化差异和理念冲突，可能导致并购重组失败。

中天恒 3C 框架企业文化风险评估表见表 7－4。

表 7－4　　　中天恒 3C 框架企业文化风险评估表

被审计单位名称		被审计单位编码		索引编号	C	页次	
业务流程名称	企业文化	业务流程编号	3C05	审计人		审计时间	
审计期间		截止日期		复核人		复核时间	

流程编号	一级流程	二级流程	风险描述	可能性	影响程度	风险排序
3C05	企业文化		缺乏积极向上的企业文化，可能导致员工丧失对企业的信心和认同感，企业缺乏凝聚力和竞争力。 缺乏开拓创新、团队协作和风险意识，可能导致企业发展目标难以实现，影响可持续发展。 缺乏诚实守信的经营理念，可能导致舞弊事件的发生，造成企业损失，影响企业信誉。 忽视企业并购重组中的文化差异和理念冲突，可能导致并购重组失败。企业文化退出机制不当，可能导致法律诉讼或企业声誉受损。			
3C05.01		企业文化建设				
3C05.05		企业文化的评估				

5.4 控制测试

企业文化内部控制测试，就是审计人员现场测试企业文化内部控制设计和运行的有效性。对企业文化内部控制设计有效性测试时，审计人员应当综合运用询问适当人员、观察经营活动和检查相关文件等程序。对企业文化内部控制运行有效性测试，审计人员应当综合运用询问适当人员、观察经营活动、检查相关文件以及重新执行控制等程序。审计实践中，审计人员对企业文化内部控制设计有效性和运行有效性是一并进行测试的，测试重点是企业文化关键控制。中天恒3C框架研究开发的企业文化内部控制测试工具包括企业文化内部控制有效性测试矩阵表、测试表、汇总分析表等，具体格式及要素见下列各表。

表7－5　　中天恒3C框架企业文化建设内部控制有效性测试矩阵表

被审计单位名称		被审计单位编码		索引编号	D－1	页次	
业务流程名称	企业文化建设	业务流程编号	3C05.01	审计人		审计时间	
审计期间		截止日期		复核人		复核时间	

关键控制名称	关键控制编号	控制方式	控制频率	样本总体	样本数量	测试要点	证据名称	测试程序	测试结果	交叉索引
培育企业特色文化						企业是否采取切实有效的措施，积极培育具有自身特色的企业文化，引导和规范员工行为，打造以主业为核心的企业品牌，形成整体团队的向心力，促进企业长远发展。				
						企业是否培育体现企业特色的发展愿景、积极向上的价值观、诚实守信的经营理念、履行社会责任和开拓创新的企业精神，以及团队协作和风险防范意识。				
						企业是否重视并购重组的文化建设，平等对待被并购方的员工，促进与被并购方的文化融合。				
制定企业文化规范						企业是否根据发展战略和实际情况，总结优良传统，挖掘文化底蕴，提炼核心价值，确定文化建设的目标和内容，形成企业文化规范，使其构成员工行为守则的重要组成部分。				

续表

关键控制名称	关键控制编号	控制方式	控制频率	样本总体	样本数量	测试要点	证据名称	测试程序	测试结果	交叉索引
营造企业文化环境						董事、监事、经理和其他高级管理人员是否在文化建设中发挥主导和垂范作用。				
						董事、监事、经理和其他高级管理人员是否以自身的优秀品格和脚踏实地的工作作风，带动影响整个团队，共同营造积极向上的文化环境。				
						企业是否促进文化建设在内部各层级的有效沟通。				
						企业是否加强企业文化的宣传贯彻，确保全体员工共同遵守。				
融入生产经营过程						企业文化建设是否融入生产经营全过程。				
						企业文化建设是否切实做到文化建设与发展战略的有机结合。				
						企业文化建设是否增强员工的责任感和使命感。				
提升员工文化修养						企业是否加强对员工的文化教育和熏陶。				
						企业是否全面提升员工的文化修养和内在素质。				

<table>
<tr><td rowspan="4">测试结论</td><td colspan="7">设计有效性</td><td colspan="7">运行有效性</td></tr>
<tr><td rowspan="2">有效</td><td colspan="6">控制薄弱环节说明</td><td rowspan="2">有效</td><td colspan="6">控制薄弱环节说明</td></tr>
<tr><td>控制不符合实际</td><td>应有的控制不存在</td><td>风险识别不准确</td><td>未设计控制证据</td><td>控制矩阵编制不规范</td><td>其他</td><td>制度未执行</td><td>措施未落实</td><td>控制证据不足</td><td>设计不适应</td><td>监控不力</td><td>其他</td></tr>
<tr><td></td><td></td><td></td><td></td><td></td><td></td><td></td><td></td><td></td><td></td><td></td><td></td><td></td><td></td></tr>
</table>

表 7－6　　中天恒 3C 框架企业文化的评估内部控制有效性测试矩阵表

被审计单位名称		被审计单位编码		索引编号	D－2	页次	
业务流程名称	企业文化的评估	业务流程编号	3C05.02	审计人		审计时间	
审计期间		截止日期		复核人		复核时间	

关键控制名称	关键控制编号	控制方式	控制频率	样本总体	样本数量	测试要点	证据名称	测试程序	测试结果	交叉索引
建立企业文化评估制度						企业是否建立文化评估制度，明确评估的内容、程序和方法。				
						企业是否落实评估责任制，避免企业文化建设流于形式。				
关注企业文化评估重点						企业文化评估，是否重点关注董事、监事、经理和其他高级管理人员在企业文化建设中的责任履行情况、全体员工对企业核心价值的认同感、企业经营管理行为与企业文化的一致性、企业品牌的社会影响力、参与企业并购重组各方文化的融合度，以及员工对企业未来发展的信心。				
重视企业文化评估结果						企业是否重视企业文化的评估结果。				
						企业是否巩固和发扬文化建设成果。				
						企业是否针对评估过程中发现的问题，研究影响企业文化建设的不利因素，分析深层次的原因，及时采取措施加以改进。				

测试结论	设计有效性							运行有效性						
	有效	控制薄弱环节说明						有效	控制薄弱环节说明					
		控制不符合实际	应有的控制不存在	风险识别不准确	未设计控制证据	控制矩阵编制不规范	其他		制度未执行	措施未落实	控制证据不足	设计不适应	监控不力	其他

5.5 评价缺陷

评价企业文化控制缺陷，就是对企业文化内部控制存在的设计和执行有效性方面的缺陷进行分析和评价。对已发现的企业文化内部控制重大缺陷，审计人员应当及时以书面形式与被审计单位进行沟通，核对测试结果和数据，确认企业文化内部控制缺陷事实并在缺陷认定底稿上签章。中天恒3C框架企业文化内部控制缺陷评价相关表格如下。

表7－7 中天恒3C框架企业文化内部控制缺陷评价矩阵表

被审计单位名称		被审计单位编码		索引编号	E	页次	
业务流程名称	企业文化	业务流程编号	3C05	审计人		审计时间	
审计期间		截止日期		复核人		复核时间	

末级流程	关键控制	缺陷类型	缺陷描述	缺陷来源	缺陷性质			评价程序	评价索引	对报表影响	补偿性控制	整改意见
					一般缺陷	重大缺陷	重要缺陷					
企业文化建设												
企业文化的评估												

表7－8 中天恒3C框架企业文化内部控制缺陷评价表

被审计单位名称		被审计单位编码		索引编号	E－1	页次	
业务流程名称	企业文化	业务流程编号		审计人		审计时间	
关键控制名称		关键控制编号		复核人		复核时间	
影响会计科目		审计期间				截止日期	

缺陷类型	缺陷描述	评价标准	审计组初步认定意见	被审计单位（或当事人）意见及相关说明
缺陷事项证据资料				

5.6 审计评价

企业文化内部控制审计评价是企业文化内部控制审计工作的一个重要环节。企业文化内部控制审计评价的方法很多，比较常用的是评分法。中天恒3C框架研制的企业文化内部控制审计评价表及汇总表如下。

表 7－9　　中天恒 3C 框架企业文化建设内部控制审计评价表

被审计单位名称		被审计单位编码		索引编号	F－1	页次	
业务流程名称	企业文化建设	业务流程编号		审计人		审计时间	
审计期间		截止日期		复核人		复核时间	

关键控制名称	评价标准	分值	权重	判断依据	实际得分
培育企业特色文化	企业应当采取切实有效的措施，积极培育具有自身特色的企业文化，引导和规范员工行为，打造以主业为核心的企业品牌，形成整体团队的向心力，促进企业长远发展。				
	企业应当培育体现企业特色的发展愿景、积极向上的价值观、诚实守信的经营理念、履行社会责任和开拓创新的企业精神，以及团队协作和风险防范意识。				
	企业应当重视并购重组的文化建设，平等对待被并购方的员工，促进与被并购方的文化融合。				
制定企业文化规范	企业应当根据发展战略和实际情况，总结优良传统，挖掘文化底蕴，提炼核心价值，确定文化建设的目标和内容，形成企业文化规范，使其构成员工行为守则的重要组成部分。				
营造企业文化环境	董事、监事、经理和其他高级管理人员应当在文化建设中发挥主导和垂范作用，以自身的优秀品格和脚踏实地的工作作风，带动影响整个团队，共同营造积极向上的文化环境。 企业应当促进文化建设在内部各层级的有效沟通，加强企业文化的宣传贯彻，确保全体员工共同遵守。				
融入生产经营过程	企业文化建设应当融入生产经营全过程，切实做到文化建设与发展战略的有机结合，增强员工的责任感和使命感，规范员工行为方式，使员工自身价值在企业发展中得到充分体现。				
提升员工文化修养	企业应当加强对员工的文化教育和熏陶，全面提升员工的文化修养和内在素质。				

表 7－10　　中天恒 3C 框架企业文化的评估内部控制审计评价表

被审计单位名称		被审计单位编码		索引编号	F－2	页次	
业务流程名称	企业文化的评估	业务流程编号		审计人		审计时间	
审计期间		截止日期		复核人		复核时间	

关键控制名称	评价标准	分值	权重	判断标准	实际得分
建立企业文化评估制度	企业应当建立文化评估制度，明确评估的内容、程序和方法，落实评估责任制，避免企业文化建设流于形式。				
关注企业文化评估重点	企业文化评估，应当重点关注董事、监事、经理和其他高级管理人员在企业文化建设中的责任履行情况、全体员工对企业核心价值的认同感、企业经营管理行为与企业文化的一致性、企业品牌的社会影响力、参与企业并购重组各方文化的融合度，以及员工对企业未来发展的信心。				
重视企业文化评估结果	企业应当重视企业文化的评估结果，巩固和发扬文化建设成果，针对评估过程中发现的问题，研究影响企业文化建设的不利因素，分析深层次的原因，及时采取措施加以改进。				

5.7　形成意见

企业文化内部控制审计意见，就是对企业文化内部控制有效性的审计结论，是被审计单位内部控制审计意见的一部分。这项工作是在前面企业文化内部控制审计工作基础上进行的。中天恒 3C 框架研制的企业文化内部控制审计意见形成表见表 7－11。

表 7－11　　中天恒 3C 框架企业文化内部控制审计意见形成表

被审计单位名称		被审计单位编码		索引编号	H	页次	
业务流程名称	企业文化	业务流程编号		审计人		审计时间	
审计期间		截止日期		复核人		复核时间	

序号	审计程序	各程序执行结果	工作底稿索引号	执行负责人
1	调查了解	企业文化内部控制有效性调查	A	
2	初步评价	企业文化内部控制初步评价	B	
3	风险评估	企业文化内部控制风险评估	C	
4	控制测试	企业文化内部控制有效性测试	D	

续表

序号	审计程序	各程序执行结果	工作底稿索引号	执行负责人
5	评价缺陷	企业文化内部控制缺陷评价	E	
6	审计评价	企业文化内部控制审计评价	F	
7	形成意见	企业文化内部控制审计结果汇总	H	
总体审计意见		综合陈述		

八、资金活动内部控制审计实务及其模板

1. 审计概念

资金是企业财产及物资价值的货币表现，资金的运动是物的运动。资金活动是复杂多样的，从资金活动范围可把资金活动简单定义为企业筹资、投资和资金营运等活动的总称。资金活动循环是在企业生产经营活动中，大部分的经济业务都要通过资金活动的收付来实现。除了销售业务外，其他如投入资金、采购材料、购置固定资产、支付工资及费用、偿还债务等业务大都要涉及资金活动的收付。资金是流动性最强的资产，具有被盗窃、贪污和挪用的高风险性，而且收付频繁、业务量大，与资金活动循环相联系的项目多。因此，必须加强对资金活动的管理和控制，建立健全资金活动内部控制，确保经营管理活动合法而有效。

资金活动内部控制审计，就是对被审计单位资金活动内部控制设计与运行的有效性的审查和评价活动，对促使被审计单位加强资金活动内部控制建设、防范资金活动风险具有重要意义。

2. 审计依据

资金活动控制审计依据除了国家关于资金活动管理方面的法律法规、企业制定的资金活动管理制度及其《企业内部控制手册》有关资金活动部分的内容外，还应包括包括国家、行业协会、被审计单位有关审计方面的规范及标准等。

3. 审计目标

资金活动内部控制审计目标，就是保证资金活动内部控制设计和运行的有效性，促使企业预防和控制资金活动风险，具体包括：

➢ 证实资金活动管理内部控制是否建立、健全并有效执行。

➢ 证实资金活动余额是否存在、完整。

➢ 证实各项资金活动收付业务是否合法、合规等。

4. 审计内容

资金活动内部控制审计内容，因审计主体、审计要求及其审计方式的不同而

不同。采用传统的全面审计方式，资金活动内部控制审计包括审查和评价资金活动内部控制设计和运行的有效性两个方面，范围包括筹资、投资、营运等资金活动业务。采用现代以风险为导向审计方式，审计人员应以资金活动风险为导向，审计已经设计完成的资金活动内部控制及其相关的管理制度是否有效执行，是否有效控制了资金活动风险；已经设计有效的资金活动各控制点的控制措施是否有效实施，是否有效防止了各控制环节的风险；是否根据业务、环境等的变化持续改进资金活动内部控制等。

不管采取哪种审计方式，资金活动内部控制审计重点是审查和评价主要资金活动业务末级流程的关键控制设计和执行的有效性。一般来说，资金活动内部控制审计的关键控制包括：

➢ 职责分工控制。出纳、会计的职务应分离，票证和印鉴应分开保管，单位、单位负责人和出纳员印鉴也应有分管措施，并明确岗位职责。

➢ 授权审批控制。应制定资金活动收支业务的审批程序和分层次的付款批准权限。

➢ 审核控制。筹资和投资的核算必须经过严格的审核。

➢ 程序控制。应按资金活动收付业务流程建立各环节的管理制度，实行程序控制。

➢ 计划（预算）控制。应定期（每月至少一次）编制资金活动收支计划或预算。

➢ 定期对账与稽核控制。应建立日记账与总账、银行对账单的对账制度，并定期或不定期地进行盘点稽核。

5. 审计程序

传统审计业务中资金活动符合性测试常规程序包括：调查了解资金活动业务内部控制；抽查收款凭证；抽验付款凭证；抽查一定期间筹资、投资日记账与总账并核对抽取一定期间的筹资、投资日记账，检查筹资日记账和投资日记账记录、加总的正确性，并与相应的总账核对，检查其每月金额一致性，对账账不一致的情况有无调整与说明；抽查投资调节表与库存筹资盘点表；查阅制度；检查资金活动收付凭证的管理情况等。关于资金活动内部控制审计，中天恒 3C 框架研制的资金活动内部控制审计一般程序包括资金活动内部控制有效性调查、初步评价、风险评估、控制测试、评价缺陷、审计评价、形成意见等。中天恒 3C 框架研制的审计程序表见表 8－1。

表 8-1　　中天恒 3C 框架资金活动内部控制审计程序表

被审计单位名称		被审计单位编码		索引编号	0	页次	
业务流程名称	资金活动	业务流程编号		审计人		审计时间	
审计期间		截止日期		复核人		复核时间	

序号	审计程序	细分程序	执行情况说明	工作底稿索引号
1	调查了解	资金活动内部控制有效性调查		A
2	初步评价	资金活动内部控制初步评价		B
3	风险评估	资金活动内部控制风险评估		C
4	控制测试	资金活动内部控制有效性测试		D
5	评价缺陷	资金活动内部控制缺陷评价		E
6	审计评价	资金活动内部控制审计评价		F
7	形成意见	资金活动内部控制审计结果汇总		H
说明		1. 每一个审计程序可细分若干具体程序。 2. 上述审计程序可结合进行，以提高审计工作效率。 3. 在执行每一步骤后，应填写“执行情况说明”一栏。		

5.1　调查了解

调查了解，就是调查了解资金活动内部控制设计和运行的基本情况，是对资金活动内部控制审计实施阶段的首要环节。资金活动调查工作是在内部控制审计总体工作的准备阶段的基础上进行的，涉及具体内容很多，因单位的不同而不同。对资金活动内部控制调查了解的方法有文字叙述法、调查表法、流程图法、控制矩阵法等。这些方法各有其特点，经常综合运用。实际审计工作中，为提高资金活动内部控制审计效率，调查了解工作应同资金活动现场测试工作一并进行，不宜为满足调查而走形式。中天恒 3C 框架研制的资金活动内部控制调查问卷见下列各表。

表 8-2　　中天恒 3C 框架筹资活动内部控制调查问卷

被审计单位名称		被审计单位编码		索引编号	A-1	页次	
业务流程名称	筹资活动	业务流程编号		审计人		审计时间	
审计期间		截止日期		复核人		复核时间	

调查范围	控制要点	调查内容	调查结果			证据名称	被调查部门	被调查人
			是	否	不适应			
总体层面	制度控制	是否建立健全了部门（岗位）设置与不相容职务分离制度、筹资业务的授权批准制度、筹资决策程序制度、证券签发制度、证券保管制度、利息与股利发放制度、筹资会计记录制度、筹资监管制度等。				部门（岗位）设置制度； 筹资业务的授权批准制度； 证券签发制度； 证券保管制度等。		

续表

调查范围	控制要点	调查内容	调查结果			证据名称	被调查部门	被调查人
			是	否	不适应			
总体层面	制度控制	已经建立的筹资管理制度是否有效执行。						
	岗位控制	职责分工、权限范围和授权审批程序是否明确规范。				部门（岗位）设置情况图； 不相容职务分离制度； 职责分工明细表。		
		机构设置和人员配备是否科学合理。						
		是否建立筹资业务的岗位责任制。						
		是否明确有关部门和岗位的职责、权限，确保办理筹资业务的不相容岗位相互分离、制约和监督。						
		同一部门或个人是否办理筹资业务的全过程。						
		是否配备合格的人员办理筹资业务。						
		是否结合企业实际情况，对办理筹资业务的人员定期进行岗位轮换。						
	授权控制	是否对筹资活动建立严格的授权批准制度。				筹资业务的授权批准制度。		
		是否明确审批人对筹资活动的授权批准方式、权限、程序、责任和相关控制措施。						
		是否规定经办人办理筹资业务的职责范围和工作要求。						
		重要的筹资活动是否实行集体决策和审批。						
		是否建立责任追究制度，防范贪污、侵占、挪用筹资等行为。						
		是否严格禁止未经授权的机构或人员擅自办理筹资业务。						

续表

调查范围	控制要点	调查内容	调查结果			证据名称	被调查部门	被调查人
			是	否	不适应			
总体层面	决策控制	是否建立筹资业务决策环节的控制制度。				筹资决策程序制度		
		是否对筹资方案的拟订设计、筹资决策程序等作出明确规定，确保筹资方式符合成本效益原则，筹资决策科学、合理。						
		是否建立筹资决策责任追究制度。						
		是否定期或不定期地进行检查。						
	执行控制	是否建立筹资决策执行环节的控制制度。				筹资决策执行环节的控制制度。		
		对筹资合同协议的订立与审核、资产的收取等是否作出明确规定。						
		是否按照筹资方案所规定的用途使用对外筹集的资金。						
		由于市场环境变化等特殊情况导致确需改变资金用途的，是否履行审批手续，并对审批过程进行完整的书面记录。						
	偿付控制	是否建立筹资业务偿付环节的控制制度。				筹资业务偿付环节的控制制度。		
		对支付偿还本金、利息、租金、股利（利润）等步骤、偿付形式等是否作出计划和预算安排。						
		企业委托代理机构支付股利（利润）是否清点、核对代理机构的股利（利润）支付清单，并及时取得有关凭据。						
		业务终结后，是否对抵押或质押资产进行清理、结算、收缴，及时注销有关担保内容。						

调查范围	控制要点	调查内容	调查结果			证据名称	被调查部门	被调查人
			是	否	不适应			
总体层面	会计控制	是否对筹资业务进行准确的账务处理。				筹资会计记录制度。		
		对筹资合同、收款凭证、入库凭证等，是否妥善保管。						
		企业会计部门是否做好具体资金管理工作，随时掌握资金情况。						
		财务部门是否协调好企业筹资的利率结构、期限结构等，力争最大限度地降低企业的资金成本。						
	筹资监控	是否建立筹资业务的监督检查制度，明确监督检查的部门或人员，规定其职责和权限、检查的时间与内容。				筹资监管制度等。		
		筹资业务内部控制监督检查的内容是否包括：检查筹资业务的相关岗位及人员的设置情况；检查筹资业务的授权批准制度的执行情况；检查筹资决策制度的执行情况；检查决策执行及资产收取情况；检查各项款项的支付情况；检查会计处理和信息披露情况等。						
业务控制	拟定筹资方案	企业是否根据融资战略目标和规划，结合年度全面预算，拟订筹资方案。				资金预算； 长期融资计划； 筹资方案等。		
		拟订筹资方案是否明确筹资用途、规模、结构和方式等相关内容。						
		拟订筹资方案是否对筹资成本和潜在风险作出充分估计。						
	论证筹资方案	是否建立对筹资方案进行科学论证制度。				筹资方案论证制度； 筹资方案论证过程记录等。		
		是否依据未经论证的方案开展筹资活动。						

续表

<table>
<tr><th rowspan="2">调查范围</th><th rowspan="2">控制要点</th><th rowspan="2">调查内容</th><th colspan="3">调查结果</th><th rowspan="2">证据名称</th><th rowspan="2">被调查部门</th><th rowspan="2">被调查人</th></tr>
<tr><th>是</th><th>否</th><th>不适应</th></tr>
<tr><td rowspan="10">业务控制</td><td rowspan="2">论证筹资方案</td><td>重大筹资方案是否形成可行性研究报告，全面反映风险评估情况。</td><td></td><td></td><td></td><td rowspan="2"></td><td rowspan="2"></td><td rowspan="2"></td></tr>
<tr><td>是否根据实际需要，聘请具有相应资质的专业机构进行可行性研究。</td><td></td><td></td><td></td></tr>
<tr><td rowspan="5">审批筹资方案</td><td>是否对筹资方案进行严格审批，重点关注筹资用途的可行性和相应的偿债能力。</td><td></td><td></td><td></td><td rowspan="5">重大筹资方案决策制度；
筹资方案审批过程记录等。</td><td rowspan="5"></td><td rowspan="5"></td></tr>
<tr><td>重大筹资方案是否按照规定的权限和程序，实行集体决策审批或者联签制度。</td><td></td><td></td><td></td></tr>
<tr><td>筹资方案需经有关部门批准的，是否履行相应的报批程序。</td><td></td><td></td><td></td></tr>
<tr><td>企业筹资方案发生重大变更的，是否重新进行可行性研究并履行相应审批程序。</td><td></td><td></td><td></td></tr>
<tr><td>是否实行决策责任追究制度。</td><td></td><td></td><td></td></tr>
<tr><td rowspan="3">签订筹资协议</td><td>企业在签约前，是否充分进行金融市场调查，比较各银行和其他金融机构的贷款利率与融资条件，本着公开、公平、公正的原则选择贷款银行与资质高、信誉好、费用低的承销商。</td><td></td><td></td><td></td><td rowspan="3">借款（融资租赁）内部分割协议；
银行借款（融资租赁）合同/协议；
银行承兑汇票协议；
筹资合同或协议。</td><td rowspan="3"></td><td rowspan="3"></td></tr>
<tr><td>企业准备签订的筹资合同、协议文本，是否经法律顾问或律师审阅，提出修改意见后，呈报总会计师、总经理或董事长签批。</td><td></td><td></td><td></td></tr>
<tr><td>企业通过银行借款方式筹资的，是否与有关金融机构进行洽谈，明确借款规模、利率、期限、担保、还款安排、相关的权利义务和违约责任等内容，双方达成一致意见后签署借款合同，据此办理相关借款业务。</td><td></td><td></td><td></td></tr>
</table>

续表

调查范围	控制要点	调查内容	调查结果			证据名称	被调查部门	被调查人
			是	否	不适应			
业务控制	签订筹资协议	企业通过发行债券方式筹资的，是否合理选择债券种类，对还本付息方案作出系统安排，确保按期、足额偿还到期本金和利息。						
		企业通过发行股票方式筹资的，是否依照《证券法》等有关法律法规和证券监管部门的规定，优化企业组织架构，进行业务整合，并选择具备相应资质的中介机构协助企业做好相关工作，确保符合股票发行条件和要求。						
	使用筹资资金	是否严格按照筹资方案确定的用途使用资金。				月度融资计划；月度和年度筹资分析；短期借款明细账与总账；长期借款明细账与总账；应付债券明细账与总账等。		
		筹资用于投资的，是否符合国家和企业的有关规定，防范和控制资金使用的风险。						
		企业由于市场环境变化等确需改变资金用途的，是否履行相应的审批程序。						
		是否擅自改变资金用途。						
		是否定期或不定期决策筹资活动评价。						
	债务偿还和股利支付	企业是否加强债务偿还和股利支付环节的管理。				债券折价溢价摊销表；长期应付款明细账与总账；财务费用明细账与总账等。		
		企业是否对偿还本息和支付股利等作出适当安排。						
		企业是否按照筹资方案或合同约定的本金、利率、期限、汇率及币种，准确计算应付利息。						
		企业计算的应付利息是否与债权人核对无误后按期支付。						

表 8－3　　　　中天恒 3C 框架投资活动内部控制调查问卷

被审计单位名称		被审计单位编码		索引编号	A－2	页次	
业务流程名称	投资活动	业务流程编号		审计人		审计时间	
审计期间		截止日期		复核人		复核时间	

调查范围	控制要点	调查内容	调查结果：是	调查结果：否	调查结果：不适应	证据名称	被调查部门	被调查人
总体层面	制度控制	是否建立了部门（岗位）设置与不相容职务分离制度、投资业务的授权批准制度、投资立项分析制度、投资评估制度、投资决策程序制度、投资执行制度、投资资产保管制度、投资处置控制制度、投资登记制度、投资定期盘点制度、投资会计记录制度、投资监管制度等。				部门（岗位）设置制度； 投资业务的授权批准制度； 投资决策程序制度； 投资处置控制制度等。		
		已经建立的投资管理制度是否有效执行。						
	岗位控制	是否建立投资业务岗位责任制，明确相关部门和岗位的职责、权限；是否根据投资类型制定相应的业务流程，明确投资中主要业务环节的责任人员、风险点和控制措施等。				部门（岗位）设置情况图； 不相容职务分离制度； 职责分工明细表。		
		是否设置相应的记录或凭证，如实记载投资业务各环节的开展情况。						
		是否明确各种与投资业务相关文件资料的取得、归档、保管、调阅等各个环节的管理规定及相关人员的职责权限。						
		是否实行不相容职务相互分离控制。						
		是否由一个人同时负责投资业务中的两项或两项以上的工作。						
		是否由同一部门或个人办理投资业务的全过程。						
		是否配备合格的人员办理对外投资业务。						
		办理对外投资业务的人员是否具备良好的职业道德，掌握金融、投资、财会、法律等方面的专业知识。						
		对办理投资业务的人员是否根据具体情况定期进行岗位轮换。						

续表

调查范围	控制要点	调查内容	调查结果			证据名称	被调查部门	被调查人
			是	否	不适应			
总体层面	授权控制	投资业务是否由企业的高层管理机构进行审批。				投资业务的授权批准制度。		
		企业投资决策的作出、投资合同的签订、投资资产的处置等是否履行严格的审批手续。						
		是否未经主管部门授权或批准不得办理投资业务。						
		一切投资行为的立项、决策、合同签订、预算、执行、报告等，是否都必须经过授权批准。						
		是否建立投资的责任追究制度。						
		对在投资中出现的重大决策失误、未履行集体审批程序和不按规定执行对外投资业务的人员，是否追究相应的责任。						
		投资的权益证书是否由专人保管。						
	预算控制	投资预算是否由企业的各相关部门根据投资环境、发展规划、上级主管部门的批准许可进行编制。				投资预算草案；投资预算审批过程记录。		
		投资预算的编制是否符合企业预算编制的有关规定。						
		投资预算编制内容、编制程序是否应符合要求。						
		投资预算编制完成后，是否交企业领导班子集体进行严格审核。						
		是否根据审核意见进行修改后编制正式投资预算。						

续表

调查范围	控制要点	调查内容	调查结果			证据名称	被调查部门	被调查人
			是	否	不适应			
总体层面	审核控制	是否对投资项目进行分析论证后立项。				投资审核报告。		
		是否编制投资计划，详细说明投资对象、投资目的、影响投资效益因素等。						
		投资计划在执行前是否严格审核。						
		投资计划审查内容是否全面。						
	安全控制	是否建立投资凭证保管和变动管理制度。				投资凭证保管和变动管理制度。		
		是否建立严格的联合控制制度，至少由两名以上人员共同控制。						
		对于任何投资凭证的存入或取出是否都执行严格手续制度，详细登记记录，并由所有在场相关人员签名。						
		是否由两人以上参与每月定期盘点，加强投资资产盘点结果与投资登记簿核对，保证相符。						
	决策控制	是否建立投资决策控制制度，加强投资项目立项、评估、决策环节的有效控制，防止投资损失。				投资立项分析制度； 投资评估制度； 投资决策程序制度。		
		决策咨询机构的人员组成是否应有来自企业相互牵制的不同部门和社会相关部门的投资专家。						
		投资决策是否在广泛听取投资部门和有关评估专家的意见或建议，充分考虑预期现金流量、货币的时间价值、投资风险等关键指标，权衡各方面利弊的基础上，选择最优投资方案。						

续表

调查范围	控制要点	调查内容	调查结果			证据名称	被调查部门	被调查人
			是	否	不适应			
总体层面	决策控制	是否个人擅自决定对外投资或者改变集体决策意见。						
		投资决策是否以书面文件的形式予以记录。						
	实施控制	是否根据不同的投资业务制定相应的业务执行流程，明确各环节的控制要求，设置相应的记录或凭证，如实记载各环节业务的开展情况。				投资执行制度；投资资产保管制度。		
		投资实施控制的内容是否包括出资时间、金额、出资方式、责任人员、实施方案、方案变更等。						
		投资实施控制关键控制是否包括计划预算控制、合同签订控制、投出环节控制、追踪管理控制、会计核算控制、权益证书管理控制、清查核对控制等。						
	处置控制	是否加强投资处置环节的控制，对投资收回、转让、核销等的决策和授权批准程序作出明确规定。				投资处置控制制度；投资登记制度；投资定期盘点制度。		
		投资的收回、转让与核销，是否实行集体决策，并按照规定的审批程序履行相关审批手续。						
		财会部门是否认真审核与投资处置有关的审批文件、会议记录、资产回收清单等相关资料。						
		财会部门是否按照规定及时进行投资处置的会计处理。						

续表

调查范围	控制要点	调查内容	调查结果			证据名称	被调查部门	被调查人
			是	否	不适应			
总体层面	会计控制	是否按照会计准则的要求，对投资项目进行准确地会计核算、记录与报告。				投资会计记录制度； 短期投资明细账与总账； 长期投资明细账与总账。		
		是否根据对被投资方的影响程度，合理确定投资会计政策，建立投资管理台账，详细记录投资对象、金额、持股比例、期限、收益等事项。						
		财会部门对于被投资方出现财务状况恶化、市价当期大幅下跌等情形的，是否根据国家统一的会计准则制度规定，合理计提减值准备，确认减值损失。						
		是否妥善保管投资合同、协议、备忘录、出资证明等重要的法律文书。						
	投资监控	是否建立投资内部控制的监督检查制度。				投资监管制度。		
		是否明确监督检查机构或人员的职责权限，定期或不定期地进行检查。						
业务控制	拟订投资方案	是否根据投资战略目标和规划，合理安排资金投放结构，科学确定投资项目，拟订投资方案，重点关注投资项目的收益和风险。				投资项目可行性分析报告； 投资方案草案。		
		选择投资项目是否突出主业，谨慎从事股票投资或衍生金融产品等高风险投资。						
		企业境外投资是否考虑政治、经济、法律、市场等因素的影响。						
		企业采用并购方式进行投资的，是否严格控制并购风险。						

续表

调查范围	控制要点	调查内容	调查结果			证据名称	被调查部门	被调查人
			是	否	不适应			
业务控制	论证投资方案	是否加强对投资方案的可行性研究。				投资方案的可行性研究报告。		
		根据实际需要，是否委托具备相应资质的专业机构进行可行性研究，提供独立的可行性研究报告，重点对投资项目的目标、规模、投资方式、投资的风险与收益等作出评价。						
		企业是否根据经股东大会（或者企业章程规定的类似权力机构）批准的年度投资计划，按照职责分工和审批权限，对投资项目进行决策审批。						
	审批投资方案	是否按照规定的权限和程序对投资项目进行决策审批。				投资项目审批单或决议。		
		对投资项目进行决策审批，是否重点审查投资方案是否可行，投资项目是否符合国家产业政策及相关法律法规的规定、是否符合企业投资战略目标和规划、是否具有相应的资金能力，投入资金能否按时收回，预期收益能否实现，以及投资和并购风险是否可控等。						
		重大投资项目是否按照规定的权限和程序实行集体决策或者联签制度。						
		投资方案需经有关管理部门批准的，是否履行相应的报批程序。						
	签订投资合同或协议	是否根据批准的投资方案，与被投资方签订投资合同或协议。				投资协议；投资项目明细账表。		
		与被投资方签订投资合同或协议是否明确出资时间、金额、方式、双方权利义务和违约责任等内容。						
		是否按规定的权限和程序审批后履行投资合同或协议。						

续表

调查范围	控制要点	调查内容	调查结果			证据名称	被调查部门	被调查人
			是	否	不适应			
业务控制	投资项目跟踪管理	是否指定专门机构或人员对投资项目进行跟踪管理。				投资管理台账； 投资项目清查表。		
		是否根据投资计划进度，严格分期、按进度适时投放资金，严格控制资金流量和时间。						
		企业对投资项目是否及时收集被投资方经审计的财务报告等相关资料，定期组织投资效益分析，关注被投资方的财务状况、经营成果、现金流量以及投资合同履行情况，发现异常情况，应当及时报告并妥善处理。						
		企业是否对派驻被投资企业的有关人员建立适时报告、业绩考评与轮岗制度。						
		是否以投资计划为依据，按照职务分离制度和授权审批制度，各环节和各责任人正确履行审批监督责任，对项目实施过程进行监督和控制。						
	投资收回或处置	是否当加强投资收回和处置环节的控制。				长期不良投资处置审批单； 股权评估报告。		
		是否对投资收回、转让、核销等决策和审批程序作出明确规定。						
		是否重视投资到期本金的回收。						
		转让投资是否由相关机构或人员合理确定转让价格，报授权批准部门批准，必要时可委托具有相应资质的专门机构进行评估。						
		核销投资是否取得不能收回投资的法律文书和相关证明文件。						

续表

调查范围	控制要点	调查内容	调查结果			证据名称	被调查部门	被调查人
			是	否	不适应			
业务控制	投资收回或处置	是否建立投资项目后续跟踪评价管理制度，对企业的重要投资项目和所属企业超过一定标准的投资项目，有重点地开展后续跟踪评价工作，并作为进行投资奖励和责任追究的基本依据。						
		对于到期无法收回的投资是否建立责任追究制度。						

表 8-4　　中天恒 3C 框架营运活动内部控制调查问卷

被审计单位名称		被审计单位编码		索引编号	A-3	页次	
业务流程名称	营运活动	业务流程编号		审计人		审计时间	
审计期间		截止日期		复核人		复核时间	

调查范围	控制要点	调查内容	调查结果			证据名称	被调查部门	被调查人
			是	否	不适应			
总体层面	制度控制	是否建立和健全了部门（岗位）设置与不相容职务分离制度、营运业务的授权批准制度、营运业务执行制度、营运资金调度制度、营运资金预算分析制度、营运资金盘点制度、营运资金会计记录制度、营运活动监管制度等。				部门（岗位）设置制度； 营运业务的授权批准制度； 营运业务执行制度等。		
		已经建立的营运管理制度是否有效执行。						
	岗位控制	是否建立岗位责任制。				部门（岗位）设置情况图； 不相容职务分离制度； 职责分工明细表。		
		是否实行不相容职务相互分离控制。						
		是否实行人员素质控制。						
		是否实行岗位轮换控制。						

续表

调查范围	控制要点	调查内容	调查结果			证据名称	被调查部门	被调查人
			是	否	不适应			
总体层面	审批控制	是否制定资金的限制接近措施。				营运业务的授权批准制度； 审批单证等。		
		是否未经授权的人员办理资金收支业务。						
		使用资金的部门是否提出用款申请，记载用途、金额、时间等事项。						
		经办人员是否在原始凭证上签章。						
		经办部门负责人、主管总经理和财务部门负责人是否审批并签章。						
	收付控制	出纳人员是否按照审核后的原始凭证收付款，并对已完成收付的凭证加盖戳记，并登记日记账。				资金收付业务原始凭据； 支出和报销单据等。		
		主管会计人员是否及时准确地记录在相关账簿中，定期与出纳人员的日记账核对。						
	复核控制	资金营运活动会计主管是否审查原始凭证反映的收支业务是否真实合法，经审核通过并签字盖章后才能填制原始凭证。				复核制度； 收付业务原始凭据。		
		凭证上的主管、审核、出纳和制单等印章是否齐全。						
	记账控制	出纳人员是否根据资金收付凭证登记日记账，会计人员根据相关凭证登记有关明细分类账。				日记账； 资金明细账； 资金总分类账等。		
		主管会计是否登记总分类账。						
	对账控制	账证是否核对。				收付业务原始凭据。		
		账账是否核对。						
		账表是否核对。						
		账实是否核对。						

续表

调查范围	控制要点	调查内容	调查结果			证据名称	被调查部门	被调查人
			是	否	不适应			
总体层面	营运监控	企业是否建立营运活动内部控制的监督检查制度，明确监督检查机构或人员的职责权限，定期或不定期地进行检查。				营运活动内部控制的监督检查制度；检查报告；考核结果。		
		有子公司的企业或企业集团，是否强化对成员企业资金业务的监控。						
		企业（集团）组建资金管理中心或者财务公司后，是否统一管理成员企业的银行账户，实施收支两条线的资金集中管理。						
业务控制	协调资金需求	是否加强资金营运全过程的管理。				资金需求计划；资金预算。		
		是否统筹协调内部各机构在生产经营过程中的资金需求。						
		是否切实做好资金在采购、生产、销售等各环节的综合平衡，全面提升资金营运效率。						
	综合平衡资金	否充分发挥全面预算管理在资金综合平衡中的作用。				资金预算执行情况分析表；资金支付申请；月度资金分析表。		
		是否严格按照预算要求组织协调资金调度，确保资金及时收付，实现资金的合理占用和营运良性循环。						
		是否严禁资金的体外循环，切实防范资金营运中的风险。						
	协调资金调度	是否定期组织召开资金调度会。				资金调度会纪要；年度资金分析表。		
		企业组织召开资金调度会，是否对预算资金执行情况进行综合分析，发现异常情况，及时采取措施妥善处理。						
		企业在营运过程中出现临时性资金短缺的，是否通过短期融资等方式获取资金。						

续表

调查范围	控制要点	调查内容	调查结果			证据名称	被调查部门	被调查人
			是	否	不适应			
业务控制	协调资金调度	企业在营运过程中出现资金短期闲置的，是否在保证安全性和流动性的前提下，可以通过购买国债等多种方式，提高资金效益。						
	会计系统控制	是否加强对营运资金的会计系统控制。				资金会计记录制度； 资金需求计划； 资金预算； 资金预算执行情况分析表； 资金支付申请； 月度资金分析表； 年度资金分析表。		
		是否严格规范资金的收支条件、程序和审批权限。						
		在生产经营及其他业务活动中取得的资金收入是否及时入账。						
		是否设账外设账。						
		是否设立小金库。						
		企业办理资金支付业务，是否明确支出款项的用途、金额、预算、限额、支付方式等内容，并附原始单据或相关证明。						
		企业办理资金支付业务，是否履行严格的授权审批程序后，方可安排资金支出。						
		企业办理资金收付业务，是否遵守现金和银行存款管理的有关规定。						

5.2　初步评价

对资金活动内部控制初步评价，可通过问题调查表和初步评价表进行反映。资金活动初步评价可以结合调查了解程序一起进行，也可独立进行。

5.3　风险评估

按照风险导向审计理论，审计人员进行资金活动内部控制审计应当以风险评估为基础，选择拟测试的控制，确定测试所需要收集的证据。资金活动风险评估，就是识别、分析、评价资金活动方面的风险。从中天恒管理咨询公司内部控制与风险管理咨询的实践来看，资金活动风险应识别和描述：

➢ 筹资风险。筹资风险可简单描述为：筹资决策不当，引发资本结构不合理或无效融资，可能导致企业筹资成本过高或债务危机的风险。

➢ 投资风险。投资风险可简单描述为：投融资决策失误，引发盲目扩张或丧失发展机遇，可能导致资金链断裂或资金使用效益低下。

➢ 营运风险。营运风险可简单描述为：资金调度不合理、营运不畅，可能导致企业陷入财务困境或资金冗余；资金活动管控不严，可能导致资金被挪用、侵占、抽逃或遭受欺诈。

中天恒 3C 框架研制的资金活动风险评估表见 8－5。

表 8－5　　中天恒 3C 框架资金活动风险评估表

被审计单位名称		被审计单位编码		索引编号	C	页次	
业务流程名称	资金活动	业务流程编号	3C01	审计人		审计时间	
审计期间		截止日期		复核人		复核时间	

流程编号	一级流程	二级流程	风险描述	可能性	影响程度	风险排序
3C06	资金活动					
3C06.01		筹资	筹资决策不当，引发资本结构不合理或无效融资，可能导致企业筹资成本过高或债务危机的风险。			
3C06.02		投资	投融资决策失误，引发盲目扩张或丧失发展机遇，可能导致资金链断裂或资金使用效益低下。			
3C06.03		营运	资金调度不合理、营运不畅，可能导致企业陷入财务困境或资金冗余； 资金活动管控不严，可能导致资金被挪用、侵占、抽逃或遭受欺诈。			

5.4　控制测试

资金活动内部控制测试，就是审计人员现场测试资金活动内部控制设计和运行的有效性。对资金活动内部控制设计有效性测试时，审计人员应当综合运用询问适当人员、观察经营活动和检查相关文件等程序。对资金活动内部控制运行有效性测试时，审计人员应当综合运用询问适当人员、观察经营活动、检查相关文件以及重新执行控制等程序。审计实践中，审计人员对资金活动内部控制设计有效性和运行有效性是一并进行测试的，测试重点是资金活动关键控制。中天恒 3C 框架研究开发的资金活动内部控制测试工具包括资金活动内部控制有效性测试矩阵表、测试表、汇总分析表等，具体格式及要素见下列各表。

表 8－6　　中天恒 3C 框架筹资活动内部控制有效性测试矩阵表

被审计单位名称		被审计单位编码		索引编号	D－1	页次	
业务流程名称	筹资	业务流程编号		审计人		审计时间	
审计期间		截止日期		复核人		复核时间	

关键控制名称	关键控制编号	控制方式	控制频率	样本总体	样本数量	测试要点	证据材料	测试程序	测试结果	交叉索引
拟定筹资方案	K1					企业是否根据融资战略目标和规划，结合年度全面预算，拟订筹资方案。 拟订筹资方案是否明确筹资用途、规模、结构和方式等相关内容。 拟订筹资方案是否对筹资成本和潜在风险作出充分估计。	资金预算；长期融资计划；筹资方案等。	审阅材料；访谈人员；抽样检查；重新执行。		
论证筹资方案	K2					是否建立对筹资方案进行科学论证制度。 是否依据未经论证的方案开展筹资活动。 重大筹资方案是否形成可行性研究报告，全面反映风险评估情况。 是否根据实际需要，聘请具有相应资质的专业机构进行可行性研究。	筹资方案论证制度；筹资方案论证过程记录等。	审阅材料；访谈人员；抽样检查；重新执行。		
审批筹资方案	K3					是否对筹资方案进行严格审批，重点关注筹资用途的可行性和相应的偿债能力。 重大筹资方案是否按照规定的权限和程序，实行集体决策审批或者联签制度。 筹资方案需经有关部门批准的，是否履行相应的报批程序。	重大筹资方案决策制度；筹资方案审批过程记录等。	审阅材料；访谈人员；抽样检查；重新执行。		

续表

关键控制名称	关键控制编号	控制方式	控制频率	样本总体	样本数量	测试要点	证据材料	测试程序	测试结果	交叉索引
审批筹资方案	K3					企业筹资方案发生重大变更的，是否重新进行可行性研究并履行相应审批程序。				
						是否实行决策责任追究制度。				
签订筹资协议	K4					企业在签约前，是否充分进行金融市场调查，比较各银行和其他金融机构的贷款利率与融资条件，本着公开、公平、公正的原则选择贷款银行与资质高、信誉好、费用低的承销商。	借款（融资租赁）内部分割协议；银行借款（融资租赁）合同/协议；银行承兑汇票协议；筹资合同或协议。	审阅材料；访谈人员；抽样检查；重新执行。		
						企业准备签订的筹资合同、协议文本，是否经法律顾问或律师审阅，提出修改意见后，呈报总会计师、总经理或董事长签批。				
						企业通过银行借款方式筹资的，是否与有关金融机构进行洽谈，明确借款规模、利率、期限、担保、还款安排、相关的权利义务和违约责任等内容，双方达成一致意见后签署借款合同，据此办理相关借款业务。				
						企业通过发行债券方式筹资的，是否合理选择债券种类，对还本付息方案作出系统安排，确保按期、足额偿还到期本金和利息。				
						企业通过发行股票方式筹资的，是否依照《证券法》等有关法律法规和证券监管部门的规定，优化企业组织架构，进行业务整合，并选择具备相应资质的中介机构协助企业做好相关工作，确保符合股票发行条件和要求。				

续表

关键控制名称	关键控制编号	控制方式	控制频率	样本总体	样本数量	测试要点	证据材料	测试程序	测试结果	交叉索引
使用筹资资金	K5					是否严格按照筹资方案确定的用途资金使用。 筹资用于投资的，是否符合国家和企业的有关规定，防范和控制资金使用的风险。 企业由于市场环境变化等确需改变资金用途的，是否履行相应的审批程序。 是否擅自改变用途资金。 是否定期或不定期决策筹资活动评价。	月度融资计划； 月度和年度筹资分析； 短期借款明细账与总账； 长期借款明细账与总账； 应付债券明细账与总账等。	审阅材料； 访谈人员； 抽样检查； 重新执行。		
债务偿还和股利支付	K6					企业是否加强债务偿还和股利支付环节的管理。 企业是否对偿还本息和支付股利等作出适当安排。 企业是否按照筹资方案或合同约定的本金、利率、期限、汇率及币种，准确计算应付利息。 企业计算的应付利息是否与债权人核对无误后按期支付。	债券折价溢价摊销表； 长期应付款明细账与总账； 财务费用明细账与总账等。	审阅材料； 访谈人员； 抽样检查； 重新执行。		

测试结论	设计有效性							运行有效性						
	有效	控制薄弱环节说明						有效	控制薄弱环节说明					
		控制不符合实际	应有的控制不存在	风险识别不准确	未设计控制证据	控制矩阵编制不规范	其他		制度未执行	措施未落实	控制证据不足	设计不适应	监控不力	其他

表 8－7　　中天恒 3C 框架投资活动内部控制有效性测试矩阵表

被审计单位名称		被审计单位编码		索引编号	D－2	页次	
业务流程名称	投资	业务流程编号		审计人		审计时间	
审计期间		截止日期		复核人		复核时间	

关键控制名称	关键控制编号	控制方式	控制频率	样本总体	样本数量	测试要点	证据材料	测试程序	测试结果	交叉索引
拟订投资方案	K1					是否根据投资战略目标和规划，合理安排资金投放结构，科学确定投资项目，拟订投资方案，重点关注投资项目的收益和风险。 选择投资项目是否突出主业，谨慎从事股票投资或衍生金融产品等高风险投资。 企业境外投资是否考虑政治、经济、法律、市场等因素的影响。 企业采用并购方式进行投资的，是否严格控制并购风险。	投资项目可行性分析报告；投资方案草案。	审阅材料；访谈人员；抽样检查；重新执行。		
论证投资方案	K2					是否加强对投资方案的可行性研究。 根据实际需要，是否委托具备相应资质的专业机构进行可行性研究，提供独立的可行性研究报告，重点对投资项目的目标、规模、投资方式、投资的风险与收益等作出评价。 企业是否根据经股东大会（或者企业章程规定的类似权力机构）批准的年度投资计划，按照职责分工和审批权限，对投资项目进行决策审批。	投资方案的可行性研究报告。	审阅材料；访谈人员；抽样检查；重新执行。		

续表

关键控制名称	关键控制编号	控制方式	控制频率	样本总体	样本数量	测试要点	证据材料	测试程序	测试结果	交叉索引
审批投资方案	K3					是否按照规定的权限和程序对投资项目进行决策审批。	投资项目审批单或决议。	审阅材料；访谈人员；抽样检查；重新执行。		
						对投资项目进行决策审批，是否重点审查投资方案是否可行，投资项目是否符合国家产业政策及相关法律法规的规定、是否符合企业投资战略目标和规划、是否具有相应的资金能力，投入资金能否按时收回，预期收益能否实现，以及投资和并购风险是否可控等。				
						重大投资项目是否按照规定的权限和程序实行集体决策或者联签制度。				
						投资方案需经有关管理部门批准的，是否履行相应的报批程序。				
签订投资合同或协议	K4					是否根据批准的投资方案，与被投资方签订投资合同或协议。	投资协议；投资项目明细账表。	审阅材料；访谈人员；抽样检查；重新执行。		
						与被投资方签订投资合同或协议是否明确出资时间、金额、方式、双方权利义务和违约责任等内容。				
						是否按规定的权限和程序审批后履行投资合同或协议。				
投资项目跟踪管理	K5					是否指定专门机构或人员对投资项目进行跟踪管理。	投资管理台账；投资项目清查表。	审阅材料；访谈人员；抽样检查；重新执行。		
						是否根据投资计划进度，严格分期、按进度适时投放资金，严格控制资金流量和时间。				

续表

关键控制名称	关键控制编号	控制方式	控制频率	样本总体	样本数量	测试要点	证据材料	测试程序	测试结果	交叉索引
投资项目跟踪管理	K5					企业对投资项目是否及时收集被投资方经审计的财务报告等相关资料，定期组织投资效益分析，关注被投资方的财务状况、经营成果、现金流量以及投资合同履行情况，发现异常情况，应当及时报告并妥善处理。				
						企业是否对派驻被投资企业的有关人员建立适时报告、业绩考评与轮岗制度。				
						是否以投资计划为依据，按照职务分离制度和授权审批制度，各环节和各责任人正确履行审批监督责任，对项目实施过程进行监督和控制。				
投资收回或处置	K6					是否当加强投资收回和处置环节的控制。	长期不良投资处置审批单；股权评估报告。	审阅材料；访谈人员；抽样检查；重新执行。		
						是否对投资收回、转让、核销等决策和审批程序作出明确规定。				
						是否重视投资到期本金的回收。				
						转让投资是否由相关机构或人员合理确定转让价格，报授权批准部门批准，必要时可委托具有相应资质的专门机构进行评估。				
						核销投资是否取得不能收回投资的法律文书和相关证明文件。				

续表

关键控制名称	关键控制编号	控制方式	控制频率	样本总体	样本数量	测试要点	证据材料	测试程序	测试结果	交叉索引
投资收回或处置	K6					是否建立投资项目后续跟踪评价管理制度，对企业的重要投资项目和所属企业超过一定标准的投资项目，有重点地开展后续跟踪评价工作，并作为进行投资奖励和责任追究的基本依据。				
						对于到期无法收回的投资是否建立责任追究制度。				

测试结论	设计有效性							运行有效性						
	有效	控制薄弱环节说明						有效	控制薄弱环节说明					
		控制不符合实际	应有的控制不存在	风险识别不准确	未设计控制证据	控制矩阵编制不规范	其他		制度未执行	措施未落实	控制证据不足	设计不适应	监控不力	其他

表 8－8　　中天恒 3C 框架营运内部控制有效性测试矩阵表

被审计单位名称		被审计单位编码		索引编号	D－3	页次	
业务流程名称	营运	业务流程编号		审计人		审计时间	
审计期间		截止日期		复核人		复核时间	

关键控制名称	关键控制编号	控制方式	控制频率	样本总体	样本数量	测试要点	证据材料	测试程序	测试结果	交叉索引
协调资金需求	K1					是否加强资金营运全过程的管理。 是否统筹协调内部各机构在生产经营过程中的资金需求。 是否切实做好资金在采购、生产、销售等各环节的综合平衡，全面提升资金营运效率。	资金需求计划； 资金预算。	审阅材料； 访谈人员； 抽样检查； 重新执行。		

续表

关键控制名称	关键控制编号	控制方式	控制频率	样本总体	样本数量	测试要点	证据材料	测试程序	测试结果	交叉索引
综合平衡资金	K2					否充分发挥全面预算管理在资金综合平衡中的作用。	资金预算执行情况分析表；资金支付申请；月度资金分析表。	审阅材料；访谈人员；抽样检查；重新执行。		
						是否严格按照预算要求组织协调资金调度，确保资金及时收付，实现资金的合理占用和营运良性循环。				
						是否严禁资金的体外循环，切实防范资金营运中的风险。				
协调资金调度	K3					是否定期组织召开资金调度会。	资金调度会纪要；年度资金分析表。	审阅材料；访谈人员；抽样检查；重新执行。		
						企业组织召开资金调度会，是否对预算资金执行情况进行综合分析，发现异常情况，及时采取措施妥善处理。				
						企业在营运过程中出现临时性资金短缺的，是否通过短期融资等方式获取资金。				
						企业在营运过程中出现资金短期闲置的，是否在保证安全性和流动性的前提下，可以通过购买国债等多种方式，提高资金效益。				
会计系统控制	K4					是否加强对营运资金的会计系统控制。	资金会计记录制度；资金需求计划；资金预算；资金预算执行情况分析表；资金支付申请；	审阅材料；访谈人员；抽样检查；重新执行。		
						是否严格规范资金的收支条件、程序和审批权限。				
						在生产经营及其他业务活动中取得的资金收入是否及时入账。				
						是否设账外设账。				
						是否设立小金库。				

续表

关键控制名称	关键控制编号	控制方式	控制频率	样本总体	样本数量	测试要点	证据材料	测试程序	测试结果	交叉索引
会计系统控制	K4				会计系统控制	企业办理资金支付业务，是否明确支出款项的用途、金额、预算、限额、支付方式等内容，并附原始单据或相关证明。	月度资金分析表；年度资金分析表。			
						企业办理资金支付业务，是否履行严格的授权审批程序后，方可安排资金支出。				
						企业办理资金收付业务，是否遵守现金和银行存款管理的有关规定。				

<table>
<tr><td rowspan="4">测试结论</td><td colspan="7">设计有效性</td><td colspan="7">运行有效性</td></tr>
<tr><td rowspan="2">有效</td><td colspan="6">控制薄弱环节说明</td><td rowspan="2">有效</td><td colspan="6">控制薄弱环节说明</td></tr>
<tr><td>控制不符合实际</td><td>应有的控制不存在</td><td>风险识别不准确</td><td>未设计控制证据</td><td>控制矩阵编制不规范</td><td>其他</td><td>制度未执行</td><td>措施未落实</td><td>控制证据不足</td><td>设计不适应</td><td>监控不力</td><td>其他</td></tr>
<tr><td></td><td></td><td></td><td></td><td></td><td></td><td></td><td></td><td></td><td></td><td></td><td></td><td></td><td></td></tr>
</table>

5.5 评价缺陷

评价资金活动控制缺陷，就是对资金活动内部控制存在的设计和执行有效性方面的缺陷进行分析和评价。对已发现的资金活动内部控制重大缺陷，审计人员应当及时以书面形式与被审计单位进行沟通，核对测试结果和数据，确认资金活动内部控制缺陷事实并在缺陷认定底稿上签章。中天恒 3C 框架研制的相关表格如下。

表 8-9　　中天恒 3C 框架资金活动内部控制缺陷评价矩阵表

被审计单位名称		被审计单位编码		索引编号	E	页次	
业务流程名称	资金活动	业务流程编号		审计人		审计时间	
审计期间		截止日期		复核人		复核时间	

末级流程	关键控制	缺陷类型	缺陷描述	缺陷来源	缺陷性质			评价程序	评价索引	对报表影响	补偿性控制	整改意见
					一般缺陷	重大缺陷	重要缺陷					
筹资												
投资												
营运												

表 8-10　　中天恒 3C 框架资金活动内部控制缺陷评价表

被审计单位名称		被审计单位编码		索引编号	E-1	页次	
业务流程名称	资金活动	业务流程编号		审计人		审计时间	
审计期间		截止日期		复核人		复核时间	
影响会计科目		审计期间				截止日期	

缺陷类型	缺陷描述	评价标准	审计组初步认定意见	被审计单位（或当事人）意见及相关说明
缺陷事项证据资料				

5.6　审计评价

资金活动内部控制审计评价资金活动内部控制审计工作的一个重要环节。资金活动内部控制审计评价的方法很多，比较常用的是评分法。中天恒 3C 框架研制的资金活动内部控制审计评价表及汇总表如下。

表 8-11　　中天恒 3C 框架筹资活动内部控制审计评价表

被审计单位名称		被审计单位编码		索引编号	F-1	页次	
业务流程名称	筹资	业务流程编号		审计人		审计时间	
审计期间		截止日期		复核人		复核时间	

关键控制名称	评价标准	分值	权重	判断依据	实际得分
拟定筹资方案	企业是否根据融资战略目标和规划，结合年度全面预算，拟订筹资方案。				

续表

关键控制名称	评价标准	分值	权重	判断依据	实际得分
拟定筹资方案	拟订筹资方案是否明确筹资用途、规模、结构和方式等相关内容。				
	拟订筹资方案是否对筹资成本和潜在风险作出充分估计。				
论证筹资方案	是否建立对筹资方案进行科学论证制度。				
	是否依据未经论证的方案开展筹资活动。				
	重大筹资方案是否形成可行性研究报告，全面反映风险评估情况。				
	是否根据实际需要，聘请具有相应资质的专业机构进行可行性研究。				
审批筹资方案	是否对筹资方案进行严格审批，重点关注筹资用途的可行性和相应的偿债能力。				
	重大筹资方案是否按照规定的权限和程序，实行集体决策审批或者联签制度。				
	筹资方案需经有关部门批准的，是否履行相应的报批程序。				
	企业筹资方案发生重大变更的，是否重新进行可行性研究并履行相应审批程序。				
	是否实行决策责任追究制度。				
签订筹资协议	企业在签约前，是否充分进行金融市场调查，比较各银行和其他金融机构的贷款利率与融资条件，本着公开、公平、公正的原则选择贷款银行与资质高、信誉好、费用低的承销商。				
	企业准备签订的筹资合同、协议文本，是否经法律顾问或律师审阅，提出修改意见后，呈报总会计师、总经理或董事长签批。				
	企业通过银行借款方式筹资的，是否与有关金融机构进行洽谈，明确借款规模、利率、期限、担保、还款安排、相关的权利义务和违约责任等内容，双方达成一致意见后签署借款合同，据此办理相关借款业务。				
	企业通过发行债券方式筹资的，是否合理选择债券种类，对还本付息方案作出系统安排，确保按期、足额偿还到期本金和利息。				

续表

关键控制名称	评价标准	分值	权重	判断依据	实际得分
签订筹资协议	企业通过发行股票方式筹资的，是否依照《证券法》等有关法律法规和证券监管部门的规定，优化企业组织架构，进行业务整合，并选择具备相应资质的中介机构协助企业做好相关工作，确保符合股票发行条件和要求。				
使用筹集资金	是否严格按照筹资方案确定的用途使用资金。				
	筹资用于投资的，是否符合国家和企业的有关规定，防范和控制资金使用的风险。				
	企业由于市场环境变化等确需改变资金用途的，是否履行相应的审批程序。				
	是否擅自改变资金用途。				
	是否定期或不定期决策筹资活动评价。				
债务偿还和股利支付	企业是否加强债务偿还和股利支付环节的管理。				
	企业是否对偿还本息和支付股利等作出适当安排。				
	企业是否按照筹资方案或合同约定的本金、利率、期限、汇率及币种，准确计算应付利息。				
	企业计算的应付利息是否与债权人核对无误后按期支付。				
小计					

表 8-12　　中天恒 3C 框架投资活动内部控制审计评价表

被审计单位名称		被审计单位编码		索引编号	F-2	页次	
业务流程名称	投资	业务流程编号		审计人		审计时间	
审计期间		截止日期		复核人		复核时间	

关键控制名称	评价标准	分值	权重	判断依据	实际得分
拟订投资方案	根据投资战略目标和规划，合理安排资金投放结构，科学确定投资项目，拟订投资方案，重点关注投资项目的收益和风险。				
	选择投资项目突出主业，谨慎从事股票投资或衍生金融产品等高风险投资。				
	企业境外投资考虑政治、经济、法律、市场等因素的影响。				
	企业采用并购方式进行投资的，严格控制并购风险。				

续表

关键控制名称	评价标准	分值	权重	判断依据	实际得分
论证投资方案	加强对投资方案的可行性研究。				
	根据实际需要，委托具备相应资质的专业机构进行可行性研究，提供独立的可行性研究报告，重点对投资项目的目标、规模、投资方式、投资的风险与收益等作出评价。				
	企业根据经股东大会（或者企业章程规定的类似权力机构）批准的年度投资计划，按照职责分工和审批权限，对投资项目进行决策审批。				
审批投资方案	按照规定的权限和程序对投资项目进行决策审批。				
	对投资项目进行决策审批，重点审查投资方案是否可行，投资项目是否符合国家产业政策及相关法律法规的规定、是否符合企业投资战略目标和规划、是否具有相应的资金能力，投入资金能否按时收回，预期收益能否实现，以及投资和并购风险是否可控等。				
	重大投资项目按照规定的权限和程序实行集体决策或者联签制度。				
	投资方案需经有关管理部门批准的，履行相应的报批程序。				
签订投资合同或协议	根据批准的投资方案，与被投资方签订投资合同或协议。				
	与被投资方签订投资合同或协议明确出资时间、金额、方式、双方权利义务和违约责任等内容。				
	按规定的权限和程序审批后履行投资合同或协议。				
投资项目跟踪管理	指定专门机构或人员对投资项目进行跟踪管理。				
	根据投资计划进度，严格分期、按进度适时投放资金，严格控制资金流量和时间。				
	企业对投资项目及时收集被投资方经审计的财务报告等相关资料，定期组织投资效益分析，关注被投资方的财务状况、经营成果、现金流量以及投资合同履行情况，发现异常情况，应当及时报告并妥善处理。				
	企业对派驻被投资企业的有关人员建立适时报告、业绩考评与轮岗制度。				

续表

关键控制名称	评价标准	分值	权重	判断依据	实际得分
投资项目跟踪管理	以投资计划为依据，按照职务分离制度和授权审批制度，各环节和各责任人正确履行审批监督责任，对项目实施过程进行监督和控制。				
投资收回或处置	加强投资收回和处置环节的控制。				
	对投资收回、转让、核销等决策和审批程序作出明确规定。				
	重视投资到期本金的回收。				
	转让投资由相关机构或人员合理确定转让价格，报授权批准部门批准，必要时可委托具有相应资质的专门机构进行评估。				
	核销到期不能收回投资的法律文书和相关证明文件。				
	建立投资项目后续跟踪评价管理制度，对企业的重要投资项目和所属企业超过一定标准的投资项目，有重点地开展后续跟踪评价工作，并作为进行投资奖励和责任追究的基本依据。				
	对于到期无法收回的投资建立责任追究制度。				

表 8－13　　中天恒 3C 框架营运活动内部控制审计评价表

被审计单位名称		被审计单位编码		索引编号	F－3	页次	
业务流程名称	营运	业务流程编号		审计人		审计时间	
审计期间		截止日期		复核人		复核时间	

关键控制名称	评价标准	分值	权重	判断依据	实际得分
协调资金需求	加强资金营运全过程的管理。				
	统筹协调内部各机构在生产经营过程中的资金需求。				
	切实做好资金在采购、生产、销售等各环节的综合平衡，全面提升资金营运效率。				
综合平衡资金	分发挥全面预算管理在资金综合平衡中的作用。				
	严格按照预算要求组织协调资金调度，确保资金及时收付，实现资金的合理占用和营运良性循环。				
	严禁资金的体外循环，切实防范资金营运中的风险。				

续表

关键控制名称	评价标准	分值	权重	判断依据	实际得分
协调资金调度	定期组织召开资金调度会。				
	企业组织召开资金调度会，对预算资金执行情况进行综合分析，发现异常情况，及时采取措施妥善处理。				
	企业在营运过程中出现临时性资金短缺的，通过短期融资等方式获取资金。				
	企业在营运过程中出现资金短期闲置的，在保证安全性和流动性的前提下，可以通过购买国债等多种方式，提高资金效益。				
会计系统控制	加强对营运资金的会计系统控制。				
	严格规范资金的收支条件、程序和审批权限。				
	在生产经营及其他业务活动中取得的资金收入是否及时入账。				
	账外设账。				
	设立小金库。				
	企业办理资金支付业务，明确支出款项的用途、金额、预算、限额、支付方式等内容，并附原始单据或相关证明。				
	企业办理资金支付业务，履行严格的授权审批程序后，方可安排资金支出。				
	企业办理资金收付业务，遵守现金和银行存款管理的有关规定。				

表 8－14　　中天恒 3C 框架资金活动内部控制审计评价结果汇总表

被审计单位名称		被审计单位编码		索引编号	F－4	页次	
业务流程名称	资金活动	业务流程编号		审计人		审计时间	
审计期间		截止日期		复核人		复核时间	

流程编号	一级流程	二级流程	风险描述	可能性	影响程度	风险排序
3C06	资金活动					
3C06.01		筹资活动				
3C06.02		投资活动				
3C06.03		营运活动				

5.7 形成意见

资金活动内部控制审计意见，就是对资金活动内部控制有效性的审计结论，是被审计单位内部控制审计意见的一部分。该项工作是在前面资金活动内部控制审计工作基础上进行的。

九、采购业务内部控制审计实务及其模板

1. 审计概念

采购业务，审计专业上常常称购货与付款业务循环，即外部商品和劳务的购置及付款。商品和劳务的购置包括原材料、物料用品、加工劳务、固定资产等项目。购货与付款循环从处理请购单开始，经过订货、签订购货合同、验收、保管、确认债务、付款等环节。由于该循环涉及的业务广，对购货与付款循环的审计要花费较多的时间、人力。购货与付款循环相关的资产和负债在企业的总资产和负债中占有相当的比重，在管理上也存在一定的难度。

采购业务内部控制审计，就是对被审计单位采购业务内部控制设计与运行的有效性的审查和评价活动，对促使被审计单位加强采购业务内部控制建设、防范采购业务风险具有重要意义。

企业应当建立对采购与付款内部控制的审计制度，明确审计机构或人员的职责权限，定期或不定期地进行检查。内部审计部门或人员应通过实施符合性测试和实质性测试检查采购与付款业务内部控制制度是否健全，各项规定是否得到有效执行。

2. 审计依据

采购业务控制审计依据除了国家关于采购业务管理方面的法律法规、企业制定的采购业务管理制度及其《企业内部控制手册》有关采购业务部分的内容外，还应包括包括国家、行业协会、被审计单位有关审计方面的规范及标准等。

3. 审计目标

采购业务内部控制审计目标，就是保证采购业务内部控制设计和运行的有效性，促使企业预防和控制采购业务风险。具体包括：

➢ 证实采购业务管理内部控制是否建立、健全并有效执行。

➢ 证实各项采购业务收付业务是否合法、合规等。

➢ 证实所记录的购货都已收到物品或已接受劳务，并符合购货方的最大利益。

➢ 证实已发生的购货业务均已记录。

➢ 证实所记录的购货业务估价正确。
➢ 证实购货业务的分类正确。
➢ 证实购货业务按正确的日期记录。
➢ 证实购货业务被正确记入应付账款和存货等明细账中，并被准确汇总。

4. 审计内容

采购业务内部控制审计内容，因审计主体、审计要求及其审计方式的不同而不同。采用传统的全面审计方式，采购业务内部控制审计是审查和评价采购业务内部控制设计和运行的有效性两个方面，范围包括购买、付款等采购业务。采用现代以风险为导向审计方式，审计人员应以采购业务风险为导向，审计已经设计完成的采购业务内部控制及其相关的管理制度是否有效执行，是否有效控制了采购业务风险；已经设计有效的采购业务各控制点的控制措施是否有效实施，是否有效防止了各控制环节的风险；是否根据业务、环境等的变化持续改进采购业务内部控制等。

采购业务内部控制审计的重点是：检查企业是否在采购与付款业务中存在不相容岗位混岗的现象，对不相容职务是否真正做到了分离；检查企业的重大采购与付款的授权批准手续是否健全，是否存在越权审批行为；检查应付账款和预付账款形成及支付的正确性、时效性、合法性，检查单位有无利用这些账户从事不法活动的行为；检查采购与付款业务中产生的各种单据、凭证和文件的登记、领用、传递、保管、注销手续是否齐全，使用和保管制度是否存在漏洞。

5. 审计程序

关于采购业务内部控制审计程序，中天恒3C框架研制的采购业务内部控制审计一般程序包括采购业务内部控制有效性调查、初步评价、风险评估、控制测试、评价缺陷、审计评价、形成意见等。审计程序表见表9－1。

表9－1　　中天恒3C框架采购业务内部控制审计程序表

被审计单位名称		被审计单位编码		索引编号	0	页次	
业务流程名称	采购业务	业务流程编号		审计人		审计时间	
审计期间		截止日期		复核人		复核时间	

序号	审计程序	细分程序	执行情况说明	工作底稿索引号
1	调查了解	采购业务内部控制有效性调查		A
2	初步评价	采购业务内部控制初步评价		B
3	风险评估	采购业务内部控制风险评估		C
4	控制测试	采购业务内部控制有效性测试		D
5	评价缺陷	采购业务内部控制缺陷评价		E

续表

序号	审计程序	细分程序	执行情况说明	工作底稿索引号
6	审计评价	采购业务内部控制审计评价		F
7	形成意见	采购业务内部控制审计结果汇总		H
说明	1. 每一个审计程序可细分若干具体程序。 2. 上述审计程序可结合进行，以提高审计工作效率。 3. 在执行每一步骤后，应填写“执行情况说明”一栏。			

5.1 调查了解

调查了解，就是调查了解采购业务内部控制设计和运行的基本情况，是对采购业务内部控制审计实施阶段的首要环节。采购业务调查工作是在内部控制审计总体工作的准备阶段的基础上进行的，涉及具体内容很多，因单位的不同而不同。对采购业务内部控制调查了解的方法有文字叙述法、调查表法、流程图法、控制矩阵法等。这些方法各有其特点，经常综合运用。实际审计工作中，为提高采购业务内部控制审计效率，调查了解工作应同采购业务现场测试工作一并进行，不宜为满足调查而走形式。中天恒3C框架研制的采购业务内部控制调查问卷见下列各表。

表9-2　中天恒3C框架购买业务内部控制调查问卷

被审计单位名称		被审计单位编码		索引编号	A-1	页次	
业务流程名称	购买业务	业务流程编号		审计人		审计时间	
审计期间		截止日期		复核人		复核时间	

控制要点	调查内容	调查结果：是	调查结果：否	调查结果：不适应	证据名称	被调查部门	被调查人
采购需求	生产、经营、项目建设等部门，是否根据实际需求准确、及时编制需求计划。				物资采购需求计划；物资采购申请单；技术部门研究报告。		
	需求部门提出需求计划时，是否指定或变相指定供应商。						
	对独家代理、专有、专利等特殊产品应提供相应的独家、专有资料，是否经专业技术部门研讨后，经具备相应审批权限的部门或人员审批。						
采购计划	在制定年度生产经营计划过程中，是否根据发展目标实际需要，结合库存和在途情况，科学安排采购计划。				采购计划；采购预算。		
	采购计划是否纳入采购预算管理，经相关负责人审批后，作为企业刚性指令严格执行。						

续表

控制要点	调查内容	调查结果			证据名称	被调查部门	被调查人
		是	否	不适应			
采购请购/审批	是否建立采购申请制度。				物资采购申请制度；物资采购申请单；物资采购审批单。		
	是否依据购买物资或接受劳务的类型，确定归口管理部门，授予相应的请购权，明确相关部门或人员的职责权限及相应的请购和审批程序。						
	企业是否根据实际需要设置专门的请购部门。						
	请购部门对需求部门提出的采购需求是否进行审核。						
	请购部门对需求部门提出的采购需求是否进行归类汇总，统筹安排企业的采购计划。						
	具有请购权的部门对于预算内采购项目，是否严格按照预算执行进度办理请购手续。						
	有请购权的部门对于预算内采购项目是否根据市场变化提出合理采购申请。						
	对于超预算和预算外采购项目，是否应先履行预算调整程序，由具备相应审批权限的部门或人员审批后，再行办理请购手续。						
供应商	是否建立科学的供应商评估和准入制度。				供应商评估和准入制度；供应商清单；供应商资信调查报告；供应商管理信息系统和供应商淘汰制度；供应商考核制度。		
	是否确定合格供应商清单。						
	是否委托具有相应资质的中介机构对供应商进行资信调查。						
	采购部门是否按照公平、公正和竞争的原则，择优确定供应商，在切实防范舞弊风险的基础上，与供应商签订质量保证协议。						
	是否建立供应商管理信息系统和供应商淘汰制度。						
	是否对供应商提供物资或劳务的质量、价格、交货及时性、供货条件及其资信、经营状况等进行实时管理和考核评价。						

续表

控制要点	调查内容	调查结果			证据名称	被调查部门	被调查人
		是	否	不适应			
供应商	是否根据考核评价结果，提出供应商淘汰和更换名单，经审批后对供应商进行合理选择和调整，并在供应商管理系统中作出相应记录。						
采购方式	是否根据市场情况和采购计划合理选择采购方式。				物资采购方式确定单；大宗采购招标文件及材料。		
	大宗采购是否采用招标方式。						
	大宗采购是否合理确定招投标的范围、标准、实施程序和评标规则。						
	一般物资或劳务等的采购是否采用询价或定向采购的方式并签订合同协议。						
	小额零星物资或劳务等的采购是否采用直接购买等方式。						
采购价格	是否建立采购物资定价机制。				采购物资定价机制；采购定价方式；重要物资的成本构成与市场价格变动趋势分析报告；采购价格数据库。		
	是否采取协议采购、招标采购、谈判采购、询比价采购等多种方式合理确定采购价格。						
	大宗采购等是否采用招投标方式确定采购价格。						
	其他商品或劳务的采购，是否根据市场行情制定最高采购限价，并对最高采购限价适时调整。						
	采购部门是否定期研究大宗通用重要物资的成本构成与市场价格变动趋势，确定重要物资品种的采购执行价格或参考价格。						
	是否建立采购价格数据库，定期开展重要物资的市场供求形势及价格走势商情分析并合理利用。						
采购合同	是否对拟签订合同的供应商的企业资格、信用状况等进行风险评估，应引入竞争制度，确保供应商具备履约能力。				采购合同；采购合同谈判记录。		

续表

控制要点	调查内容	调查结果			证据名称	被调查部门	被调查人
		是	否	不适应			
采购合同	是否根据确定的供应商、采购方式、采购价格等情况拟订采购合同，准确描述合同条款，明确双方权利、义务和违约责任，按照规定权限签订采购合同。						
	对于影响重大、涉及较高专业技术或法律关系复杂的合同，是否组织法律、技术、财会等专业人员参与谈判，必要时可聘请外部专家参与相关工作。						
	对重要物资验收量与合同量之间允许的差异，是否作出统一规定。						
采购验收	是否建立严格的采购验收制度，确定检验方式，制定明确的采购验收标准，结合物资特性确定必检物资目录，规定此类物资出具质量检验报告后方可入库。				物资采购验收制度；价格申报单；检验报告单；入库单。		
	是否由专门的验收机构或验收人员对采购项目的品种、规格、数量、质量等相关内容进行验收，出具验收证明。						
	验收机构或人员是否根据采购合同及质量检验部门出具的质量检验证明。						
	涉及大宗和新、特物资采购的，是否进行专业测试，必要时可委托具有检验资质的机构或聘请外部专家协助验收。						
	验收过程中发现的异常情况，负责验收的机构或人员是否立即向企业有权管理的相关机构报告，相关机构应当查明原因并及时处理。						
	对于不合格物资，采购部门是否依据检验结果办理让步接收、退货、索赔等事宜。						
	对延迟交货造成生产建设损失的，采购部门是否按照合同约定索赔。						

续表

控制要点	调查内容	调查结果			证据名称	被调查部门	被调查人
		是	否	不适应			
采购过程	是否根据生产建设进度和采购物资特性，选择合理的运输工具和运输方式，办理运输、投保等事宜。				采购发票； 采购保险单； 运费单； 入库单。		
	是否加强物资采购供应过程的管理，依据采购合同中确定的主要条款跟踪合同履行情况，对有可能影响生产或工程进度的异常情况，应出具书面报告并及时提出解决方案。						
	对重要物资是否建立并执行合同履约过程中的巡视、点检和监造制度。						
	是否做好采购业务各环节的记录，实行全过程的采购登记制度或信息化管理，确保采购过程的可追溯性。						

表 9－3　　中天恒 3C 框架付款业务内部控制调查问卷

被审计单位名称		被审计单位编码		索引编号	A－2	页次	
业务流程名称	付款业务	业务流程编号		审计人		审计时间	
审计期间		截止日期		复核人		复核时间	

控制要点	调查内容	调查结果			证据名称	被调查部门	被调查人
		是	否	不适应			
采购付款	是否加强采购付款的管理，完善付款流程，明确付款审核人的责任和权力，严格审核采购预算、合同、相关单据凭证、审批程序等相关内容，审核无误后按照合同规定及时办理付款。				采购付款管理制度； 采购合同； 价格申报单； 采购发票； 运费单； 检验报告单； 入库单； 退货单； 付款凭单。		
	企业在付款过程中，是否严格审查采购发票的真实性、合法性和有效性。						
	发现虚假发票的，是否查明原因，及时报告处理。						
	是否重视采购付款的过程控制和跟踪管理，发现异常情况的，应当拒绝付款，避免出现资金损失和信用受损。						

续表

控制要点	调查内容	调查结果			证据名称	被调查部门	被调查人
		是	否	不适应			
采购付款	是否合理选择付款方式，并严格遵循合同规定，防范付款方式不当带来的法律风险，保证资金安全。						
	财会部门是否参与商定对供应商付款的条件。						
	采购部门在办理付款业务时，是否对采购合同协议约定付款条件以及采购发票、结算凭证、检验报告、计量报告和验收证明等相关凭证的真实性、完整性、合法性及合规性进行严格审核，并提交付款申请，财务部门依据合同协议、发票等对付款申请进行复核后，提交企业相关权限的机构或人员进行审批，办理付款。						
预付账款和定金	是否加强预付账款和定金的管理。				预付账款和定金；付款凭单；应付账款明细账。		
	涉及大额或长期的预付款项，是否定期进行追踪核查，综合分析预付账款的期限、占用款项的合理性、不可收回风险等情况，发现有疑问的预付款项，应当及时采取措施，尽快收回款项。						
会计系统	是否加强对购买、验收、付款业务的会计系统控制，详细记录供应商情况、请购申请、采购合同、采购通知、验收证明、入库凭证、商业票据、款项支付等情况，确保会计记录、采购记录与仓储记录核对一致。				采购发票；付款凭单；转账凭证；应付账款；材料采购明细账；对账单等。		
	是否指定专人通过函证等方式，定期与供应商核对应付账款、应付票据、预付账款等往来款项。						
退货管理	是否建立退货管理制度，对退货条件、退货手续、货物出库、退货货款回收等作出明确规定，并在与供应商的合同中明确退货事宜，及时收回退货货款。				退货管理制度；退货单；对账单等。		
	涉及符合索赔条件的退货，是否在索赔期内及时办理索赔。						

5.2 初步评价

对采购业务内部控制初步评价，可通过问题调查表和初步评价表进行反映。采购业务初步评价可以结合调查了解程序一起进行，也可以独立进行。

5.3 风险评估

按照风险导向审计理论，审计人员进行采购业务内部控制审计应当以风险评估为基础，选择拟测试的控制，确定测试所需要收集的证据。采购业务风险评估，就是识别、分析、评价采购业务方面的风险。从中天恒管理咨询公司内部控制与风险管理咨询的实践来看，采购业务风险应识别和描述：

➢ 采购计划安排不合理，市场变化趋势预测不准确，造成库存短缺或积压，可能导致企业生产停滞或资源浪费。

➢ 供应商选择不当，采购方式不合理，招投标或定价机制不科学，授权审批不规范，可能导致采购物资质次价高，出现舞弊或遭受欺诈。

➢ 采购验收不规范，付款审核不严，可能导致采购物资、资金损失或信用受损。

表 9-4　　中天恒 3C 框架采购业务风险评估表

被审计单位名称		被审计单位编码		索引编号	C	页次	
业务流程名称	采购业务	业务流程编号	3C07	审计人		审计时间	
审计期间		截止日期		复核人		复核时间	

流程编号	一级流程	二级流程	风险描述	可能性	影响程度	风险排序
3C07	采购业务		采购计划安排不合理，市场变化趋势预测不准确，造成库存短缺或积压，可能导致企业生产停滞或资源浪费。 供应商选择不当，采购方式不合理，招投标或定价机制不科学，授权审批不规范，可能导致采购物资质次价高，出现舞弊或遭受欺诈。 采购验收不规范，付款审核不严，可能导致采购物资、资金损失或信用受损。			
3C07.01		购买				
3C07.02		付款				

5.4 控制测试

采购业务内部控制测试，就是审计人员现场测试采购业务内部控制设计和运行的有效性。对采购业务内部控制设计有效性测试时，审计人员应当综合运用询问适当人员、观察经营活动和检查相关文件等程序。对采购业务内部控制运行有效性测试，审计人员应当综合运用询问适当人员、观察经营活动、检查相关文件以及重新执行控制等程序。审计实践中，审计人员对采购业务内部控制设计有效性和运行有效性是一并进行测试的，测试重点是采购业务关键控制。中天恒 3C 框架研究开发的采购业务内部控制测试工具包括采购业务内部控制有效性测试矩阵表、测试表、汇总分析表等，具体格式及要素见下列各表。

表 9－5　　中天恒 3C 框架购买业务内部控制有效性测试矩阵表

被审计单位名称		被审计单位编码		索引编号	D－1	页次				
业务流程名称	购买业务	业务流程编号	3C07.01	审计人		审计时间				
审计期间		截止日期		复核人		复核时间				
关键控制名称	关键控制编号	控制方式	控制频率	样本总体	样本数量	测试要点	证据名称	测试程序	测试结果	交叉索引
采购需求	K1					生产、经营、项目建设等部门，是否根据实际需求准确、及时编制需求计划。 需求部门提出需求计划时，是否指定或变相指定供应商。 对独家代理、专有、专利等特殊产品应提供相应的独家、专有资料，是否经专业技术部门研讨后，经具备相应审批权限的部门或人员审批。	物资采购需求计划； 物资采购申请单； 技术部门研究报告。			
采购计划	K2					在制定年度生产经营计划过程中，是否根据发展目标实际需要，结合库存和在途情况，科学安排采购计划。 采购计划是否纳入采购预算管理，经相关负责人审批后，作为企业刚性指令严格执行。	采购计划； 采购预算。			
采购请购/审批	K3					是否建立采购申请制度。 是否依据购买物资或接受劳务的类型，确定归口管理部门，授予相应的请购权，明确相关部门或人员的职责权限及相应的请购和审批程序。	物资采购申请制度； 物资采购申请单； 物资采购审批单。			

续表

关键控制名称	关键控制编号	控制方式	控制频率	样本总体	样本数量	测试要点	证据名称	测试程序	测试结果	交叉索引
采购请购/审批	K3					企业是否根据实际需要设置专门的请购部门。				
						请购部门对需求部门提出的采购需求是否进行审核。				
						请购部门对需求部门提出的采购需求是否进行归类汇总，统筹安排企业的采购计划。				
						具有请购权的部门对于预算内采购项目，是否严格按照预算执行进度办理请购手续。				
						有请购权的部门对于预算内采购项目是否根据市场变化提出合理采购申请。				
						对于超预算和预算外采购项目，是否应先履行预算调整程序，由具备相应审批权限的部门或人员审批后，再行办理请购手续。				
供应商	K4					是否建立科学的供应商评估和准入制度。	供应商评估和准入制度；供应商清单；供应商资信调查报告；供应商管理信息系统和供应商淘汰制度；供应商考核制度。			
						是否确定合格供应商清单。				
						是否委托具有相应资质的中介机构对供应商进行资信调查。				
						采购部门是否按照公平、公正和竞争的原则，择优确定供应商，在切实防范舞弊风险的基础上，与供应商签订质量保证协议。				
						是否建立供应商管理信息系统和供应商淘汰制度。				

续表

关键控制名称	关键控制编号	控制方式	控制频率	样本总体	样本数量	测试要点	证据名称	测试程序	测试结果	交叉索引
供应商	K4					是否对供应商提供物资或劳务的质量、价格、交货及时性、供货条件及其资信、经营状况等进行实时管理和考核评价。				
						是否根据考核评价结果，提出供应商淘汰和更换名单，经审批后对供应商进行合理选择和调整，并在供应商管理系统中作出相应记录。				
采购方式	K5					是否根据市场情况和采购计划合理选择采购方式。	物资采购方式确定单；大宗采购招标文件及材料。			
						大宗采购是否采用招标方式。				
						大宗采购是否合理确定招投标的范围、标准、实施程序和评标规则。				
						一般物资或劳务等的采购是否采用询价或定向采购的方式并签订合同协议。				
						小额零星物资或劳务等的采购是否采用直接购买等方式。				
采购定价	K6					是否建立采购物资定价机制。	采购物资定价机制；采购定价方式；重要物资的成本构成与市场价格变动趋势分析报告；采购价格数据库。			
						是否采取协议采购、招标采购、谈判采购、询比价采购等多种方式合理确定采购价格。				
						大宗采购等是否采用招投标方式确定采购价格。				
						其他商品或劳务的采购，是否根据市场行情制定最高采购限价，并对最高采购限价适时调整。				

续表

关键控制名称	关键控制编号	控制方式	控制频率	样本总体	样本数量	测试要点	证据名称	测试程序	测试结果	交叉索引
采购定价	K6					采购部门是否定期研究大宗通用重要物资的成本构成与市场价格变动趋势，确定重要物资品种的采购执行价格或参考价格。				
						是否建立采购价格数据库，定期开展重要物资的市场供求形势及价格走势商情分析并合理利用。				
采购合同	K7					是否对拟签订合同的供应商的企业资格、信用状况等进行风险评估，应引入竞争制度，确保供应商具备履约能力。	采购合同；采购合同谈判记录。			
						是否根据确定的供应商、采购方式、采购价格等情况拟订采购合同，准确描述合同条款，明确双方权利、义务和违约责任，按照规定权限签订采购合同。				
						对于影响重大、涉及较高专业技术或法律关系复杂的合同，是否组织法律、技术、财会等专业人员参与谈判，必要时可聘请外部专家参与相关工作。				
						对重要物资验收量与合同量之间允许的差异，是否作出统一规定。				
采购验收	K8					是否建立严格的采购验收制度，确定检验方式，制定明确的采购验收标准，结合物资特性确定必检物资目录，规定此类物资出具质量检验报告后方可入库。	物资采购验收制度；价格申报单；检验报告单；入库单。			

续表

关键控制名称	关键控制编号	控制方式	控制频率	样本总体	样本数量	测试要点	证据名称	测试程序	测试结果	交叉索引
采购验收	K8					是否由专门的验收机构或验收人员对采购项目的品种、规格、数量、质量等相关内容进行验收，出具验收证明。				
						验收机构或人员是否根据采购合同及质量检验部门出具的质量检验证明。				
						涉及大宗和新、特物资采购的，是否进行专业测试，必要时可委托具有检验资质的机构或聘请外部专家协助验收。				
						验收过程中发现的异常情况，负责验收的机构或人员是否立即向企业有权管理的相关机构报告，相关机构应当查明原因并及时处理。				
						对于不合格物资，采购部门是否依据检验结果办理让步接收、退货、索赔等事宜。				
						对延迟交货造成生产建设损失的，采购部门是否按照合同约定索赔。				
采购验收	K8					是否根据生产建设进度和采购物资特性，选择合理的运输工具和运输方式，办理运输、投保等事宜。	采购发票； 采购保险单； 运费单； 入库单。			
						是否加强物资采购供应过程的管理，依据采购合同中确定的主要条款跟踪合同履行情况，对有可能影响生产或工程进度的异常情况，应出具书面报告并及时提出解决方案。				

续表

关键控制名称	关键控制编号	控制方式	控制频率	样本总体	样本数量	测试要点	证据名称	测试程序	测试结果	交叉索引
采购过程	K9					对重要物资是否建立并执行合同履约过程中的巡视、点检和监造制度。				
						是否做好采购业务各环节的记录，实行全过程的采购登记制度或信息化管理，确保采购过程的可追溯性。				

测试结论	设计有效性							运行有效性						
	有效	控制薄弱环节说明						有效	控制薄弱环节说明					
		控制不符合实际	应有的控制不存在	风险识别不准确	未设计控制证据	控制矩阵编制不规范	其他		制度未执行	措施未落实	控制证据不足	设计不适应	监控不力	其他

表 9－6　　中天恒 3C 框架付款业务内部控制有效性测试矩阵表

被审计单位名称		被审计单位编码		索引编号	D－2	页次	
业务流程名称	付款业务	业务流程编号	3C07.02	审计人		审计时间	
审计期间		截止日期		复核人		复核时间	

关键控制名称	关键控制编号	控制方式	控制频率	样本总体	样本数量	测试要点	证据名称	测试程序	测试结果	交叉索引
采购过程	K1					是否加强采购付款的管理，完善付款流程，明确付款审核人的责任和权力，严格审核采购预算、合同、相关单据凭证、审批程序等相关内容，审核无误后按照合同规定及时办理付款。	采购付款管理制度； 采购合同； 价格申报单、 采购发票； 运费单； 检验报告单； 入库单； 退货单； 付款凭单。			
						企业在付款过程中，是否严格审查采购发票的真实性、合法性和有效性。				

续表

关键控制名称	关键控制编号	控制方式	控制频率	样本总体	样本数量	测试要点	证据名称	测试程序	测试结果	交叉索引
采购过程	K1					发现虚假发票的，是否查明原因，及时报告处理。				
						是否重视采购付款的过程控制和跟踪管理，发现异常情况的，应当拒绝付款，避免出现资金损失和信用受损。				
						是否合理选择付款方式，并严格遵循合同规定，防范付款方式不当带来的法律风险，保证资金安全。				
						财会部门是否参与商定对供应商付款的条件。				
						采购部门在办理付款业务时，是否对采购合同协议约定付款条件以及采购发票、结算凭证、检验报告、计量报告和验收证明等相关凭证的真实性、完整性、合法性及合规性进行严格审核，并提交付款申请，财务部门依据合同协议、发票等对付款申请进行复核后，提交企业相关权限的机构或人员进行审批，办理付款。				
预付账款和定金	K2					是否加强预付账款和定金的管理。	预付账款和定金；付款凭单；应付账款明细账。			
						涉及大额或长期的预付款项，是否定期进行追踪核查，综合分析预付账款的期限、占用款项的合理性、不可收回风险等情况，发现有疑问的预付款项，应当及时采取措施，尽快收回款项。				

续表

关键控制名称	关键控制编号	控制方式	控制频率	样本总体	样本数量	测试要点	证据名称	测试程序	测试结果	交叉索引
会计系统	K3					是否加强对购买、验收、付款业务的会计系统控制，详细记录供应商情况、请购申请、采购合同、采购通知、验收证明、入库凭证、商业票据、款项支付等情况，确保会计记录、采购记录与仓储记录核对一致。	采购发票； 付款凭单； 转账凭证； 应付账款； 材料采购明细账； 对账单等。			
						是否指定专人通过函证等方式，定期与供应商核对应付账款、应付票据、预付账款等往来款项。				
退货管理	K4					是否建立退货管理制度，对退货条件、退货手续、货物出库、退货货款回收等作出明确规定，并在与供应商的合同中明确退货事宜，及时收回退货货款。	退货管理制度； 退货单； 对账单等。			
						涉及符合索赔条件的退货，是否在索赔期内及时办理索赔。				

测试结论	设计有效性							运行有效性						
	有效	控制薄弱环节说明						有效	控制薄弱环节说明					
		控制不符合实际	应有的控制不存在	风险识别不准确	未设计控制证据	控制矩阵编制不规范	其他		制度未执行	措施未落实	控制证据不足	设计不适应	监控不力	其他

在长期的审计实践中，采购业务内部控制测试是在了解与描述的基础上，对其在实际业务中的执行与实施情况和过程进行检查和观察，以确定制定的内部控制与实际执行的是否相符与一致，测试重点是：

➢ 请购商品或劳务内部控制的测试。请购制度有助于对订货单和购货发票的控制，从而使得符合性测试的结果为进一步信赖该制度提供有力的证据。审计人员尤其关注对请购单的提出和核准的控制程序。对其进行测试时，应选择若干张请购单，检查摘要、数量及日期和相应文件的完整性，审核核准的证据手续是否完整、有无核准人签字等。

➤订购商品或劳务内部控制的测试。订货单是经核准的采购业务的执行凭证，审计人员通常更注意对订货单的填制和处理的控制，关注订货单是否准确处理和全部有效。进行测试时，应注意审查订货单的完整性，如编号、日期、摘要、数量、价格、规格、质量及运输要求等是否齐全，审查订货单是否附有请购单或其他授权文件。

➤货物验收内部控制的测试。审计人员应确定购货发票是否与验收单一致，验收部门是否独立行使职责，并编制正确的验收单，查询并观察验收部门在收货时对货物的检查情况，检查按编号顺序处理的验收单的完整性，即验收单的内容填写是否完整，查阅货物质量检验单的内容和处理程序。

➤应付账款内部控制的测试。审计人员应检查购货业务的原始凭证，包括每一张记录负债增加的记账凭证是否均附有订货单、验收单、购货发票，审核这些原始凭证的数量、单价、金额是否一致，原始凭证上的各项手续是否齐全。应注意现金折扣的处理是否由经授权的经办人按规定处理，测试中，可抽查部分购货发票，注意有关人员是否在现金折扣期限内按原发票价格支付货款，然后从供货方取得退款支票或现金，有无丧失了本应获得的折扣的问题。审计人员还应根据付款凭证记录的内容，分别追查应付账款和存货明细账与总账是否进行平行登记，金额是否一致。

➤付款业务内部控制的测试。审计人员可通过查询、观察、检查以及重复执行内部控制等措施对资金支出进行测试，其步骤与方法是：检查支票样本，审核付款是否经过批准，支票是否与应付凭单一致，付款后是否注销凭单，支票是否由经过授权批准的人员签发；检查支票登记簿的编号次序，与相应的应付账款明细账和银行存款日记账核对，审查其金额是否一致；观察编制凭证和签发支票、签发支票与保管支票的职责分配是否符合内部牵制原则；检查付款支票样本，确定资金支付是否完整地记录在适当的会计期间。

5.5 评价缺陷

评价采购业务控制缺陷，就是对采购业务内部控制存在的设计和执行有效性方面的缺陷进行分析和评价。对已发现的采购业务内部控制重大缺陷，审计人员应当及时以书面形式与被审计单位进行沟通，核对测试结果和数据，确认采购业务内部控制缺陷事实并在缺陷认定底稿上签章。中天恒3C框架研制的采购业务内部控制评价相关表格见表9－7、表9－8。

表9－7　　中天恒3C框架采购业务内部控制缺陷评价矩阵表

<table>
<tr><td colspan="2">被审计单位名称</td><td colspan="2"></td><td colspan="2">被审计单位编码</td><td></td><td colspan="2">索引编号</td><td>E</td><td>页次</td><td colspan="2"></td></tr>
<tr><td colspan="2">业务流程名称</td><td colspan="2">采购业务</td><td colspan="2">业务流程编号</td><td>3C07</td><td colspan="2">审计人</td><td></td><td>审计时间</td><td colspan="2"></td></tr>
<tr><td colspan="2">审计期间</td><td colspan="2"></td><td colspan="2">截止日期</td><td></td><td colspan="2">复核人</td><td></td><td>复核时间</td><td colspan="2"></td></tr>
<tr><td rowspan="2">末级流程</td><td rowspan="2">关键控制</td><td rowspan="2">缺陷类型</td><td rowspan="2">缺陷描述</td><td rowspan="2">缺陷来源</td><td colspan="3">缺陷性质</td><td rowspan="2">评价程序</td><td rowspan="2">评价索引</td><td rowspan="2">对报表影响</td><td rowspan="2">补偿性控制</td><td rowspan="2">整改意见</td></tr>
<tr><td>一般缺陷</td><td>重大缺陷</td><td>重要缺陷</td></tr>
<tr><td>购买</td><td></td><td></td><td></td><td></td><td></td><td></td><td></td><td></td><td></td><td></td><td></td><td></td></tr>
<tr><td>付款</td><td></td><td></td><td></td><td></td><td></td><td></td><td></td><td></td><td></td><td></td><td></td><td></td></tr>
</table>

表9－8　　中天恒3C框架采购业务内部控制缺陷评价表

<table>
<tr><td>被审计单位名称</td><td></td><td>被审计单位编码</td><td></td><td>索引编号</td><td>E－1</td><td>页次</td><td></td></tr>
<tr><td>业务流程名称</td><td>采购业务</td><td>业务流程编号</td><td></td><td>审计人</td><td></td><td>审计时间</td><td></td></tr>
<tr><td>关键控制名称</td><td></td><td>关键控制编号</td><td></td><td>复核人</td><td></td><td>复核时间</td><td></td></tr>
<tr><td>影响会计科目</td><td></td><td>审计期间</td><td colspan="3"></td><td>截止日期</td><td></td></tr>
</table>

<table>
<tr><td>缺陷类型</td><td>缺陷描述</td><td>评价标准</td><td>审计组初步认定意见</td><td>被审计单位（或当事人）意见及相关说明</td></tr>
<tr><td></td><td></td><td></td><td></td><td></td></tr>
<tr><td></td><td></td><td></td><td></td><td></td></tr>
<tr><td></td><td></td><td></td><td></td><td></td></tr>
<tr><td></td><td></td><td></td><td></td><td></td></tr>
<tr><td colspan="2">缺陷事项证据资料</td><td colspan="3"></td></tr>
</table>

5.6 审计评价

采购业务内部控制审计评价是采购业务内部控制审计工作的一个重要环节。采购业务内部控制审计评价的方法很多，比较常用的是评分法。中天恒3C框架研制的采购业务内部控制审计评价表及汇总表见表9－9、表9－10。

在长期的审计实践中，对采购业务（购货与付款）内部控制系统进行评价，是为了在对购货与付款业务进行实质性测试前确定对购货与付款内部控制确定可依赖程度，并在此基础上提出健全的措施和建议。审计人员在评价时应注意分析购货与付款业务中认定可能发生哪些潜在的错报或漏报，哪些控制可以防止或者发现并更正这些错报或漏报。通过比较必要的控制和现有控制，评价计划依赖的购货与付款业务内部控制的健全性与有效性。如果被审计单位或部门没有建立审计人员认为必要的内部控制，或者现有控制不足以防止或检查错报或漏报，那么审计人员除了考虑内部控制缺陷对审计实质性测试的影响外，应针对健全内部控制系统提出建议措施。

表 9－9　　中天恒 3C 框架购买业务内部控制审计评价表

被审计单位名称		被审计单位编码		索引编号	F－1	页次	
业务流程名称	购买	业务流程编号		审计人		审计时间	
审计期间		截止日期		复核人		复核时间	

关键控制名称	评价标准	分值	权重	判断依据	实际得分
采购需求	生产、经营、项目建设等部门，根据实际需求准确、及时编制需求计划。				
	需求部门提出需求计划时，指定或变相指定供应商。				
	对独家代理、专有、专利等特殊产品应提供相应的独家、专有资料，经专业技术部门研讨后，经具备相应审批权限的部门或人员审批。				
采购计划	在制定年度生产经营计划过程中，根据发展目标实际需要，结合库存和在途情况，科学安排采购计划。				
	采购计划纳入采购预算管理，经相关负责人审批后，作为企业刚性指令严格执行。				
采购请购/审批	建立采购申请制度。				
	依据购买物资或接受劳务的类型，确定归口管理部门，授予相应的请购权，明确相关部门或人员的职责权限及相应的请购和审批程序。				
	企业根据实际需要设置专门的请购部门。				
	请购部门对需求部门提出的采购需求进行审核。				
	请购部门对需求部门提出的采购需求进行归类汇总，统筹安排企业的采购计划。				
	具有请购权的部门对于预算内采购项目，严格按照预算执行进度办理请购手续。				
	有请购权的部门对于预算内采购项目根据市场变化提出合理采购申请。				
	对于超预算和预算外采购项目，应先履行预算调整程序，由具备相应审批权限的部门或人员审批后，再行办理请购手续。				

续表

关键控制名称	评价标准	分值	权重	判断依据	实际得分
供应商	建立科学的供应商评估和准入制度。				
	确定合格供应商清单。				
	委托具有相应资质的中介机构对供应商进行资信调查。				
	采购部门按照公平、公正和竞争的原则，择优确定供应商，在切实防范舞弊风险的基础上，与供应商签订质量保证协议。				
	建立供应商管理信息系统和供应商淘汰制度。				
	对供应商提供物资或劳务的质量、价格、交货及时性、供货条件及其资信、经营状况等进行实时管理和考核评价。				
	根据考核评价结果，提出供应商淘汰和更换名单，经审批后对供应商进行合理选择和调整，并在供应商管理系统中作出相应记录。				
采购方式	根据市场情况和采购计划合理选择采购方式。				
	大宗采购采用招标方式。				
	大宗采购合理确定招投标的范围、标准、实施程序和评标规则。				
	一般物资或劳务等的采购采用询价或定向采购的方式并签订合同协议。				
	小额零星物资或劳务等的采购采用直接购买等方式。				
采购定价	建立采购物资定价机制。				
	采取协议采购、招标采购、谈判采购、询比价采购等多种方式合理确定采购价格。				
	大宗采购等采用招投标方式确定采购价格。				
	其他商品或劳务的采购，根据市场行情制定最高采购限价，并对最高采购限价适时调整。				
	采购部门定期研究大宗通用重要物资的成本构成与市场价格变动趋势，确定重要物资品种的采购执行价格或参考价格。				
	建立采购价格数据库，定期开展重要物资的市场供求形势及价格走势商情分析并合理利用。				

续表

关键控制名称	评价标准	分值	权重	判断依据	实际得分
采购合同	对拟签订合同的供应商的企业资格、信用状况等进行风险评估，应引入竞争制度，确保供应商具备履约能力。				
	根据确定的供应商、采购方式、采购价格等情况拟订采购合同，准确描述合同条款，明确双方权利、义务和违约责任，按照规定权限签订采购合同。				
	对于影响重大、涉及较高专业技术或法律关系复杂的合同，组织法律、技术、财会等专业人员参与谈判，必要时可聘请外部专家参与相关工作。				
	对重要物资验收量与合同量之间允许的差异，作出统一规定。				
采购验收	建立严格的采购验收制度，确定检验方式，制定明确的采购验收标准，结合物资特性确定必检物资目录，规定此类物资出具质量检验报告后方可入库。				
	由专门的验收机构或验收人员对采购项目的品种、规格、数量、质量等相关内容进行验收，出具验收证明。				
	验收机构或人员根据采购合同及质量检验部门出具的质量检验证明。				
	涉及大宗和新、特物资采购的，进行专业测试，必要时可委托具有检验资质的机构或聘请外部专家协助验收。				
	验收过程中发现的异常情况，负责验收的机构或人员立即向企业有权管理的相关机构报告，相关机构应当查明原因并及时处理。				
	对于不合格物资，采购部门依据检验结果办理让步接收、退货、索赔等事宜。				
	对延迟交货造成生产建设损失的，采购部门按照合同约定索赔。				
采购过程	根据生产建设进度和采购物资特性，选择合理的运输工具和运输方式，办理运输、投保等事宜。				
	加强物资采购供应过程的管理，依据采购合同中确定的主要条款跟踪合同履行情况，对有可能影响生产或工程进度的异常情况，应出具书面报告并及时提出解决方案。				

续表

关键控制名称	评价标准	分值	权重	判断依据	实际得分
采购过程	对重要物资建立并执行合同履约过程中的巡视、点检和监造制度。				
	做好采购业务各环节的记录，实行全过程的采购登记制度或信息化管理，确保采购过程的可追溯性。				

表 9－10　　中天恒 3C 框架付款业务内部控制审计评价表

被审计单位名称		被审计单位编码		索引编号	F－2	页次	
业务流程名称	付款	业务流程编号		审计人		审计时间	
审计期间		截止日期		复核人		复核时间	

关键控制名称	评价标准	分值	权重	判断标准	实际得分
采购过程	是否加强采购付款的管理，完善付款流程，明确付款审核人的责任和权力，严格审核采购预算、合同、相关单据凭证、审批程序等相关内容，审核无误后按照合同规定及时办理付款。				
	企业在付款过程中，是否严格审查采购发票的真实性、合法性和有效性。				
	发现虚假发票的，是否查明原因，及时报告处理。				
	是否重视采购付款的过程控制和跟踪管理，发现异常情况的，应当拒绝付款，避免出现资金损失和信用受损。				
	是否合理选择付款方式，并严格遵循合同规定，防范付款方式不当带来的法律风险，保证资金安全。				
	财会部门是否参与商定对供应商付款的条件。				
	采购部门在办理付款业务时，是否对采购合同协议约定付款条件以及采购发票、结算凭证、检验报告、计量报告和验收证明等相关凭证的真实性、完整性、合法性及合规性进行严格审核，并提交付款申请，财务部门依据合同协议、发票等对付款申请进行复核后，提交企业相关权限的机构或人员进行审批，办理付款。				

续表

关键控制名称	评价标准	分值	权重	判断标准	实际得分
预付账款和定金	是否加强预付账款和定金的管理。				
	涉及大额或长期的预付款项，是否定期进行追踪核查，综合分析预付账款的期限、占用款项的合理性、不可收回风险等情况，发现有疑问的预付款项，应当及时采取措施，尽快收回款项。				
会计系统	是否加强对购买、验收、付款业务的会计系统控制，详细记录供应商情况、请购申请、采购合同、采购通知、验收证明、入库凭证、商业票据、款项支付等情况，确保会计记录、采购记录与仓储记录核对一致。				
	是否指定专人通过函证等方式，定期与供应商核对应付账款、应付票据、预付账款等往来款项。				
退货管理	是否建立退货管理制度，对退货条件、退货手续、货物出库、退货货款回收等作出明确规定，并在与供应商的合同中明确退货事宜，及时收回退货货款。				
	涉及符合索赔条件的退货，是否在索赔期内及时办理索赔。				

5.7 形成意见

采购业务内部控制审计意见，就是对采购业务内部控制有效性的审计结论，是被审计单位内部控制审计意见的一部分。这项工作是在前面采购业务内部控制审计工作基础上进行的。中天恒3C框架研制的采购业务内部控制审计意见形成表见表9－11。

表9－11　　中天恒3C框架采购业务内部控制审计意见形成表

被审计单位名称		被审计单位编码		索引编号	H	页次	
业务流程名称	采购业务	业务流程编号		审计人		审计时间	
审计期间		截止日期		复核人		复核时间	

序号	审计程序	各程序执行结果	工作底稿索引号	执行负责人
1	调查了解	采购业务内部控制有效性调查	A	
2	初步评价	采购业务内部控制初步评价	B	
3	风险评估	采购业务内部控制风险评估	C	
4	控制测试	采购业务内部控制有效性测试	D	

续表

序号	审计程序	各程序执行结果	工作底稿索引号	执行负责人
5	评价缺陷	采购业务内部控制缺陷评价	E	
6	审计评价	采购业务内部控制审计评价	F	
7	形成意见	采购业务内部控制审计结果汇总	H	
总体审计意见		综合陈述		

十、资产管理内部控制审计实务及其模板

1. 审计概念

《企业内部控制应用指引第8号——资产管理》第二条规定："本指引所称资产，是指企业拥有或控制的存货、固定资产和无形资产。"本指引界定的资产包括存货、固定资产和无形资产。资产管理内部控制审计，就是对被审计单位资产管理内部控制设计与运行的有效性的审查和评价活动，对促使被审计单位加强资产管理内部控制建设、防范资产管理风险具有重要意义。

企业应当建立对资产管理内部控制的审计制度，明确审计机构或人员的职责权限，定期或不定期地进行检查。内部审计部门或人员应检查存货、固定资产、无形资产业务内部控制制度是否健全，各项规定是否得到有效执行。

2. 审计依据

资产管理控制审计依据除了国家关于资产管理管理方面的法律法规、企业制定的资产管理管理制度及其《企业内部控制手册》有关资产管理部分的内容外，还应包括包括国家、行业协会、被审计单位有关审计方面的规范及标准等。

3. 审计目标

资产管理内部控制审计目标，就是保证资产管理内部控制设计和运行的有效性，促使企业预防和控制资产管理风险，具体包括：

➢ 证实资产管理管理内部控制是否建立、健全并有效执行。

➢ 证实各项资产管理业务是否合法、合规等。

4. 审计内容

资产管理内部控制审计内容，因审计主体、审计要求及其审计方式的不同而不同。采用传统的全面审计方式，资产管理内部控制审计是审查和评价资产管理内部控制设计和运行的有效性两个方面，范围包括存货、固定资产、无形资产等资产管理。采用现代以风险为导向审计方式，审计人员应以资产管理风险为导向，审计已经设计完成的资产管理内部控制及其相关的管理制度是否有效执行，是否有效控制了资产管理风险；已经设计有效的资产管理各控制点的控制措施是

否有效实施，是否有效防止了各控制环节的风险；是否根据业务、环境等的变化持续改进资产管理内部控制等。

资产管理内部控制审计的重点：一是检查是否有不相容职务的混岗情况，如办理资产采购业务与资产询价业务的岗位是否分开，办理签协谈判业务与合同审核批准业务的岗位是否分开，等等。二是检查资产业务的授权批准制度的执行是否严格，手续是否健全，权限的划分是否符合《公司法》和企业章程的规定，是否有越权审批的行为等。三是检查资产业务的决策是否按照规定的程序进行，是否做到决策的科学化、民主化和程序化，在决策过程中是否广泛听取专家与群众的意见，决策责任制度是否落实到位等。四是检查是否按照经过批准的固定资产购置、建造计划、方案、合同、协议进行构造，有否未经批准擅自变更原定计划和设计方案，是否出现决算超预算、预算超概算情况，是否组织验收委员会（或小组）进行验收，验收是否按照规定的程序进行。五是重点检查资产的保管是否落实到部门、落实到人，资产的维护、保养是否按制度规定期间与范围执行，资产有否办理必要的保险，是否发生资产严重损失情况。六是检查会计处理是否符合国家统一会计制度的规定做到真实、正确，是否有混淆资本支出与收益支出的界限，信息的披露是否及时完整等。

5. 审计程序

关于资产管理内部控制审计程序，中天恒 3C 框架研制的资产管理内部控制审计一般程序包括资产管理内部控制有效性调查、初步评价、风险评估、控制测试、评价缺陷、审计评价、形成意见等。中天恒 3C 框架研制的资产管理内部控制审计程序表见表 10－1。

表 10－1　　中天恒 3C 框架资产管理内部控制审计程序表

被审计单位名称		被审计单位编码		索引编号	0	页次	
业务流程名称	资产管理	业务流程编号		审计人		审计时间	
审计期间		截止日期		复核人		复核时间	

序号	审计程序	细分程序	执行情况说明	工作底稿索引号
1	调查了解	资产管理内部控制有效性调查		A
2	初步评价	资产管理内部控制初步评价		B
3	风险评估	资产管理内部控制风险评估		C
4	控制测试	资产管理内部控制有效性测试		D
5	评价缺陷	资产管理内部控制缺陷评价		E
6	审计评价	资产管理内部控制审计评价		F
7	形成意见	资产管理内部控制审计结果汇总		H
说明		1. 每一个审计程序可细分若干具体程序。 2. 上述审计程序可结合进行，以提高审计工作效率。 3. 在执行每一步骤后，应填写“执行情况说明”一栏。		

5.1 调查了解

调查了解，就是调查了解资产管理内部控制设计和运行的基本情况，是对资产管理内部控制审计实施阶段的首要环节。资产管理调查工作是在内部控制审计总体工作的准备阶段的基础上进行的，涉及具体内容很多，因单位的不同而不同。对资产管理内部控制调查了解的方法有文字叙述法、调查表法、流程图法、控制矩阵法等。这些方法各有其特点，经常综合运用。实际审计工作中，为提高资产管理内部控制审计效率，调查了解工作应同资产管理现场测试工作一并进行，不宜为满足调查而走形式。中天恒3C框架研制的资产管理内部控制调查问卷见下列各表。

表10－2　　　　中天恒3C框架存货业务内部控制调查问卷

被审计单位名称		被审计单位编码		索引编号	A－1	页次	
业务流程名称	存货业务	业务流程编号		审计人		审计时间	
审计期间		截止日期		复核人		复核时间	

控制要点	调查内容	调查结果			证据名称	被调查部门	被调查人
		是	否	不适应			
存货取得	是否根据各种存货采购间隔期和当前库存，综合考虑企业生产经营计划、市场供求等因素，充分利用信息系统，合理确定存货采购日期和数量，确保存货处于最佳库存状态。						
	考虑到存货取得的风险管控措施主要体现在预算编制和采购环节，是否由相关的预算和采购内部控制加以规范。						
存货验收	是否重视存货验收工作，规范存货验收程序和方法，对入库存货的数量、质量、技术规格等方面进行查验，验收无误方可入库。						
	外购存货的验收，是否重点关注合同、发票等原始单据与存货的数量、质量、规格等核对一致。						
	涉及技术含量较高的货物，必要时是否委托具有检验资质的机构或聘请外部专家协助验收。						
	自制存货的验收，是否重点关注产品质量，通过检验合格的半成品、产成品才能办理入库手续，不合格品应及时查明原因，落实责任，报告处理。						

续表

控制要点	调查内容	调查结果			证据名称	被调查部门	被调查人
		是	否	不适应			
存货验收	其他方式取得存货的验收，是否重点关注存货来源、质量状况、实际价值是否符合有关合同或协议的约定。						
存货保管	存货在不同仓库之间流动时是否办理出入库手续。						
	是否按仓储物资所要求的储存条件储存，并健全防火、防洪、防盗、防潮、防病虫害和防变质等管理规范。						
	是否加强生产现场的材料、周转材料、半成品等物资的管理，防止浪费、被盗和流失。						
	对代管、代销、暂存、受托加工的存货，是否单独存放和记录，避免与本单位存货混淆。						
	是否结合企业实际情况，加强存货的保险投保，保证存货安全，合理降低存货意外损失风险。						
存货发出	是否明确存货发出和领用的审批权限。						
	大批存货、贵重商品或危险品的发出是否实行特别授权。						
	仓储部门是否根据经审批的销售（出库）通知单发出货物。						
存货记录	仓储部门是否详细记录存货入库、出库及库存情况。						
	是否做到存货记录与实际库存相符。						
	是否定期与财会部门、存货管理部门进行核对。						
存货库存	是否根据各种存货采购间隔期和当前库存，综合考虑企业生产经营计划、市场供求等因素，充分利用信息系统，合理确定存货采购日期和数量，确保存货处于最佳库存状态。						
存货清查	是否建立存货盘点清查制度，结合本企业实际情况确定盘点周期、盘点流程等相关内容，核查存货数量，及时发现存货减值迹象。						
	是否至少应当于每年年度终了开展全面盘点清查，盘点清查结果应当形成书面报告。						

续表

控制要点	调查内容	调查结果			证据名称	被调查部门	被调查人
		是	否	不适应			
存货清查	盘点清查中发现的存货盘盈、盘亏、毁损、闲置以及需要报废的存货，是否查明原因，落实并追究责任，按照规定权限批准后处置。						
存货处置	是否定期对存货进行检查，及时、充分了解存货的存储状态。						
	对于存货变质、毁损、报废或流失的处理是否分清责任，分析原因，及时合理。						

表 10-3　　中天恒 3C 框架固定资产内部控制调查问卷

被审计单位名称		被审计单位编码		索引编号	A-2	页次	
业务流程名称	固定资产	业务流程编号		审计人		审计时间	
审计期间		截止日期		复核人		复核时间	

控制要点	调查内容	调查结果			证据名称	被调查部门	被调查人
		是	否	不适应			
固定资产取得	是否建立严格的固定资产交付使用验收制度。						
	是否重视和加强固定资产的投保工作。						
固定资产登记	是否制定适合本企业的固定资产目录，列明固定资产编号、名称、种类、所在地点、使用部门、责任人、数量、账面价值、使用年限、损耗等内容，有利于企业了解固定资产使用情况的全貌。						
	是否按照单项资产建立固定资产卡片，资产卡片应在资产编号上与固定资产目录保持对应关系，详细记录各项固定资产的来源、验收、使用地点、责任单位和责任人、运转、维修、改造、折旧、盘点等相关内容，便于固定资产的有效识别。						
	固定资产目录和卡片是否定期或不定期复核。						

续表

控制要点	调查内容	调查结果			证据名称	被调查部门	被调查人
		是	否	不适应			
固定资产维护	是否将资产日常维护流程体制化、程序化、标准化，定期检查，及时消除风险，提高固定资产的使用效率，切实消除安全隐患。						
	固定资产使用部门及管理部门是否建立固定资产运行管理档案，并据以制定合理的日常维修和大修理计划，并经主管领导审批。						
	固定资产实物管理部门是否审核施工单位资质和资信，并建立管理档案。						
	修理项目是否分类。						
	明确需要招投标项目，修理完成，是否由施工单位出具交工验收报告，经资产使用和实物管理部门核对工程质量并审批。						
	重大项目是否进行专项审计。						
	企业生产线等关键设备操作人员上岗前应是否由具有资质的技术人员对其进行充分的岗前培训。						
	特殊设备是否实行岗位许可制度，需持证上岗，必须对资产运转进行实时监控，保证资产使用流程与既定操作流程相符，确保安全运行，提高使用效率。						
固定资产升级	是否根据发展战略，充分利用国家有关自主创新政策，加大技改投入，不断促进固定资产技术升级，淘汰落后设备，切实做到保持本企业固定资产技术的先进性和企业发展的可持续性。						
	是否定期对固定资产技术先进性评估，结合盈利能力和企业发展可持续性，资产使用部门根据需要提出技改方案，与财务部门一起进行预算可行性分析，并且经过管理部门的审核批准。						
	管理部门需对技改方案实施过程是否适时监控、加强管理。						
	有条件企业是否建立技改专项资金并定期或不定期审计。						

续表

控制要点	调查内容	调查结果			证据名称	被调查部门	被调查人
		是	否	不适应			
固定资产投保	是否严格执行固定资产投保政策。						
	对应投保的固定资产项目是否按规定程序进行审批，及时办理投保手续。						
固定资产抵押	是否规范固定资产抵押的管理，确定固定资产抵押程序和审批权限等。						
	企业将固定资产用作抵押的，是否由相关部门提出申请，经企业授权部门或人员批准后，由资产管理部门办理抵押手续。						
	是否加强对接收的抵押资产的管理，编制专门的资产目录，合理评估抵押资产的价值。						
固定资产清查	财务部门是否组织固定资产使用部门和管理部门定期进行清查，明确资产权属，确保实物与卡、财务账表相符。						
	在清查作业实施之前编制清查方案，是否经过管理部门审核后进行相关的清查作业。						
	在清查结束后，清查人员是否编制清查报告。						
	管理部门是否就清查报告进行审核，确保真实性、可靠。						
	清查过程中发现的盘盈（盘亏），是否应分析原因，追究责任，妥善处理。						
	报告审核通过后是否及时调整固定资产账面价值，确保账实相符，并上报备案。						
固定资产处置	是否建立健全固定资产处置的相关制度，区分固定资产不同的处置方式，采取相应控制措施，确定固定资产处置的范围、标准、程序和审批权限，保证固定资产处置的科学性，使企业的资源得到有效的运用。						
	对使用期满、正常报废的固定资产，是否由固定资产使用部门或管理部门填制固定资产报废单，经企业授权部门或人员批准后对该固定资产进行报废清理。						

续表

控制要点	调查内容	调查结果			证据名称	被调查部门	被调查人
		是	否	不适应			
固定资产处置	对使用期限未满、非正常报废的固定资产，是否由固定资产使用部门提出报废申请、注明报废理由、估计清理费用和可回收残值、预计处置价格等，企业应组织有关部门进行技术鉴定，按规定程序审批后进行报废清理。						
	对拟出售或投资转出及非货币交换的固定资产，是否由有关部门或人员提出处置申请，对固定资产价值进行评估，并出具资产评估报告，报经企业授权部门或人员批准后予以出售或转让。企业应特别关注固定资产处置中的关联交易和处置定价，固定资产的处置应由独立于固定资产管理部门和使用部门的相关授权人员办理，固定资产处置价格应报经企业授权部门或人员审批后确定。对于重大固定资产处置，应当考虑聘请具有资质的中介机构进行资产评估，采取集体审议或联签制度，涉及产权变更的，应及时办理产权变更手续。						
	对出租的固定资产是否由相关管理部门提出出租或出借的申请，写明申请的理由和原因，并由相关授权人员和部门就申请进行审核，审核通过后应签订出租或出借合同，包括合同双方的具体情况、出租的原因和期限等内容。						

表 10－4　　中天恒 3C 框架无形资产内部控制调查问卷

被审计单位名称		被审计单位编码		索引编号	A－3	页次	
业务流程名称	无形资产	业务流程编号		审计人		审计时间	
审计期间		截止日期		复核人		复核时间	

控制要点	调查内容	调查结果			证据名称	被调查部门	被调查人
		是	否	不适应			
无形资产取得	是否建立严格的无形资产交付使用验收制度。						

续表

控制要点	调查内容	调查结果			证据名称	被调查部门	被调查人
		是	否	不适应			
无形资产验收	是否全面梳理外购、自行开发以及其他方式取得的各类无形资产的权属关系，加强无形资产权益保护，防范侵权行为和法律风险。						
	是否采取严格保密措施，严防泄露商业秘密。						
	企业购入或者以支付土地出让金等方式取得的土地使用权，是否取得土地使用权有效证明文件。						
无形资产使用	是否强化无形资产使用过程的风险管控，充分发挥无形资产对提升企业产品质量和市场影响力的重要作用。						
	是否建立健全无形资产核心技术保密制度，严格限制未经授权人员直接接触技术资料，对技术资料等无形资产的保管及接触应保有记录，实行责任追究，保证无形资产的安全与完整。						
	对侵害本企业无形资产的，是否积极取证并形成书面调查记录，提出维权对策，按规定程序审核并上报，等等。						
无形资产更新	是否定期对专利、专有技术等无形资产的先进性进行评估，淘汰落后技术。						
	是否加大研发投入，促进技术更新换代，不断提升自主创新能力，努力做到核心技术处于同行业领先水平。						
无形资产处置	是否建立无形资产处置的相关管理制度，明确无形资产处置的范围、标准、程序和审批权限等要求。						
	无形资产的处置是否由独立于无形资产管理部门和使用部门的其他部门或人员按照规定的权限和程序办理。						
	是否选择合理的方式确定处置价格。						
	无形资产处置是否报经企业授权部门或人员审批。						
	重大的无形资产处置，是否委托具有资质的中介机构进行资产评估。						

5.2　初步评价

对资产管理内部控制初步评价，可通过问题调查表和初步评价表进行。反映资产管理初步评价可以结合调查了解程序一起进行，也可以独立进行。

5.3　风险评估

按照风险导向审计理论，审计人员进行资产管理内部控制审计应当以风险评估为基础，选择拟测试的控制，确定测试所需要收集的证据。资产管理风险评估，就是识别、分析、评价资产管理方面的风险。从中天恒管理咨询公司内部控制与风险管理咨询的实践来看，资产管理风险应识别和描述：

➢ 存货积压或短缺，可能导致流动资金占用过量、存货价值贬损或生产中断。

➢ 固定资产更新改造不够、使用效能低下、维护不当，产能过剩，可能导致企业缺乏竞争力、资产价值贬损、安全事故频发或资源浪费。

➢ 无形资产缺乏核心技术、权属不清、技术落后，存在重大技术安全隐患，可能导致企业法律纠纷、缺乏可持续发展能力。

中天恒3C框架研制的资产管理风险评估表见表10－5。

表10－5　　中天恒3C框架资产管理风险评估表

被审计单位名称		被审计单位编码		索引编号	C	页次	
业务流程名称	资产管理	业务流程编号	3C08	审计人		审计时间	
审计期间		截止日期		复核人		复核时间	

流程编号	一级流程	二级流程	风险描述	可能性	影响程度	风险排序
3C08	资产管理		存货积压或短缺，可能导致流动资金占用过量、存货价值贬损或生产中断。 固定资产更新改造不够、使用效能低下、维护不当，产能过剩，可能导致企业缺乏竞争力、资产价值贬损、安全事故频发或资源浪费。			
			无形资产缺乏核心技术、权属不清、技术落后，存在重大技术安全隐患，可能导致企业法律纠纷、缺乏可持续发展能力。			
3C08.01		存货				
3C08.02		固定资产				
3C08.03		无形资产				

5.4 控制测试

资产管理内部控制测试，就是审计人员现场测试资产管理内部控制设计和运行的有效性。对资产管理内部控制设计有效性测试时，审计人员应当综合运用询问适当人员、观察经营活动和检查相关文件等程序。对资产管理内部控制运行有效性测试，审计人员应当综合运用询问适当人员、观察经营活动、检查相关文件以及重新执行控制等程序。审计实践中，审计人员对资产管理内部控制设计有效性和运行有效性是一并进行测试的，测试重点是资产管理关键控制。中天恒3C框架研究开发的资产管理内部控制测试工具包括资产管理内部控制有效性测试矩阵表、测试表、汇总分析表等，具体格式及要素见下列各表。

表10-6　中天恒3C框架存货内部控制有效性测试矩阵表

被审计单位名称		被审计单位编码		索引编号	D-1	页次	
业务流程名称	存货业务	业务流程编号	3C08.01	审计人		审计时间	
审计期间		截止日期		复核人		复核时间	

关键控制名称	关键控制编号	控制方式	控制频率	样本总体	样本数量	测试要点	证据名称	测试程序	测试结果	交叉索引
存货取得	K1					是否根据各种存货采购间隔期和当前库存，综合考虑企业生产经营计划、市场供求等因素，充分利用信息系统，合理确定存货采购日期和数量，确保存货处于最佳库存状态。				
						考虑到存货取得的风险管控措施主要体现在预算编制和采购环节，是否由相关的预算和采购内部控制加以规范。				
存货验收	K2					是否重视存货验收工作，规范存货验收程序和方法，对入库存货的数量、质量、技术规格等方面进行查验，验收无误方可入库。				
						外购存货的验收，是否重点关注合同、发票等原始单据与存货的数量、质量、规格等核对一致。				

续表

关键控制名称	关键控制编号	控制方式	控制频率	样本总体	样本数量	测试要点	证据名称	测试程序	测试结果	交叉索引
存货验收	K2					涉及技术含量较高的货物，必要时是否委托具有检验资质的机构或聘请外部专家协助验收。				
						自制存货的验收，是否重点关注产品质量，通过检验合格的半成品、产成品才能办理入库手续，不合格品应及时查明原因，落实责任，报告处理。				
						其他方式取得存货的验收，是否重点关注存货来源、质量状况、实际价值是否符合有关合同或协议的约定。				
存货保管	K3					存货在不同仓库之间流动时是否办理出入库手续。				
						是否按仓储物资所要求的储存条件储存，并健全防火、防洪、防盗、防潮、防病虫害和防变质等管理规范。				
						是否加强生产现场的材料、周转材料、半成品等物资的管理，防止浪费、被盗和流失。				
						对代管、代销、暂存、受托加工的存货，是否单独存放和记录，避免与本单位存货混淆。				
						是否结合企业实际情况，加强存货的保险投保，保证存货安全，合理降低存货意外损失风险。				
存货发出	K4					是否明确存货发出和领用的审批权限。				
						大批存货、贵重商品或危险品的发出是否实行特别授权。				

续表

关键控制名称	关键控制编号	控制方式	控制频率	样本总体	样本数量	测试要点	证据名称	测试程序	测试结果	交叉索引
存货发出	K4					仓储部门是否根据经审批的销售（出库）通知单发出货物。				
存货记录	K5					仓储部门是否详细记录存货入库、出库及库存情况。				
						是否做到存货记录与实际库存相符。				
						是否定期与财会部门、存货管理部门进行核对。				
存货库存	K6					是否根据各种存货采购间隔期和当前库存，综合考虑企业生产经营计划、市场供求等因素，充分利用信息系统，合理确定存货采购日期和数量，确保存货处于最佳库存状态。				
存货清查	K7					是否建立存货盘点清查制度，结合本企业实际情况确定盘点周期、盘点流程等相关内容，核查存货数量，及时发现存货减值迹象。				
						是否至少应当于每年年度终了开展全面盘点清查，盘点清查结果应当形成书面报告。				
						盘点清查中发现的存货盘盈、盘亏、毁损、闲置以及需要报废的存货，是否查明原因，落实并追究责任，按照规定权限批准后处置。				

续表

关键控制名称	关键控制编号	控制方式	控制频率	样本总体	样本数量	测试要点	证据名称	测试程序	测试结果	交叉索引
存货处置	K8					是否定期对存货进行检查，及时、充分了解存货的存储状态。				
						对于存货变质、毁损、报废或流失的处理是否分清责任，分析原因，及时合理。				

测试结论	设计有效性							运行有效性						
	有效	控制薄弱环节说明						有效	控制薄弱环节说明					
		控制不符合实际	应有的控制不存在	风险识别不准确	未设计控制证据	控制矩阵编制不规范	其他		制度未执行	措施未落实	控制证据不足	设计不适应	监控不力	其他

表 10－7　　中天恒 3C 框架固定资产内部控制有效性测试矩阵表

被审计单位名称		被审计单位编码		索引编号	D－2	页次	
业务流程名称	固定资产	业务流程编号	3C08.02	审计人		审计时间	
审计期间		截止日期		复核人		复核时间	

关键控制名称	关键控制编号	控制方式	控制频率	样本总体	样本数量	测试要点	证据名称	测试程序	测试结果	交叉索引
固定资产取得	K1					是否建立严格的固定资产交付使用验收制度。				
						是否重视和加强固定资产的投保工作。				
固定资产登记	K2					是否制定适合本企业的固定资产目录，列明固定资产编号、名称、种类、所在地点、使用部门、责任人、数量、账面价值、使用年限、损耗等内容，有利于企业了解固定资产使用情况的全貌。				

续表

关键控制名称	关键控制编号	控制方式	控制频率	样本总体	样本数量	测试要点	证据名称	测试程序	测试结果	交叉索引
固定资产登记	K2					是否按照单项资产建立固定资产卡片，资产卡片应在资产编号上与固定资产目录保持对应关系，详细记录各项固定资产的来源、验收、使用地点、责任单位和责任人、运转、维修、改造、折旧、盘点等相关内容，便于固定资产的有效识别。				
						固定资产目录和卡片是否定期或不定期复核。				
固定资产维护	K3					是否将资产日常维护流程体制化、程序化、标准化，定期检查，及时消除风险，提高固定资产的使用效率，切实消除安全隐患。				
						固定资产使用部门及管理部门是否建立固定资产运行管理档案，并据以制定合理的日常维修和大修理计划，并经主管领导审批。				
						固定资产实物管理部门是否审核施工单位资质和资信，并建立管理档案。				
						修理项目是否分类。				
						明确需要招投标项目，修理完成，是否由施工单位出具交工验收报告，经资产使用和实物管理部门核对工程质量并审批。				
						重大项目是否进行专项审计。				
						企业生产线等关键设备操作人员上岗前应是否由具有资质的技术人员对其进行充分的岗前培训。				
						特殊设备是否实行岗位许可制度，需持证上岗，必须对资产运转进行实时监控，保证资产使用流程与既定操作流程相符，确保安全运行，提高使用效率。				

续表

关键控制名称	关键控制编号	控制方式	控制频率	样本总体	样本数量	测试要点	证据名称	测试程序	测试结果	交叉索引
固定资产升级	K4					是否根据发展战略，充分利用国家有关自主创新政策，加大技改投入，不断促进固定资产技术升级，淘汰落后设备，切实做到保持本企业固定资产技术的先进性和企业发展的可持续性。				
						是否定期对固定资产技术先进性评估，结合盈利能力和企业发展可持续性，资产使用部门根据需要提出技改方案，与财务部门一起进行预算可行性分析，并且经过管理部门的审核批准。				
						管理部门需对技改方案实施过程是否适时监控、加强管理。				
						有条件企业是否建立技改专项资金并定期或不定期审计。				
固定资产投保	K5					是否严格执行固定资产投保政策。				
						对应投保的固定资产项目是否按规定程序进行审批，及时办理投保手续。				
固定资产抵押	K6					是否规范固定资产抵押的管理，确定固定资产抵押程序和审批权限等。				
						企业将固定资产用作抵押的，是否由相关部门提出申请，经企业授权部门或人员批准后，由资产管理部门办理抵押手续。				
						是否加强对接收的抵押资产的管理，编制专门的资产目录，合理评估抵押资产的价值。				
固定资产清查	K7					财务部门是否组织固定资产使用部门和管理部门定期进行清查，明确资产权属，确保实物与卡、财务账表相符。				
						在清查作业实施之前编制清查方案，是否经过管理部门审核后进行相关的清查作业。				

续表

关键控制名称	关键控制编号	控制方式	控制频率	样本总体	样本数量	测试要点	证据名称	测试程序	测试结果	交叉索引
固定资产清查	K7					在清查结束后，清查人员是否编制清查报告。				
						管理部门是否就清查报告进行审核，确保真实性、可靠性。				
						清查过程中发现的盘盈（盘亏），是否应分析原因，追究责任，妥善处理。				
						报告审核通过后是否及时调整固定资产账面价值，确保账实相符，并上报备案。				
固定资产处置	K8					是否建立健全固定资产处置的相关制度，区分固定资产不同的处置方式，采取相应控制措施，确定固定资产处置的范围、标准、程序和审批权限，保证固定资产处置的科学性，使企业的资源得到有效的运用。				
						对使用期满、正常报废的固定资产，是否由固定资产使用部门或管理部门填制固定资产报废单，经企业授权部门或人员批准后对该固定资产进行报废清理。				
						对使用期限未满、非正常报废的固定资产，是否由固定资产使用部门提出报废申请、注明报废理由、估计清理费用和可回收残值、预计处置价格等，企业应组织有关部门进行技术鉴定，按规定程序审批后进行报废清理。				
						对拟出售或投资转出及非货币交换的固定资产，是否由有关部门或人员提出处置申请，对固定资产价值进行评估，并出具资产评估报告，报经企业授权部门或人员批准后予以出售或转让，企业应特别关注固定资产处置中的关联交易和处置定价，固定资产的处置应由独立于固定资产管理部门和使用部门的相关授权人员办理，固定资产处置价格应报经企业授权部门或人员审批后确定，对于重大固定资产处置，应当考虑聘请具有资质的中介机构进行资产评估，采取集体审议或联签制度，涉及产权变更的，应及时办理产权变更手续。				

续表

关键控制名称	关键控制编号	控制方式	控制频率	样本总体	样本数量	测试要点	证据名称	测试程序	测试结果	交叉索引
固定资产处置	K8					对出租的固定资产是否由相关管理部门提出出租或出借的申请，写明申请的理由和原因，并由相关授权人员和部门就申请进行审核，审核通过后应签订出租或出借合同，包括合同双方的具体情况、出租的原因和期限等内容。				

测试结论	设计有效性							运行有效性						
	有效	控制薄弱环节说明						有效	控制薄弱环节说明					
		控制不符合实际	应有的控制不存在	风险识别不准确	未设计控制证据	控制矩阵编制不规范	其他		制度未执行	措施未落实	控制证据不足	设计不适应	监控不力	其他

表 10－8　　中天恒 3C 框架无形资产内部控制有效性测试矩阵表

被审计单位名称		被审计单位编码		索引编号	D－3	页次	
业务流程名称	无形资产	业务流程编号	3C08.03	审计人		审计时间	
审计期间		截止日期		复核人		复核时间	

关键控制名称	关键控制编号	控制方式	控制频率	样本总体	样本数量	测试要点	证据名称	测试程序	测试结果	交叉索引
无形资产取得						是否建立严格的无形资产交付使用验收制度。				
无形资产验收						是否全面梳理外购、自行开发以及其他方式取得的各类无形资产的权属关系，加强无形资产权益保护，防范侵权行为和法律风险。				
						是否采取严格保密措施，严防泄露商业秘密。				

续表

关键控制名称	关键控制编号	控制方式	控制频率	样本总体	样本数量	测试要点	证据名称	测试程序	测试结果	交叉索引
无形资产验收						企业购入或者以支付土地出让金等方式取得的土地使用权，是否取得土地使用权有效证明文件。				
无形资产使用						是否强化无形资产使用过程的风险管控，充分发挥无形资产对提升企业产品质量和市场影响力的重要作用。				
						是否建立健全无形资产核心技术保密制度，严格限制未经授权人员直接接触技术资料，对技术资料等无形资产的保管及接触应保有记录，实行责任追究，保证无形资产的安全与完整。				
						对侵害本企业无形资产的，是否积极取证并形成书面调查记录，提出维权对策，按规定程序审核并上报，等等。				
无形资产更新						是否定期对专利、专有技术等无形资产的先进性进行评估，淘汰落后技术。				
						是否加大研发投入，促进技术更新换代，不断提升自主创新能力，努力做到核心技术处于同行业领先水平。				
无形资产处置						是否建立无形资产处置的相关管理制度，明确无形资产处置的范围、标准、程序和审批权限等要求。				
						无形资产的处置是否由独立于无形资产管理部门和使用部门的其他部门或人员按照规定的权限和程序办理。				
						是否选择合理的方式确定处置价格。				
						无形资产处置是否报经企业授权部门或人员审批。				

续表

<table>
<tr><td>关键控制名称</td><td>关键控制编号</td><td>控制方式</td><td>控制频率</td><td>样本总体</td><td>样本数量</td><td colspan="5">测试要点</td><td>证据名称</td><td>测试程序</td><td>测试结果</td><td>交叉索引</td></tr>
<tr><td>无形资产处置</td><td></td><td></td><td></td><td></td><td></td><td colspan="5">重大的无形资产处置，是否委托具有资质的中介机构进行资产评估。</td><td></td><td></td><td></td><td></td></tr>
<tr><td rowspan="4">测试结论</td><td colspan="7">设计有效性</td><td colspan="7">运行有效性</td></tr>
<tr><td rowspan="2">有效</td><td colspan="6">控制薄弱环节说明</td><td rowspan="2">有效</td><td colspan="6">控制薄弱环节说明</td></tr>
<tr><td>控制不符合实际</td><td>应有的控制不存在</td><td>风险识别不准确</td><td>未设计控制证据</td><td>控制矩阵编制不规范</td><td>其他</td><td>制度未执行</td><td>措施未落实</td><td>控制证据不足</td><td>设计不适应</td><td>监控不力</td><td>其他</td></tr>
<tr><td></td><td></td><td></td><td></td><td></td><td></td><td></td><td></td><td></td><td></td><td></td><td></td><td></td><td></td></tr>
</table>

5.5 评价缺陷

评价资产管理控制缺陷，就是对资产管理内部控制存在的设计和执行有效性方面的缺陷进行分析和评价。对已发现的资产管理内部控制重大缺陷，审计人员应当及时以书面形式与被审计单位进行沟通，核对测试结果和数据，确认资产管理内部控制缺陷事实并在缺陷认定底稿上签章。缺陷评价相关表格见表10－9、表10－10。

表10－9　　中天恒3C框架资产管理内部控制缺陷评价矩阵表

被审计单位名称		被审计单位编码		索引编号	E	页次	
业务流程名称	资产管理	业务流程编号	3C08	审计人		审计时间	
审计期间		截止日期		复核人		复核时间	

<table>
<tr><td rowspan="2">末级流程</td><td rowspan="2">关键控制</td><td rowspan="2">缺陷类型</td><td rowspan="2">缺陷描述</td><td rowspan="2">缺陷来源</td><td colspan="3">缺陷性质</td><td rowspan="2">评价程序</td><td rowspan="2">评价索引</td><td rowspan="2">对报表影响</td><td rowspan="2">补偿性控制</td><td rowspan="2">整改意见</td></tr>
<tr><td>一般缺陷</td><td>重大缺陷</td><td>重要缺陷</td></tr>
<tr><td>存货</td><td></td><td></td><td></td><td></td><td></td><td></td><td></td><td></td><td></td><td></td><td></td><td></td></tr>
<tr><td>固定资产</td><td></td><td></td><td></td><td></td><td></td><td></td><td></td><td></td><td></td><td></td><td></td><td></td></tr>
<tr><td>无形资产</td><td></td><td></td><td></td><td></td><td></td><td></td><td></td><td></td><td></td><td></td><td></td><td></td></tr>
</table>

表 10－10　　　　中天恒 3C 框架资产管理内部控制缺陷评价表

被审计单位名称		被审计单位编码		索引编号	E－1	页次	
业务流程名称	资产管理	业务流程编号		审计人		审计时间	
关键控制名称		关键控制编号		复核人		复核时间	
影响会计科目		审计期间				截止日期	

缺陷类型	缺陷描述	评价标准	审计组初步认定意见	被审计单位（或当事人）意见及相关说明
缺陷事项证据资料				

5.6　审计评价

资产管理内部控制审计评价是资产管理内部控制审计工作的一个重要环节。资产管理内部控制审计评价的方法很多，比较常用的是评分法。中天恒 3C 框架研制的资产管理内部控制审计评价表及汇总表见下列各表。

表 10－11　　　　中天恒 3C 框架存货内部控制审计评价表

被审计单位名称		被审计单位编码		索引编号	F－1	页次	
业务流程名称	存货	业务流程编号		审计人		审计时间	
审计期间		截止日期		复核人		复核时间	

关键控制名称	评价标准	分值	权重	判断依据	实际得分
存货取得	根据各种存货采购间隔期和当前库存，综合考虑企业生产经营计划、市场供求等因素，充分利用信息系统，合理确定存货采购日期和数量，确保存货处于最佳库存状态。				
	考虑到存货取得的风险管控措施主要体现在预算编制和采购环节，由相关的预算和采购内部控制加以规范。				
存货验收	重视存货验收工作，规范存货验收程序和方法，对入库存货的数量、质量、技术规格等方面进行查验，验收无误方可入库。				
	外购存货的验收，重点关注合同、发票等原始单据与存货的数量、质量、规格等核对一致。				
	涉及技术含量较高的货物，必要时委托具有检验资质的机构或聘请外部专家协助验收。				

续表

关键控制名称	评价标准	分值	权重	判断依据	实际得分
存货验收	自制存货的验收，重点关注产品质量，通过检验合格的半成品、产成品才能办理入库手续，不合格品应及时查明原因，落实责任，报告处理。				
	其他方式取得存货的验收，重点关注存货来源、质量状况、实际价值是否符合有关合同或协议的约定。				
存货保管	存货在不同仓库之间流动时办理出入库手续。				
	按仓储物资所要求的储存条件储存，并健全防火、防洪、防盗、防潮、防病虫害和防变质等管理规范。				
	加强生产现场的材料、周转材料、半成品等物资的管理，防止浪费、被盗和流失。				
	对代管、代销、暂存、受托加工的存货，单独存放和记录，避免与本单位存货混淆。				
	结合企业实际情况，加强存货的保险投保，保证存货安全，合理降低存货意外损失风险。				
存货发出	明确存货发出和领用的审批权限。				
	大批存货、贵重商品或危险品的发出实行特别授权。				
	仓储部门根据经审批的销售（出库）通知单发出货物。				
存货记录	仓储部门详细记录存货入库、出库及库存情况。				
	做到存货记录与实际库存相符。				
	定期与财会部门、存货管理部门进行核对。				
存货库存	根据各种存货采购间隔期和当前库存，综合考虑企业生产经营计划、市场供求等因素，充分利用信息系统，合理确定存货采购日期和数量，确保存货处于最佳库存状态。				
存货清查	建立存货盘点清查制度，结合本企业实际情况确定盘点周期、盘点流程等相关内容，核查存货数量，及时发现存货减值迹象。				
	至少应当于每年年度终了开展全面盘点清查，盘点清查结果应当形成书面报告。				

续表

关键控制名称	评价标准	分值	权重	判断依据	实际得分
存货清查	盘点清查中发现的存货盘盈、盘亏、毁损、闲置以及需要报废的存货，查明原因，落实并追究责任，按照规定权限批准后处置。				
存货处置	定期对存货进行检查，及时、充分了解存货的存储状态。				
	对于存货变质、毁损、报废或流失的处理分清责任，分析原因，及时合理。				

表 10－12　　　　中天恒 3C 框架固定资产内部控制审计评价表

被审计单位名称		被审计单位编码		索引编号	F－2	页次	
业务流程名称	固定资产	业务流程编号		审计人		审计时间	
审计期间		截止日期		复核人		复核时间	

关键控制名称	评价标准	分值	权重	判断依据	实际得分
固定资产取得	建立严格的固定资产交付使用验收制度。				
	重视和加强固定资产的投保工作。				
固定资产登记	制定适合本企业的固定资产目录，列明固定资产编号、名称、种类、所在地点、使用部门、责任人、数量、账面价值、使用年限、损耗等内容，有利于企业了解固定资产使用情况的全貌。				
	按照单项资产建立固定资产卡片，资产卡片应在资产编号上与固定资产目录保持对应关系，详细记录各项固定资产的来源、验收、使用地点、责任单位和责任人、运转、维修、改造、折旧、盘点等相关内容，便于固定资产的有效识别。				
	固定资产目录和卡片是否定期或不定期复核。				
固定资产维护	将资产日常维护流程体制化、程序化、标准化，定期检查，及时消除风险，提高固定资产的使用效率，切实消除安全隐患。				
	固定资产使用部门及管理部门建立固定资产运行管理档案，并据以制定合理的日常维修和大修理计划，并经主管领导审批。				
	固定资产实物管理部门审核施工单位资质和资信，并建立管理档案。				

续表

关键控制名称	评价标准	分值	权重	判断依据	实际得分
固定资产维护	修理项目分类。				
	明确需要招投标项目，修理完成，由施工单位出具交工验收报告，经资产使用和实物管理部门核对工程质量并审批。				
	重大项目进行专项审计。				
	企业生产线等关键设备操作人员上岗前应由具有资质的技术人员对其进行充分的岗前培训。				
	特殊设备实行岗位许可制度，需持证上岗，必须对资产运转进行实时监控，保证资产使用流程与既定操作流程相符，确保安全运行，提高使用效率。				
固定资产升级	根据发展战略，充分利用国家有关自主创新政策，加大技改投入，不断促进固定资产技术升级，淘汰落后设备，切实做到保持本企业固定资产技术的先进性和企业发展的可持续性。				
	定期对固定资产技术先进性评估，结合盈利能力和企业发展可持续性，资产使用部门根据需要提出技改方案，与财务部门一起进行预算可行性分析，并且经过管理部门的审核批准。				
	管理部门需对技改方案实施过程适时监控、加强管理。				
	有条件企业建立技改专项资金并定期或不定期审计。				
固定资产投保	严格执行固定资产投保政策。				
	对应投保的固定资产项目按规定程序进行审批，及时办理投保手续。				
固定资产抵押	规范固定资产抵押的管理，确定固定资产抵押程序和审批权限等。				
	企业将固定资产用作抵押的，由相关部门提出申请，经企业授权部门或人员批准后，由资产管理部门办理抵押手续。				
	加强对接收的抵押资产的管理，编制专门的资产目录，合理评估抵押资产的价值。				

续表

关键控制名称	评价标准	分值	权重	判断依据	实际得分
固定资产清查	财务部门组织固定资产使用部门和管理部门定期进行清查，明确资产权属，确保实物与卡、财务账表相符。				
	在清查作业实施之前编制清查方案，经过管理部门审核后进行相关的清查作业。				
	在清查结束后，清查人员编制清查报告。				
	管理部门就清查报告进行审核，确保真实性、可靠性。				
	清查过程中发现的盘盈（盘亏），应分析原因，追究责任，妥善处理。				
	报告审核通过后及时调整固定资产账面价值，确保账实相符，并上报备案。				
固定资产处置	建立健全固定资产处置的相关制度，区分固定资产不同的处置方式，采取相应控制措施，确定固定资产处置的范围、标准、程序和审批权限，保证固定资产处置的科学性，使企业的资源得到有效的运用。				
	对使用期满、正常报废的固定资产，由固定资产使用部门或管理部门填制固定资产报废单，经企业授权部门或人员批准后对该固定资产进行报废清理。				
	对使用期限未满、非正常报废的固定资产，由固定资产使用部门提出报废申请、注明报废理由、估计清理费用和可回收残值、预计处置价格等，企业应组织有关部门进行技术鉴定，按规定程序审批后进行报废清理。				
	对拟出售或投资转出及非货币交换的固定资产，由有关部门或人员提出处置申请，对固定资产价值进行评估，并出具资产评估报告，报经企业授权部门或人员批准后予以出售或转让。企业应特别关注固定资产处置中的关联交易和处置定价，固定资产的处置应由独立于固定资产管理部门和使用部门的相关授权人员办理，固定资产处置价格应报经企业授权部门或人员审批后确定。对于重大固定资产处置，应当考虑聘请具有资质的中介机构进行资产评估，采取集体审议或联签制度，涉及产权变更的，应及时办理产权变更手续。				

续表

关键控制名称	评价标准	分值	权重	判断依据	实际得分
固定资产处置	对出租的固定资产由相关管理部门提出出租或出借的申请，写明申请的理由和原因，并由相关授权人员和部门就申请进行审核，审核通过后应签订出租或出借合同，包括合同双方的具体情况、出租的原因和期限等内容。				

表 10－13　　　　中天恒 3C 框架无形资产内部控制审计评价表

被审计单位名称		被审计单位编码		索引编号	F－3	页次	
业务流程名称	无形资产	业务流程编号		审计人		审计时间	
审计期间		截止日期		复核人		复核时间	

关键控制名称	评价标准	分值	权重	判断标准	实际得分
无形资产取得	是否建立严格的无形资产交付使用验收制度。				
无形资产验收	是否全面梳理外购、自行开发以及其他方式取得的各类无形资产的权属关系，加强无形资产权益保护，防范侵权行为和法律风险。				
	是否采取严格保密措施，严防泄露商业秘密。				
	企业购入或者以支付土地出让金等方式取得的土地使用权，是否取得土地使用权有效证明文件。				
无形资产使用	是否强化无形资产使用过程的风险管控，充分发挥无形资产对提升企业产品质量和市场影响力的重要作用。				
	是否建立健全无形资产核心技术保密制度，严格限制未经授权人员直接接触技术资料，对技术资料等无形资产的保管及接触应保有记录，实行责任追究，保证无形资产的安全与完整。				
	对侵害本企业无形资产的，是否积极取证并形成书面调查记录，提出维权对策，按规定程序审核并上报，等等。				
无形资产更新	是否定期对专利、专有技术等无形资产的先进性进行评估，淘汰落后技术。				
	是否加大研发投入，促进技术更新换代，不断提升自主创新能力，努力做到核心技术处于同行业领先水平。				

续表

关键控制名称	评价标准	分值	权重	判断标准	实际得分
无形资产处置	是否建立无形资产处置的相关管理制度，明确无形资产处置的范围、标准、程序和审批权限等要求。				
	无形资产的处置是否由独立于无形资产管理部门和使用部门的其他部门或人员按照规定的权限和程序办理。				
	是否选择合理的方式确定处置价格。				
	无形资产处置是否报经企业授权部门或人员审批。				
	重大的无形资产处置，是否委托具有资质的中介机构进行资产评估。				

在长期的审计实践中，对资产管理内部控制系统进行评价，是为了在对资产业务进行实质性测试前确定对资产内部控制确定可依赖程度，并在此基础上提出健全的措施和建议。审计人员在评价时应注意分析资产业务中可能发生哪些潜在的错报或漏报，哪些控制可以防止或者发现并更正这些错报或漏报。通过比较必要的控制和现有控制，评价计划依赖的资产业务内部控制的健全性与有效性。如果被审计单位或部门没有建立审计人员认为必要的内部控制，或者现有控制不足以防止或检查错报或漏报，那么审计人员除了考虑内部控制缺陷对审计实质性测试的影响外，应针对健全内部控制系统提出建议措施。

5.7 形成意见

资产管理内部控制审计意见，就是对资产管理内部控制有效性的审计结论，是被审计单位内部控制审计意见的一部分。这项工作是在前面资产管理内部控制审计工作基础上进行的。

十一、销售业务内部控制审计实务及其模板

1. 审计概念

《企业内部控制应用指引第 9 号——销售业务》第二条规定："本指引所称销售，是指企业出售商品（或提供劳务）及收取款项等相关活动。"审计界把销售与收款作为一个业务循环，是指企业从接受顾客订单开始，直到货款收回（或货物退回）为止，所经过的整个业务活动过程。

销售是经营的主要环节，是实现商品价值、增加收入、获取利润的主要途径。由于销售是一种商品交易，涉及现金与商品的进出，次数频繁，极易产生错弊，使企业遭受损失，因此，必须加强管理和控制。

销售业务内部控制审计，就是对被审计单位销售业务内部控制设计与运行的有效性的审查和评价活动，对促使被审计单位加强销售业务内部控制建设、防范销售业务风险具有重要意义。

企业应当建立对销售业务内部控制的审计制度，明确审计机构或人员的职责权限，定期或不定期地进行检查。内部审计部门或人员应检查销售、收款业务内部控制制度是否健全，各项规定是否得到有效执行。

2. 审计依据

销售业务控制审计依据除了国家关于销售业务管理方面的法律法规、企业制定的销售业务管理制度及其《企业内部控制手册》有关销售业务部分的内容外，还应包括包括国家、行业协会、被审计单位有关审计方面的规范及标准等。

3. 审计目标

销售业务内部控制审计目标，就是保证销售业务内部控制设计和运行的有效性，促使企业预防和控制销售业务风险，具体包括：

- 证实销售业务管理内部控制是否建立、健全并有效执行。
- 证实各项销售业务业务是否合法、合规等。

4. 审计内容

销售业务内部控制审计内容，因审计主体、审计要求及其审计方式的不同而

不同。采用传统的全面审计方式，销售业务内部控制审计是审查和评价销售业务内部控制设计和运行的有效性两个方面，范围包括销售、收款等业务。采用现代以风险为导向审计方式，审计人员应以销售业务风险为导向，审计已经设计完成的销售业务内部控制及其相关的管理制度是否有效执行，是否有效控制了销售业务风险；已经设计有效的销售业务各控制点的控制措施是否有效实施，是否有效防止了各控制环节的风险；是否根据业务、环境等的变化持续改进销售业务内部控制等。

5. 审计程序

关于销售业务内部控制审计程序，中天恒 3C 框架研制的销售业务内部控制审计一般程序包括销售业务内部控制有效性调查、初步评价、风险评估、控制测试、评价缺陷、审计评价、形成意见等。销售业务的审计，通常可以独立于其他业务循环进行，然后随着证据的积累再与其他循环的审计结合起来。中天恒 3C 框架研制的销售业务内部控制审计程序表见表 11－1。

表 11－1　　中天恒 3C 框架销售业务内部控制审计程序表

被审计单位名称		被审计单位编码		索引编号	0	页次	
业务流程名称	销售业务	业务流程编号		审计人		审计时间	
审计期间		截止日期		复核人		复核时间	

序号	审计程序	细分程序	执行情况说明	工作底稿索引号
1	调查了解	销售业务内部控制有效性调查		A
2	初步评价	销售业务内部控制初步评价		B
3	风险评估	销售业务内部控制风险评估		C
4	控制测试	销售业务内部控制有效性测试		D
5	评价缺陷	销售业务内部控制缺陷评价		E
6	审计评价	销售业务内部控制审计评价		F
7	形成意见	销售业务内部控制审计结果汇总		H
说明	1. 每一个审计程序可细分若干具体程序。 2. 上述审计程序可结合进行，以提高审计工作效率。 3. 在执行每一步骤后，应填写“执行情况说明”一栏。			

5.1　调查了解

调查了解，就是调查了解销售业务内部控制设计和运行的基本情况，是对销售业务内部控制审计实施阶段的首要环节。销售业务调查工作是在内部控制审计总体工作的准备阶段的基础上进行的，涉及具体内容很多，因单位的不同而不同。对销售业务内部控制调查了解的方法有文字叙述法、调查表法、流程图法、控制矩阵法等。这些方法各有其特点，经常综合运用。实际审计工作中，为提高销售业务内部控制审计效率，调查了解工作应同销售业务现场测试工作一并进行，不宜为满足调查而走形式。中天恒3C框架研制的销售业务内部控制调查问卷见下列各表。

表11-2　　中天恒3C框架销售内部控制调查问卷

被审计单位名称		被审计单位编码		索引编号	A-1	页次	
业务流程名称	销售	业务流程编号		审计人		审计时间	
审计期间		截止日期		复核人		复核时间	

控制要点	调查内容	调查结果			证据名称	被调查部门	被调查人
		是	否	不适应			
销售计划	是否根据发展战略和年度生产经营计划，结合企业实际情况，制定年度销售计划，在此基础上，结合客户订单情况，制定月度销售计划，并按规定的权限和程序审批后下达执行。						
	是否定期对各产品（商品）的区域销售额、进销差价、销售计划与实际销售情况等进行分析，结合生产现状，及时调整销售计划。						
	调整后的销售计划是否履行相应的审批程序。						
客户开发与信用管理	是否加强市场调查。						
	是否合理确定定价机制和信用方式。						
	是否根据市场变化及时调整销售策略。						
	是否灵活运用销售折扣、销售折让、信用销售、代销和广告宣传等多种策略和营销方式。						
	是否促进销售目标实现，不断提高市场占有率。						
	是否健全客户信用档案，关注重要客户资信变动情况，采取有效措施，防范信用风险。						
	企业对于境外客户和新开发客户，是否建立严格的信用保证制度。						
销售定价	是否根据有关价格政策，综合考虑企业财务目标、营销目标、产品成本、市场状况及竞争对手情况等多方面因素，确定产品基准定价。						
	是否定期评价产品基准价格的合理性。						
	定价或调价是否经具有相应权限人员的审核批准。						

续表

控制要点	调查内容	调查结果			证据名称	被调查部门	被调查人
		是	否	不适应			
销售定价	在执行基准定价的基础上，是否针对某些商品授予销售部门一定限度的价格浮动权。						
	销售部门是否结合产品市场特点，将价格浮动权向下实行逐级递减分配，同时明确权限执行人。						
	价格浮动权限执行人是否严格遵守规定的价格浮动范围，不得擅自突破。						
	销售折扣、销售折让等政策的制定是否具有相应权限人员审核批准。						
	销售折扣、销售折让授予的实际金额、数量、原因及对象是否予以记录，并归档备查。						
销售合同	企业在销售合同订立前，是否与客户进行业务洽谈、磋商或谈判，关注客户信用状况、销售定价、结算方式等相关内容。						
	重大的销售业务谈判是否吸收财会、法律等专业人员参加，并形成完整的书面记录。						
	销售合同是否明确双方的权利和义务。						
	销售合同审批人员是否对销售合同草案进行严格审核。						
	重要的销售合同，是否征询法律顾问或专家的意见。						
销售发货	企业销售部门是否按照经批准的销售合同开具相关销售通知。						
	发货和仓储部门是否对销售通知进行审核，严格按照所列项目组织发货，确保货物的安全发运。						
	企业是否加强销售退回管理，分析销售退回原因，及时妥善处理。						
	是否严格按照发票管理规定开具销售发票。						
	是否严禁开具虚假发票。						

续表

控制要点	调查内容	调查结果			证据名称	被调查部门	被调查人
		是	否	不适应			
销售记录	是否做好销售业务各环节的记录，填制相应的凭证，设置销售台账。						
	是否实行全过程的销售登记制度。						
客户服务	是否完善客户服务制度。						
	是否加强客户服务和跟踪。						
	是否提升客户满意度和忠诚度。						
	是否不断改进产品质量和服务水平。						

表 11－3　　中天恒 3C 框架收款内部控制调查问卷

被审计单位名称		被审计单位编码		索引编号	A－2	页次	
业务流程名称	收款	业务流程编号		审计人		审计时间	
审计期间		截止日期		复核人		复核时间	

控制要点	调查内容	调查结果			证据名称	被调查部门	被调查人
		是	否	不适应			
应收账款	是否完善应收款项管理制度，严格考核，实行奖惩。						
	销售部门是否负责应收款项的催收。						
	催收记录（包括往来函电）是否妥善保存。						
	财会部门是否负责办理资金结算并监督款项回收。						
商业票据	是否加强商业票据管理。						
	是否明确商业票据的受理范围。						
	是否严格审查商业票据真实性和合法性，防止票据欺诈。						
	是否关注商业票据取得、贴现和背书，对已贴现但仍承担收款风险的票据以及逾期票据，应当进行追索监控和跟踪管理。						

续表

控制要点	调查内容	调查结果			证据名称	被调查部门	被调查人
		是	否	不适应			
会计系统	是否加强对销售、发货、收款业务的会计系统控制，详细记录销售客户情况、销售合同、销售通知、发运凭证、商业票据、款项收回等情况，确保会计记录、销售记录与仓储记录核对一致。						
	是否指定专人通过函证等方式，定期与客户核对应收账款、应收票据、预收账款等往来款项。						
	是否加强应收款项坏账的管理。						
	应收款项全部或部分无法收回的，是否查明原因，明确责任，并严格履行审批程序，按照国家统一的会计准则制度进行处理。						

5.2　初步评价

对销售业务内部控制初步评价，可通过问题调查表和初步评价表进行反映。销售业务初步评价可以结合调查了解程序一起进行，也可以独立进行。

5.3　风险评估

按照风险导向审计理论，审计人员进行销售业务内部控制审计应当以风险评估为基础，选择拟测试的控制，确定测试所需要收集的证据。销售业务风险评估，就是识别、分析、评价销售业务方面的风险。从中天恒管理咨询公司内部控制与风险管理咨询的实践来看，销售业务风险应识别和描述：

➢ 销售政策和策略不当、市场变化预测不准确、销售渠道管理不当等，可能导致销售不畅，库存积压，经营难以为继。

➢ 客户信用管理不到位、结算方式选择不当、账款回收不力等，可能导致销售款项不能收回或遭受欺诈。

➢ 销售过程存在舞弊行为，可能导致企业利益受损。

中天恒 3C 框架研制的销售业务风险评估表见表 11－4。

表 11－4　　中天恒 3C 框架销售业务风险评估表

被审计单位名称		被审计单位编码		索引编号	C	页次	
业务流程名称	销售业务	业务流程编号	3C09	审计人		审计时间	
审计期间		截止日期		复核人		复核时间	

流程编号	一级流程	二级流程	风险描述	可能性	影响程度	风险排序
3C09	销售业务		销售政策和策略不当、市场变化预测不准确、销售渠道管理不当等，可能导致销售不畅，库存积压，经营难以为继。 客户信用管理不到位、结算方式选择不当、账款回收不力等，可能导致销售款项不能收回或遭受欺诈。 销售过程存在舞弊行为，可能导致企业利益受损。			
3C09.01		销售				
3C09.02		收款				

5.4　控制测试

销售业务内部控制测试，就是审计人员现场测试销售业务内部控制设计和运行的有效性。对销售业务内部控制设计有效性测试时，审计人员应当综合运用询问适当人员、观察经营活动和检查相关文件等程序。对销售业务内部控制运行有效性测试，审计人员应当综合运用询问适当人员、观察经营活动、检查相关文件以及重新执行控制等程序。审计实践中，审计人员对销售业务内部控制设计有效性和运行有效性是一并进行测试的，测试重点是销售业务关键控制。中天恒 3C 框架研究开发的销售业务内部控制测试工具包括销售业务内部控制有效性测试矩阵表、测试表、汇总分析表等，具体格式及要素见下列各表。

表 11－5　　中天恒 3C 框架销售内部控制有效性测试矩阵表

被审计单位名称		被审计单位编码		索引编号	D－1	页次	
业务流程名称	销售	业务流程编号	3C09.01	审计人		审计时间	
审计期间		截止日期		复核人		复核时间	

关键控制名称	关键控制编号	控制方式	控制频率	样本总体	样本数量	测试要点	证据名称	测试程序	测试结果	交叉索引
销售计划	K1					是否根据发展战略和年度生产经营计划，结合企业实际情况，制定年度销售计划，在此基础上，结合客户订单情况，制定月度销售计划，并按规定的权限和程序审批后下达执行。				

续表

关键控制名称	关键控制编号	控制方式	控制频率	样本总体	样本数量	测试要点	证据名称	测试程序	测试结果	交叉索引
销售计划	K1					是否定期对各产品（商品）的区域销售额、进销差价、销售计划与实际销售情况等进行分析，结合生产现状，及时调整销售计划。				
						调整后的销售计划是否履行相应的审批程序。				
客户开发与信用管理	K2					是否加强市场调查。				
						是否合理确定定价机制和信用方式。				
						是否根据市场变化及时调整销售策略。				
						是否灵活运用销售折扣、销售折让、信用销售、代销和广告宣传等多种策略和营销方式。				
						是否促进销售目标实现，不断提高市场占有率。				
						是否健全客户信用档案，关注重要客户资信变动情况，采取有效措施，防范信用风险。				
						企业对于境外客户和新开发客户，是否建立严格的信用保证制度。				
销售定价	K3					是否根据有关价格政策，综合考虑企业财务目标、营销目标、产品成本、市场状况及竞争对手情况等多方面因素，确定产品基准定价。				
						是否定期评价产品基准价格的合理性。				
						定价或调价是否经具有相应权限人员的审核批准。				
						在执行基准定价的基础上，是否针对某些商品授予销售部门一定限度的价格浮动权。				

续表

关键控制名称	关键控制编号	控制方式	控制频率	样本总体	样本数量	测试要点	证据名称	测试程序	测试结果	交叉索引
销售定价	K3					销售部门是否结合产品市场特点，将价格浮动权向下实行逐级递减分配，同时明确权限执行人。				
						价格浮动权限执行人是否严格遵守规定的价格浮动范围，不得擅自突破。				
						销售折扣、销售折让等政策的制定是否具有相应权限人员审核批准。				
						销售折扣、销售折让授予的实际金额、数量、原因及对象是否予以记录，并归档备查。				
销售合同	K4					企业在销售合同订立前，是否与客户进行业务洽谈、磋商或谈判，关注客户信用状况、销售定价、结算方式等相关内容。				
						重大的销售业务谈判是否吸收财会、法律等专业人员参加，并形成完整的书面记录。				
						销售合同是否明确双方的权利和义务。				
						销售合同审批人员是否对销售合同草案进行严格审核。				
						重要的销售合同，是否征询法律顾问或专家的意见。				
销售发货	K5					企业销售部门是否按照经批准的销售合同开具相关销售通知。				
						发货和仓储部门是否对销售通知进行审核，严格按照所列项目组织发货，确保货物的安全发运。				
						企业是否加强销售退回管理，分析销售退回原因，及时妥善处理。				

续表

关键控制名称	关键控制编号	控制方式	控制频率	样本总体	样本数量	测试要点	证据名称	测试程序	测试结果	交叉索引
销售发货	K5					是否严格按照发票管理规定开具销售发票。				
						是否严禁开具虚假发票。				
客户服务	K6					是否完善客户服务制度。				
						是否加强客户服务和跟踪。				
						是否提升客户满意度和忠诚度。				
						是否不断改进产品质量和服务水平。				

测试结论	设计有效性							运行有效性						
	有效	控制薄弱环节说明						有效	控制薄弱环节说明					
		控制不符合实际	应有的控制不存在	风险识别不准确	未设计控制证据	控制矩阵编制不规范	其他		制度未执行	措施未落实	控制证据不足	设计不适应	监控不力	其他

表 11－6　　　中天恒 3C 框架收款内部控制有效性测试矩阵表

被审计单位名称		被审计单位编码		索引编号	D－2	页次	
业务流程名称	收款	业务流程编号	3C09. 02	审计人		审计时间	
审计期间		截止日期		复核人		复核时间	

关键控制名称	关键控制编号	控制方式	控制频率	样本总体	样本数量	测试要点	证据名称	测试程序	测试结果	交叉索引
应收账款	K1					是否完善应收款项管理制度，严格考核，实行奖惩。				
						销售部门是否负责应收款项的催收。				
						催收记录（包括往来函电）是否妥善保存。				
						财会部门是否负责办理资金结算并监督款项回收。				

续表

关键控制名称	关键控制名称	控制方式	控制频率	样本总体	样本数量	测试要点	证据名称	测试程序	测试结果	交叉索引
商业票据	K2					是否加强商业票据管理。				
						是否明确商业票据的受理范围。				
						是否严格审查商业票据的真实性和合法性，防止票据欺诈。				
						是否关注商业票据取得、贴现和背书，对已贴现但仍承担收款风险的票据以及逾期票据，应当进行追索监控和跟踪管理。				
会计系统	K3					是否加强对销售、发货、收款业务的会计系统控制，详细记录销售客户、销售合同、销售通知、发运凭证、商业票据、款项收回等情况，确保会计记录、销售记录与仓储记录核对一致。				
						是否指定专人通过函证等方式，定期与客户核对应收账款、应收票据、预收账款等往来款项。				
						是否加强应收款项坏账的管理。				
						应收款项全部或部分无法收回的，是否查明原因，明确责任，并严格履行审批程序，按照国家统一的会计准则制度进行处理。				

测试结论	设计有效性							运行有效性						
	有效	控制薄弱环节说明						有效	控制薄弱环节说明					
		控制不符合实际	应有的控制不存在	风险识别不准确	未设计控制证据	控制矩阵编制不规范	其他		制度未执行	措施未落实	控制证据不足	设计不适应	监控不力	其他

5.5 评价缺陷

评价销售业务控制缺陷，就是对销售业务内部控制存在的设计和执行有效性方面的缺陷进行分析和评价。对已发现的销售业务内部控制重大缺陷，审计人员应当及时以书面形式与被审计单位进行沟通，核对测试结果和数据，确认销售业务内部控制缺陷事实并在缺陷认定底稿上签章。缺陷评价相关表格见下列各表。

表 11－7　　中天恒 3C 框架销售业务内部控制缺陷评价矩阵表

被审计单位名称		被审计单位编码		索引编号	E	页次	
业务流程名称	销售业务	业务流程编号	3C09	审计人		审计时间	
审计期间		截止日期		复核人		复核时间	

末级流程	关键控制	缺陷类型	缺陷描述	缺陷来源	缺陷性质			评价程序	评价索引	对报表影响	补偿性控制	整改意见
					一般缺陷	重大缺陷	重要缺陷					
销售												
收款												
无形资产												

表 11－8　　中天恒 3C 框架销售业务内部控制缺陷评价表

被审计单位名称		被审计单位编码		索引编号	E－1	页次	
业务流程名称	销售业务	业务流程编号		审计人		审计时间	
关键控制名称		关键控制编号		复核人		复核时间	
影响会计科目		审计期间				截止日期	

缺陷类型	缺陷描述	评价标准	审计组初步认定意见	被审计单位（或当事人）意见及相关说明
缺陷事项证据资料				

5.6 审计评价

销售业务内部控制审计评价是销售业务内部控制审计工作的一个重要环节。销售业务内部控制审计评价的方法很多，比较常用的是评分法。中天恒 3C 框架研制的销售业务内部控制审计评价表及汇总表如下。

表 11－9　　中天恒 3C 框架销售内部控制审计评价表

被审计单位名称		被审计单位编码		索引编号	F－1	页次	
业务流程名称	销售	业务流程编号		审计人		审计时间	
审计期间		截止日期		复核人		复核时间	

关键控制名称	评价标准	分值	权重	判断依据	实际得分
销售计划	根据发展战略和年度生产经营计划，结合企业实际情况，制定年度销售计划，在此基础上，结合客户订单情况，制定月度销售计划，并按规定的权限和程序审批后下达执行。				
	定期对各产品（商品）的区域销售额、进销差价、销售计划与实际销售情况等进行分析，结合生产现状，及时调整销售计划。				
	调整后的销售计划是否履行相应的审批程序。				
客户开发与信用管理	加强市场调查。				
	合理确定定价机制和信用方式。				
	根据市场变化及时调整销售策略。				
	灵活运用销售折扣、销售折让、信用销售、代销和广告宣传等多种策略和营销方式。				
	促进销售目标实现，不断提高市场占有率。				
	健全客户信用档案，关注重要客户资信变动情况，采取有效措施，防范信用风险。				
	企业对于境外客户和新开发客户，建立严格的信用保证制度。				
销售定价	根据有关价格政策，综合考虑企业财务目标、营销目标、产品成本、市场状况及竞争对手情况等多方面因素，确定产品基准定价。				
	定期评价产品基准价格的合理性。				
	定价或调价经具有相应权限人员的审核批准。				
	在执行基准定价的基础上，针对某些商品授予销售部门一定限度的价格浮动权。				

续表

关键控制名称	评价标准	分值	权重	判断依据	实际得分
销售定价	销售部门结合产品市场特点，将价格浮动权向下实行逐级递减分配，同时明确权限执行人。				
	价格浮动权限执行人严格遵守规定的价格浮动范围，不得擅自突破。				
	销售折扣、销售折让等政策的制定具有相应权限人员审核批准。				
	销售折扣、销售折让授予的实际金额、数量、原因及对象予以记录，并归档备查。				
销售合同	企业在销售合同订立前，与客户进行业务洽谈、磋商或谈判，关注客户信用状况、销售定价、结算方式等相关内容。				
	重大的销售业务谈判吸收财会、法律等专业人员参加，并形成完整的书面记录。				
	销售合同明确双方的权利和义务。				
	销售合同审批人员对销售合同草案进行严格审核。				
	重要的销售合同，征询法律顾问或专家的意见。				
销售发货	企业销售部门按照经批准的销售合同开具相关销售通知。				
	发货和仓储部门对销售通知进行审核，严格按照所列项目组织发货，确保货物的安全发运。				
	企业加强销售退回管理，分析销售退回原因，及时妥善处理。				
	严格按照发票管理规定开具销售发票。				
	严禁开具虚假发票。				
客户服务	完善客户服务制度。				
	加强客户服务和跟踪。				
	提升客户满意度和忠诚度。				
	不断改进产品质量和服务水平。				

表 11－10　　中天恒 3C 框架收款内部控制审计评价表

被审计单位名称		被审计单位编码		索引编号	F－2	页次	
业务流程名称	收款	业务流程编号		审计人		审计时间	
审计期间		截止日期		复核人		复核时间	

关键控制名称	评价标准	分值	权重	判断标准	实际得分
应收账款	是否完善应收款项管理制度，严格考核，实行奖惩。				
	销售部门是否负责应收款项的催收。				
	催收记录（包括往来函电）是否妥善保存。				
	财会部门是否负责办理资金结算并监督款项回收。				
商业票据	是否加强商业票据管理。				
	是否明确商业票据的受理范围。				
	是否严格审查商业票据的真实性和合法性，防止票据欺诈。				
	是否关注商业票据取得、贴现和背书，对已贴现但仍承担收款风险的票据以及逾期票据，应当进行追索监控和跟踪管理。				
会计系统	是否加强对销售、发货、收款业务的会计系统控制，详细记录销售客户、销售合同、销售通知、发运凭证、商业票据、款项收回等情况，确保会计记录、销售记录与仓储记录核对一致。				
	是否指定专人通过函证等方式，定期与客户核对应收账款、应收票据、预收账款等往来款项。				
	是否加强应收款项坏账的管理。				
	应收款项全部或部分无法收回的，是否查明原因，明确责任，并严格履行审批程序，按照国家统一的会计准则制度进行处理。				

5.7　形成意见

销售业务内部控制审计意见，就是对销售业务内部控制有效性的审计结论，是被审计单位内部控制审计意见的一部分。这项工作是在前面销售业务内部控制审计工作基础上进行的。

十二、研究与开发内部控制审计实务及其模板

1. 审计概念

《企业内部控制应用指引第10号——研究与开发》第二条规定："本指引所称研究与开发，是指企业为获取新产品、新技术、新工艺等所开展的各种研发活动。"指引将研究与开发定义为一项企业为企业所开展的活动。活动就是有一定目的的行动，是由涉及活动目标的确定、策划、筹备、组织、执行、评估与总结等一系列行为构成，以便达到企业预期目标的过程。为了促进企业自主创新，增强核心竞争力，有效控制研发风险，实现发展战略，企业应当根据指引要求，通过设计内部控制手册，使有关部门和员工掌握立项评审、研究过程管理、验收以及研发人员管理等基本规范，明确权责分配，正确行使管理职权。

研究与开发内部控制审计，就是对被审计单位研究与开发内部控制设计与运行的有效性的审查和评价活动，对促使被审计单位加强研究与开发内部控制建设、防范研究与开发风险具有重要意义。

企业应当建立对研究与开发内部控制的审计制度，明确审计机构或人员的职责权限，定期或不定期地进行检查。内部审计部门或人员应检查立项与研究、开发与保护业务内部控制制度是否健全，各项规定是否得到有效执行。

2. 审计依据

研究与开发控制审计依据除了国家关于研究与开发管理方面的法律法规、企业制定的研究与开发管理制度及其《企业内部控制手册》有关研究与开发部分的内容外，还应包括包括国家、行业协会、被审计单位有关审计方面的规范及标准等。

3. 审计目标

研究与开发内部控制审计目标，就是保证研究与开发内部控制设计和运行的有效性，促使企业预防和控制研究与开发风险，具体包括：

➤ 证实研究与开发管理内部控制是否建立、健全并有效执行。

➤ 证实各项研究与开发业务是否合法、合规等。

4. 审计内容

研究与开发内部控制审计内容，因审计主体、审计要求及其审计方式的不同而不同。采用传统的全面审计方式，研究与开发内部控制审计是审查和评价研究与开发内部控制设计和运行的有效性两个方面，范围包括立项与研究、开发与保护等业务。采用现代以风险为导向审计方式，审计人员应以研究与开发风险为导向，审计已经设计完成的研究与开发内部控制及其相关的管理制度是否有效执行，是否有效控制了研究与开发风险；已经设计有效的研究与开发各控制点的控制措施是否有效实施，是否有效防止了各控制环节的风险；是否根据业务、环境等的变化持续改进研究与开发内部控制等。

5. 审计程序

关于研究与开发内部控制审计程序，中天恒 3C 框架研制的研究与开发内部控制审计一般程序包括研究与开发内部控制有效性调查、初步评价、风险评估、控制测试、评价缺陷、审计评价、形成意见等。审计程序表见表 12－1。

表 12－1　　　　中天恒 3C 框架研究与开发内部控制审计程序表

<table>
<tr><td>被审计单位名称</td><td></td><td>被审计单位编码</td><td></td><td>索引编号</td><td>0</td><td>页次</td><td></td></tr>
<tr><td>业务流程名称</td><td>研究与开发</td><td>业务流程编号</td><td></td><td>审计人</td><td></td><td>审计时间</td><td></td></tr>
<tr><td>审计期间</td><td></td><td>截止日期</td><td></td><td>复核人</td><td></td><td>复核时间</td><td></td></tr>
<tr><td>序号</td><td>审计程序</td><td colspan="3">细分程序</td><td colspan="2">执行情况说明</td><td>工作底稿索引号</td></tr>
<tr><td>1</td><td>调查了解</td><td colspan="3">研究与开发内部控制有效性调查</td><td colspan="2"></td><td>A</td></tr>
<tr><td>2</td><td>初步评价</td><td colspan="3">研究与开发内部控制初步评价</td><td colspan="2"></td><td>B</td></tr>
<tr><td>3</td><td>风险评估</td><td colspan="3">研究与开发内部控制风险评估</td><td colspan="2"></td><td>C</td></tr>
<tr><td>4</td><td>控制测试</td><td colspan="3">研究与开发内部控制有效性测试</td><td colspan="2"></td><td>D</td></tr>
<tr><td>5</td><td>评价缺陷</td><td colspan="3">研究与开发内部控制缺陷评价</td><td colspan="2"></td><td>E</td></tr>
<tr><td>6</td><td>审计评价</td><td colspan="3">研究与开发内部控制审计评价</td><td colspan="2"></td><td>F</td></tr>
<tr><td>7</td><td>形成意见</td><td colspan="3">研究与开发内部控制审计结果汇总</td><td colspan="2"></td><td>H</td></tr>
<tr><td colspan="2">说明</td><td colspan="6">1. 每一个审计程序可细分若干具体程序。
2. 上述审计程序可结合进行，以提高审计工作效率。
3. 在执行每一步骤后，应填写“执行情况说明”一栏。</td></tr>
</table>

5.1　调查了解

调查了解，就是调查了解研究与开发内部控制设计和运行的基本情况，是对研究与开发内部控制审计实施阶段的首要环节。研究与开发调查工作是在内部控制审计总体工作的准备阶段的基础上进行的，涉及具体内容很多，因单位的不同而不同。对研究与开发内部控制调查了解的方法有文字叙述法、调查表法、流程图法、控制矩阵法等。这些方法各有其特点，经常综合运用。实际审计工作中，为提高研究与开发内部控制审计效率，调查了解工作应同研究与开发现场测试工作一并进行，不宜为满足调查而走形式。中天恒 3C 框架研制的研究与开发内部控制调查问卷见表 12－2、表 12－3。

表 12－2　　　　中天恒 3C 框架立项与研究内部控制调查问卷

被审计单位名称		被审计单位编码		索引编号	A－1	页次	
业务流程名称	立项与研究	业务流程编号		审计人		审计时间	
审计期间		截止日期		复核人		复核时间	
控制要点	调查内容	调查结果			证据名称	被调查部门	被调查人
		是	否	不适应			
立项	是否根据实际需要，结合研发计划，提出研究项目立项申请，开展可行性研究，编制可行性研究报告。						
	是否组织独立于申请及立项审批之外的专业机构和人员进行评估论证，出具评估意见。						
	研究项目是否按照规定的权限和程序进行审批。						
	重大研究项目是否报经董事会或类似权力机构集体审议决策。						
	审批过程中，是否重点关注研究项目促进企业发展的必要性、技术的先进性以及成果转化的可行性。						
研究	是否加强对研究过程的管理。						
	是否合理配备专业人员，严格落实岗位责任制，确保研究过程高效、可控。						
	是否跟踪检查研究项目进展情况，评估各阶段研究成果，提供足够的经费支持，确保项目按期、保质完成，有效规避研究失败风险。						

续表

控制要点	调查内容	调查结果			证据名称	被调查部门	被调查人
		是	否	不适应			
研究	企业研究项目委托外单位承担的，是否采用招标、协议等适当方式确定受托单位，签订外包合同，约定研究成果的产权归属、研究进度和质量标准等相关内容。						
	企业与其他单位合作进行研究的，是否对合作单位进行尽职调查，签订书面合作研究合同，明确双方投资、分工、权利义务、研究成果产权归属等。						
	是否建立和完善研究成果验收制度，组织专业人员对研究成果进行独立评审和验收。						
	企业对于通过验收的研究成果，是否委托相关机构进行审查，确认是否申请专利或作为非专利技术、商业秘密等进行管理。						
	企业对于需要申请专利的研究成果，是否及时办理有关专利申请手续。						
	是否建立严格的核心研究人员管理制度，明确界定核心研究人员范围和名册清单，签署符合国家有关法律法规要求的保密协议。						
	企业与核心研究人员签订劳动合同时，是否特别约定研究成果归属、离职条件、离职移交程序、离职后保密义务、离职后竞业限制年限及违约责任等内容。						

表 12－3　　中天恒 3C 框架开发与保护内部控制调查问卷

被审计单位名称		被审计单位编码		索引编号	A－2	页次	
业务流程名称	开发与保护	业务流程编号		审计人		审计时间	
审计期间		截止日期		复核人		复核时间	

控制要点	调查内容	调查结果			证据名称	被调查部门	被调查人
		是	否	不适应			
开发	是否加强研究成果的开发，形成科研、生产、市场一体化的自主创新机制，促进研究成果转化。						

续表

控制要点	调查内容	调查结果			证据名称	被调查部门	被调查人
		是	否	不适应			
开发	研究成果的开发是否分步推进，通过试生产充分验证产品性能，在获得市场认可后方可进行批量生产。						
保护	是否建立研究成果保护制度。						
	是否加强对专利权、非专利技术、商业秘密及研发过程中形成的各类涉密图纸、程序、资料的管理。						
	是否严格按照制度规定借阅和使用。						
	是否禁止无关人员接触研究成果。						
评估	是否建立研发活动评估制度。						
	是否加强对立项与研究、开发与保护等过程的全面评估。						
	是否认真总结研发管理经验，分析存在的薄弱环节，完善相关制度和办法，不断改进和提升研发活动的管理水平。						

5.2 初步评价

对研究与开发内部控制初步评价，可通过问题调查表和初步评价表进行反映。研究与开发初步评价可以结合调查了解程序一起进行，也可以独立进行。中天恒3C框架研制的研究与开发内部控制初步评价表见表12－4。

表12－4　中天恒3C框架研究与开发内部控制初步评价表

被审计单位名称		被审计单位编码		索引编号	B	页次	
业务流程名称	研究与开发	业务流程编号	3C010	审计人		审计时间	
审计期间		截止日期		复核人		复核时间	

流程编号	一级流程	二级流程	控制设计			控制运行			初步结论		
			好	中	差	完全	部分	无	高	中	低
3C010	研究与开发										
3C010.01		立项与研究									
3C010.02		开发与保护									

续表

流程编号	一级流程	二级流程	控制设计			控制运行			初步结论		
			好	中	差	完全	部分	无	高	中	低
…											

总体结论	内控可信赖度					是否需要作进一步测试	
	高	较高	中	较低	低	是	否
简要描述							

5.3 风险评估

按照风险导向审计理论，审计人员进行研究与开发内部控制审计应当以风险评估为基础，选择拟测试的控制，确定测试所需要收集的证据。研究与开发风险评估，就是识别、分析、评价研究与开发方面的风险。从中天恒管理咨询公司内部控制与风险管理咨询的实践来看，研究与开发风险应识别和描述：

➢ 研究项目未经科学论证或论证不充分，可能导致创新不足或资源浪费。

➢ 研发人员配备不合理或研发过程管理不善，可能导致研发成本过高、舞弊或研发失败。

➢ 研究成果转化应用不足、保护措施不力，可能导致企业利益受损。

中天恒3C框架研制的研究与开发风险评估表见表12－5。

表12－5　　中天恒3C框架研究与开发风险评估表

被审计单位名称		被审计单位编码		索引编号	C	页次	
业务流程名称	研究与开发	业务流程编号	3C010	审计人		审计时间	
审计期间		截止日期		复核人		复核时间	

流程编号	一级流程	二级流程	风险描述	可能性	影响程度	风险排序
3C010	研究与开发		研究项目未经科学论证或论证不充分，可能导致创新不足或资源浪费。 研发人员配备不合理或研发过程管理不善，可能导致研发成本过高、舞弊或研发失败。 研究成果转化应用不足、保护措施不力，可能导致企业利益受损。			
3C010.01		立项与研究				
3C010.02		开发与保护				

5.4 控制测试

研究与开发内部控制测试，就是审计人员现场测试研究与开发内部控制设计和运行的有效性。对研究与开发内部控制设计有效性测试时，审计人员应当综合运用询问适当人员、观察经营活动和检查相关文件等程序。对研究与开发内部控制运行有效性测试，审计人员应当综合运用询问适当人员、观察经营活动、检查相关文件以及重新执行控制等程序。事实上，审计实践中，审计人员对研究与开发内部控制设计有效性和运行有效性是一并进行测试的，测试重点是研究与开发关键控制。中天恒 3C 框架研究开发的研究与开发内部控制测试工具包括研究与开发内部控制有效性测试矩阵表、测试表、汇总分析表等，具体格式及要素见下表。

表 12－6　　中天恒 3C 框架立项与研究内部控制有效性测试矩阵表

被审计单位名称		被审计单位编码		索引编号	D－1	页次	
业务流程名称	立项与研究	业务流程编号	3C010.01	审计人		审计时间	
审计期间		截止日期		复核人		复核时间	

关键控制名称	关键控制编号	控制方式	控制频率	样本总体	样本数量	测试要点	证据名称	测试程序	测试结果	交叉索引
立项						是否根据实际需要，结合研发计划，提出研究项目立项申请，开展可行性研究，编制可行性研究报告。				
						是否组织独立于申请及立项审批之外的专业机构和人员进行评估论证，出具评估意见。				
						研究项目是否按照规定的权限和程序进行审批。				
						重大研究项目是否报经董事会或类似权力机构集体审议决策。				
						审批过程中，是否重点关注研究项目促进企业发展的必要性、技术的先进性以及成果转化的可行性。				

续表

关键控制名称	关键控制编号	控制方式	控制频率	样本总体	样本数量	测试要点	证据名称	测试程序	测试结果	交叉索引
研究						是否加强对研究过程的管理。				
						是否合理配备专业人员，严格落实岗位责任制，确保研究过程高效、可控。				
						是否跟踪检查研究项目进展情况，评估各阶段研究成果，提供足够的经费支持，确保项目按期、保质完成，有效规避研究失败风险。				
						企业研究项目委托外单位承担的，是否采用招标、协议等适当方式确定受托单位，签订外包合同，约定研究成果的产权归属、研究进度和质量标准等相关内容。				
						企业与其他单位合作进行研究的，是否对合作单位进行尽职调查，签订书面合作研究合同，明确双方投资、分工、权利义务、研究成果产权归属等。				
						是否建立和完善研究成果验收制度，组织专业人员对研究成果进行独立评审和验收。				
						企业对于通过验收的研究成果，是否委托相关机构进行审查，确认是否申请专利或作为非专利技术、商业秘密等进行管理。				
						企业对于需要申请专利的研究成果，是否及时办理有关专利申请手续。				
						是否建立严格的核心研究人员管理制度，明确界定核心研究人员范围和名册清单，签署符合国家有关法律法规要求的保密协议。				

续表

关键控制名称	关键控制编号	控制方式	控制频率	样本总体	样本数量	测试要点	证据名称	测试程序	测试结果	交叉索引
研究						企业与核心研究人员签订劳动合同时，是否特别约定研究成果归属、离职条件、离职移交程序、离职后保密义务、离职后竞业限制年限及违约责任等内容。				

测试结论	设计有效性							运行有效性						
	有效	控制薄弱环节说明						有效	控制薄弱环节说明					
		控制不符合实际	应有的控制不存在	风险识别不准确	未设计控制证据	控制矩阵编制不规范	其他		制度未执行	措施未落实	控制证据不足	设计不适应	监控不力	其他

表 12－7　　中天恒 3C 框架开发与保护内部控制有效性测试矩阵表

被审计单位名称		被审计单位编码		索引编号	D－2	页次	
业务流程名称	开发与保护	业务流程编号	3C010.02	审计人		审计时间	
审计期间		截止日期		复核人		复核时间	

关键控制名称	关键控制编号	控制方式	控制频率	样本总体	样本数量	测试要点	证据名称	测试程序	测试结果	交叉索引
开发						是否加强研究成果的开发，形成科研、生产、市场一体化的自主创新机制，促进研究成果转化。				
						研究成果的开发是否分步推进，通过试生产充分验证产品性能，在获得市场认可后方可进行批量生产。				
保护						是否建立研究成果保护制度。				
						是否加强对专利权、非专利技术、商业秘密及研发过程中形成的各类涉密图纸、程序、资料的管理。				

续表

关键控制名称	关键控制编号	控制方式	控制频率	样本总体	样本数量	测试要点	证据名称	测试程序	测试结果	交叉索引
保护						是否严格按照制度规定借阅和使用。				
						是否禁止无关人员接触研究成果。				
评估						是否建立研发活动评估制度。				
						是否加强对立项与研究、开发与保护等过程的全面评估。				
						是否认真总结研发管理经验，分析存在的薄弱环节，完善相关制度和办法，不断改进和提升研发活动的管理水平。				

测试结论	设计有效性							运行有效性						
	有效	控制薄弱环节说明						有效	控制薄弱环节说明					
		控制不符合实际	应有的控制不存在	风险识别不准确	未设计控制证据	控制矩阵编制不规范	其他		制度未执行	措施未落实	控制证据不足	设计不适应	监控不力	其他

5.5　评价缺陷

评价研究与开发控制缺陷，就是对研究与开发内部控制存在的设计和执行有效性方面的缺陷进行分析和评价。对已发现的研究与开发内部控制重大缺陷，审计人员应当及时以书面形式与被审计单位进行沟通，核对测试结果和数据，确认研究与开发内部控制缺陷事实并在缺陷认定底稿上签章。缺陷评价相关表格如下。

表 12－8　　　中天恒 3C 框架研究与开发内部控制缺陷评价矩阵表

被审计单位名称		被审计单位编码		索引编号	E	页次	
业务流程名称	研究与开发	业务流程编号	3C010	审计人		审计时间	
审计期间		截止日期		复核人		复核时间	

末级流程	关键控制	缺陷类型	缺陷描述	缺陷来源	缺陷性质			评价程序	评价索引	对报表影响	补偿性控制	整改意见
					一般缺陷	重大缺陷	重要缺陷					
立项与研究												
开发与保护												

表 12－9　　　中天恒 3C 框架研究与开发内部控制缺陷评价表

被审计单位名称		被审计单位编码		索引编号	E－1	页次	
业务流程名称	研究与开发	业务流程编号		审计人		审计时间	
关键控制名称		关键控制编号		复核人		复核时间	
影响会计科目		审计期间				截止日期	

缺陷类型	缺陷描述	评价标准	审计组初步认定意见	被审计单位（或当事人）意见及相关说明
缺陷事项证据资料				

5.6　审计评价

研究与开发内部控制审计评价是研究与开发内部控制审计工作的一个重要环节。研究与开发内部控制审计评价的方法很多，比较常用的是评分法。中天恒 3C 框架研制的研究与开发内部控制审计评价表及汇总表如下。

表 12－10　　　中天恒 3C 框架立项与研究内部控制审计评价表

被审计单位名称		被审计单位编码		索引编号	F－1	页次	
业务流程名称	立项与研究	业务流程编号		审计人		审计时间	
审计期间		截止日期		复核人		复核时间	

关键控制名称	评价标准	分值	权重	判断依据	实际得分
立项	企业应当根据实际需要，结合研发计划，提出研究项目立项申请，开展可行性研究，编制可行性研究报告。				
	企业可以组织独立于申请及立项审批之外的专业机构和人员进行评估论证，出具评估意见。				
	研究项目应当按照规定的权限和程序进行审批，重大研究项目应当报经董事会或类似权力机构集体审议决策。审批过程中，应当重点关注研究项目促进企业发展的必要性、技术的先进性以及成果转化的可行性。				

续表

关键控制名称	评价标准	分值	权重	判断依据	实际得分
研究	企业应当加强对研究过程的管理，合理配备专业人员，严格落实岗位责任制，确保研究过程高效、可控。				
	企业应当跟踪检查研究项目进展情况，评估各阶段研究成果，提供足够的经费支持，确保项目按期、保质完成，有效规避研究失败风险。				
	企业研究项目委托外单位承担的，应当采用招标、协议等适当方式确定受托单位，签订外包合同，约定研究成果的产权归属、研究进度和质量标准等相关内容。				
	企业与其他单位合作进行研究的，应当对合作单位进行尽职调查，签订书面合作研究合同，明确双方投资、分工、权利义务、研究成果产权归属等。				
	企业应当建立和完善研究成果验收制度，组织专业人员对研究成果进行独立评审和验收。				
	企业对于通过验收的研究成果，可以委托相关机构进行审查，确认是否申请专利或作为非专利技术、商业秘密等进行管理。				
	企业对于需要申请专利的研究成果，应当及时办理有关专利申请手续。				
	企业应当建立严格的核心研究人员管理制度，明确界定核心研究人员范围和名册清单，签署符合国家有关法律法规要求的保密协议。				
	企业与核心研究人员签订劳动合同时，应当特别约定研究成果归属、离职条件、离职移交程序、离职后保密义务、离职后竞业限制年限及违约责任等内容。				

表 12－11　　中天恒 3C 框架开发与保护内部控制审计评价表

被审计单位名称		被审计单位编码		索引编号	F－2	页次	
业务流程名称	开发与保护	业务流程编号		审计人		审计时间	
审计期间		截止日期		复核人		复核时间	

关键控制名称	评价标准	分值	权重	判断标准	实际得分
开发	企业应当加强研究成果的开发，形成科研、生产、市场一体化的自主创新机制，促进研究成果转化。				
	研究成果的开发应当分步推进，通过试生产充分验证产品性能，在获得市场认可后方可进行批量生产。				
保护	企业应当建立研究成果保护制度。				
	加强对专利权、非专利技术、商业秘密及研发过程中形成的各类涉密图纸、程序、资料的管理。				
	严格按照制度规定借阅和使用。禁止无关人员接触研究成果。				
评估	企业应当建立研发活动评估制度。				
	加强对立项与研究、开发与保护等过程的全面评估。				
	认真总结研发管理经验，分析存在的薄弱环节，完善相关制度和办法，不断改进和提升研发活动的管理水平。				

5.7　形成意见

研究与开发内部控制审计意见，就是对研究与开发内部控制有效性的审计结论，是被审计单位内部控制审计意见的一部分。这项工作是在前面研究与开发内部控制审计工作基础上进行的。

十三、工程项目内部控制审计实务及其模板

1. 审计概念

《企业内部控制应用指引第11号——工程项目》第二条规定："本指引所称工程项目，是指企业自行或者委托其他单位所进行的建造、安装活动。"本指引定义的工程项目，是指企业根据经营管理需要，自行或者委托其他单位进行的建造、安装活动，其目的是形成新的固定资产，或维护、提升既有固定资产性能。工程项目一般工期相对较长，投资数额大，专业技术要求较高，如不加强管理和控制，往往容易发生舞弊行为。事实上，由于工程项目投入资源多、占用资金大、建设工期长、涉及环节多、多种利益关系错综复杂，已经构成了经济犯罪和腐败问题的"高危区"。

工程项目内部控制审计，就是对被审计单位工程项目内部控制设计与运行的有效性的审查和评价活动，对促使被审计单位加强工程项目内部控制建设、防范工程项目风险具有重要意义。

2. 审计依据

工程项目控制审计依据除了国家关于工程项目管理方面的法律法规、企业制定的工程项目管理制度及其《企业内部控制手册》有关工程项目部分的内容外，还应包括包括国家、行业协会、被审计单位有关审计方面的规范及标准等。

3. 审计目标

工程项目内部控制审计目标，就是保证工程项目内部控制设计和运行的有效性，促使企业预防和控制工程项目风险，具体包括：

- 证实工程项目管理内部控制是否建立、健全并有效执行。
- 证实各项工程项目业务是否合法、合规等。

4. 审计内容

工程项目内部控制审计内容，因审计主体、审计要求及其审计方式的不同而不同。采用传统的全面审计方式，工程项目内部控制审计是审查和评价工程项目内部控制设计和运行的有效性两个方面，范围包括工程立项、工程招标、工程造

价、工程建设、工程验收等业务。采用现代以风险为导向审计方式，审计人员应以工程项目风险为导向，审计已经设计完成的工程项目内部控制及其相关的管理制度是否有效执行，是否有效控制了工程项目风险；已经设计有效的工程项目各控制点的控制措施是否有效实施，是否有效防止了各控制环节的风险；是否根据业务、环境等的变化持续改进工程项目内部控制等。

5. 审计程序

关于工程项目内部控制审计程序，中天恒3C框架研制的工程项目内部控制审计一般程序包括工程项目内部控制有效性调查、初步评价、风险评估、控制测试、评价缺陷、审计评价、形成意见等。审计程序表见表13－1。

表13－1　　中天恒3C框架工程项目内部控制审计程序表

被审计单位名称		被审计单位编码		索引编号	0	页次	
业务流程名称	工程项目	业务流程编号		审计人		审计时间	
审计期间		截止日期		复核人		复核时间	

序号	审计程序	细分程序	执行情况说明	工作底稿索引号
1	调查了解	工程项目内部控制有效性调查		A
2	初步评价	工程项目内部控制初步评价		B
3	风险评估	工程项目内部控制风险评估		C
4	控制测试	工程项目内部控制有效性测试		D
5	评价缺陷	工程项目内部控制缺陷评价		E
6	审计评价	工程项目内部控制审计评价		F
7	形成意见	工程项目内部控制审计结果汇总		H
说明		1. 每一个审计程序可细分若干具体程序。 2. 上述审计程序可结合进行，以提高审计工作效率。 3. 在执行每一步骤后，应填写“执行情况说明”一栏。		

5.1　调查了解

调查了解，就是调查了解工程项目内部控制设计和运行的基本情况，是对工程项目内部控制审计实施阶段的首要环节。工程项目调查工作是在内部控制审计总体工作的准备阶段的基础上进行的，涉及具体内容很多，因单位的不同而不同。对工程项目内部控制调查了解的方法有文字叙述法、调查表法、流程图法、控制矩阵法等。这些方法各有其特点，经常综合运用。实际审计工作中，为提高工程项目内部控制审计效率，调查了解工作应同工程项目现场测试工作一并进行，不宜为满足调查而走形式。中天恒 3C 框架研制的工程项目内部控制调查问卷见表 13－2 至表 13－7。

表 13－2　　中天恒 3C 框架工程立项业务内部控制调查问卷

被审计单位名称		被审计单位编码		索引编号	A－1	页次	
业务流程名称	工程立项	业务流程编号		审计人		审计时间	
审计期间		截止日期		复核人		复核时间	
控制要点	调查内容	调查结果			证据名称	被调查部门	被调查人
		是	否	不适应			
项目建议	是否指定专门机构归口管理工程项目，根据发展战略和年度投资计划，提出项目建议书。						
	项目建议书的主要内容是否包括项目的必要性和依据、产品方案、拟建规模、建设地点、投资估算、资金筹措、项目进度安排、经济效果和社会效益的估计、环境影响的初步评价等。						
项目可研	是否指定专门机构归口管理工程项目，开展可行性研究，编制可行性研究报告。						
	可行性研究报告的内容主要是否包括：项目概况，项目建设的必要性，市场预测，项目建设选址及建设条件论证，建设规模和建设内容，项目外部配套建设，环境保护，劳动保护与卫生防疫，消防、节能、节水，总投资及资金来源，经济、社会效益，项目建设周期及进度安排，招投标法规定的相关内容等。						
	是否委托具有相应资质的专业机构开展可行性研究，并按照有关要求形成可行性研究报告。						
项目评审	是否组织规划、工程、技术、财会、法律等部门的专家对项目建议书和可行性研究报告进行充分论证和评审，出具评审意见，作为项目决策的重要依据。						
	在项目评审过程中，是否重点关注项目投资方案、投资规模、资金筹措、生产规模、投资效益、布局选址、技术、安全、设备、环境保护等方面，核实相关资料的来源和取得途径是否真实、可靠和完整。						

续表

控制要点	调查内容	调查结果			证据名称	被调查部门	被调查人
		是	否	不适应			
项目评审	是否委托具有相应资质的专业机构对可行性研究报告进行评审，出具评审意见。						
	从事项目可行性研究的专业机构是否再从事可行性研究报告的评审。						
项目决策	是否按照规定的权限和程序对工程项目进行决策。						
	决策过程是否有完整的书面记录。						
	重大工程项目的立项，是否报经董事会或类似权力机构集体审议批准。						
	总会计师或分管会计工作的负责人是否参与项目决策。						
	任何个人是否单独决策或者擅自改变集体决策意见。						
	工程项目决策失误是否实行责任追究制度。						
项目许可	在工程项目立项后、正式施工前，是否依法取得建设用地、城市规划、环境保护、安全、施工等方面的许可。						

表 13－3　　中天恒 3C 框架工程招标内部控制调查问卷

被审计单位名称		被审计单位编码		索引编号	A－2	页次	
业务流程名称	工程招标	业务流程编号		审计人		审计时间	
审计期间		截止日期		复核人		复核时间	

控制要点	调查内容	调查结果			证据名称	被调查部门	被调查人
		是	否	不适应			
招标	企业的工程项目是否采用公开招标的方式，择优选择具有相应资质的承包单位和监理单位。						
	是否依照国家招投标法的规定，遵循公开、公正、平等竞争的原则，发布招标公告，提供载有招标工程的主要技术要求、主要合同条款、评标的标准和方法，以及开标、评标、定标的程序等内容的招标文件。						

续表

控制要点	调查内容	调查结果			证据名称	被调查部门	被调查人
		是	否	不适应			
招标	是否根据项目特点决定是否编制标底。						
	需要编制标底的，标底编制过程和标底是否严格保密。						
	在确定中标人前，是否与投标人就投标价格、投标方案等实质性内容进行谈判。						
投标	对投标人的信息是否采取严格的保密措施，防止投标人之间串通舞弊。						
	是否科学编制招标公告，合理确定投标人资格要求，尽量扩大潜在投标人的范围，增强市场竞争性。						
	是否严格按照招标公告或资格预审文件中确定的投标人资格条件对投标人进行实质审查，通过查验资质原件、实地考察，或到工商和税务机关调查核实等方式，确定投标人的实际资质，预防假资质中标。						
开标	建设单位是否履行完备的标书签收、登记和保管手续。						
	开标过程是否邀请所有投标人或其代表出席，并委托公证机构进行检查和公证。						
评标	是否依法组建评标委员会。						
	评标委员会是否由企业的代表和有关技术、经济方面的专家组成。						
	评标委员会是否客观、公正地履行职务，遵守职业道德，对所提出的评审意见承担责任。						
	是否采取必要的措施，保证评标在严格保密的情况下进行。						
	评标委员会是否按照招标文件确定的标准和方法，对投标文件进行评审和比较，择优选择中标候选人。						

续表

控制要点	调查内容	调查结果			证据名称	被调查部门	被调查人
		是	否	不适应			
评标	评标委员会成员和参与评标的有关工作人员是否透露对投标文件的评审和比较、中标候选人的推荐情况以及与评标有关的其他情况。						
	评标委员会成员和参与评标的有关工作人员是否私下接触投标人。						
	评标委员会成员和参与评标的有关工作人员是否收受投标人的财物或者其他好处。						
定标	是否按照规定的权限和程序从中标候选人中确定中标人，及时向中标人发出中标通知书，在规定的期限内与中标人订立书面合同，明确双方的权利、义务和违约责任。						
	企业和中标人是否再行订立背离合同实质性内容的其他协议。						

表 13-4　　中天恒 3C 框架工程造价内部控制调查问卷

被审计单位名称		被审计单位编码		索引编号	A-3	页次	
业务流程名称	工程造价	业务流程编号		审计人		审计时间	
审计期间		截止日期		复核人		复核时间	

控制要点	调查内容	调查结果			证据名称	被调查部门	被调查人
		是	否	不适应			
工程设计	是否向招标确定的设计单位提供详细的设计要求和基础资料，进行有效的技术、经济交流。						
	初步设计是否在技术、经济交流的基础上，采用先进的设计管理实务技术，进行多方案比选。						
	施工图设计深度及图纸交付进度是否符合项目要求，防止因设计深度不足、设计缺陷，造成施工组织、工期、工程质量、投资失控以及生产运行成本过高等问题。						
	是否建立设计变更管理制度。						
	设计单位是否提供全面、及时的现场服务。						
	因过失造成设计变更的，是否实行责任追究制度。						

续表

控制要点	调查内容	调查结果			证据名称	被调查部门	被调查人
		是	否	不适应			
工程概预算	是否组织工程、技术、财会等部门的相关专业人员或委托具有相应资质的中介机构对编制的概预算进行审核。						
	工程项目概预算是否按照规定的权限和程序审核批准后执行。						

表 13－5　　中天恒 3C 框架工程建设内部控制调查问卷

被审计单位名称		被审计单位编码		索引编号	A－4	页次	
业务流程名称	工程建设	业务流程编号		审计人		审计时间	
审计期间		截止日期		复核人		复核时间	

控制要点	调查内容	调查结果			证据名称	被调查部门	被调查人
		是	否	不适应			
工程施工	监理单位是否建立监理进度控制体系，明确相关程序、要求和责任。						
	承包单位是否按合同规定的工程进度编制详细的分阶段或分项进度计划，报送监理机构审批后，严格按照进度计划开展工作。						
	制定的进度计划是否适合建设工程的实际条件和施工现场的实际情况，并与承包单位劳动力、材料、机械设备的供应计划协调一致。						
	承包单位是否至少应按月对完成投资情况进行统计、分析和对比，工程的实际进度与批准的合同进度计划不符时，承包单位应提交修订合同进度计划的申请报告，并附原因分析和相关措施，报监理机构审批。						
	承包单位是否建立全面的质量控制制度，按照国家相关法律法规和本单位质量控制体系进行建设，并在施工前列出重要的质量控制点，报经监理机构同意后，在此基础上实施质量预控。						

续表

控制要点	调查内容	调查结果			证据名称	被调查部门	被调查人
		是	否	不适应			
工程施工	承包单位是否按合同约定对材料、工程设备以及工程的所有部位及其施工工艺进行全过程的质量检查和检验，定期编制工程质量报表，报送监理机构审查。关键工序作业人员必须持证上岗。						
	监理机构是否有权对工程的所有部位及其施工工艺进行检查验收，发现工程质量不符合要求的，应当要求承包单位立即返工修改，直至符合验收标准为止。						
	建设单位是否加强对施工单位的安全检查，并授权监理机构按合同约定的安全工作内容监督、检查承包单位安全工作的实施。						
	工程监理单位和监理工程师是否按照法律、法规和工程建设强制性标准实施监理，并对建设工程安全生产承担监理责任。						
	在实施监理过程中，发现存在安全事故隐患的，是否要求施工单位整改。						
	在实施监理过程中，发现存在安全事故隐患的，且情况严重的，是否要求施工单位暂时停止施工，并及时报告建设单位。						
	承包单位是否设立安全生产管理机构，配备专职安全生产管理人员，依法建立安全生产、文明施工管理制度，细化各项安全防范措施。						
	承包单位是否对所承担的建设工程进行定期和专项安全检查，并做好安全检查记录。						
	监理单位是否建立监理进度控制体系，明确相关程序、要求和责任。						
工程物资	按照合同约定，企业自行采购工程物资的，是否按照《企业内部控制应用指引第 7 号——采购业务》等相关指引的规定，组织工程物资采购、验收和付款。						

续表

控制要点	调查内容	调查结果			证据名称	被调查部门	被调查人
		是	否	不适应			
工程物资	由承包单位采购工程物资的，是否加强监督，确保工程物资采购符合设计标准和合同要求。						
	是否严禁不合格工程物资投入工程项目建设。						
	重大设备和大宗材料的采购是否根据有关招标采购的规定执行。						
工程监理	是否实行严格的工程监理制度，委托经过招标确定的监理单位进行监理。						
	工程监理单位是否依照国家法律法规及相关技术标准、设计文件和工程承包合同，对承包单位在施工质量、工期、进度、安全和资金使用等方面实施监督。						
	工程监理人员是否具备良好的职业操守，客观公正地执行监理任务。						
	工程监理人员发现工程施工不符合设计要求、施工技术标准和合同约定的，是否要求承包单位改正。						
	工程监理人员发现工程设计不符合建筑工程质量标准或者合同约定的质量要求的，是否报告企业要求设计单位改正。						
工程价款	企业财会部门是否加强与承包单位的沟通，准确掌握工程进度。						
	根据合同约定，按照规定的审批权限和程序办理工程价款结算，是否无故拖欠。						
工程变更	企业是否严格控制工程变更。						
	确需变更的，是否按照规定的权限和程序进行审批。						
	重大的项目变更是否按照项目决策和概预算控制的有关程序和要求重新履行审批手续。						
	因工程变更等原因造成价款支付方式及金额发生变动的，是否提供完整的书面文件和其他相关资料，并对工程变更价款的支付进行严格审核。						

表 13－6　　中天恒 3C 框架工程验收内部控制调查问卷

被审计单位名称		被审计单位编码		索引编号	A－5	页次		
业务流程名称	工程验收	业务流程编号		审计人		审计时间		
审计期间		截止日期		复核人		复核时间		

控制要点	调查内容	调查结果			证据名称	被调查部门	被调查人
		是	否	不适应			
竣工决算	是否组织审核竣工决算。						
	是否加强竣工决算审计。						
	未实施竣工决算审计的工程项目，是否办理竣工验收手续。						
竣工验收	是否及时组织工程项目竣工验收。						
	交付竣工验收的工程项目，是否符合规定的质量标准，有完整的工程技术经济资料，并具备国家规定的其他竣工条件。						
	验收合格的工程项目，是否编制交付使用财产清单，及时办理交付使用手续。						
工程档案	是否按照国家有关档案管理的规定，及时收集、整理工程建设各环节的文件资料，建立完整的工程项目档案。						

表 13－7　　中天恒 3C 框架项目后评估内部控制调查问卷

被审计单位名称		被审计单位编码		索引编号	A－6	页次		
业务流程名称	项目后评估	业务流程编号		审计人		审计时间		
审计期间		截止日期		复核人		复核时间		

控制要点	调查内容	调查结果			证据名称	被调查部门	被调查人
		是	否	不适应			
项目后评估	是否当建立完工项目后评估制度。						
	是否重点评价工程项目预期目标的实现情况和项目投资效益等，并以此作为绩效考核和责任追究的依据。						

5.2 初步评价

对工程项目内部控制初步评价，可通过问题调查表和初步评价表进行反映。工程项目初步评价可以结合调查了解程序一起进行，也可以独立进行。

5.3 风险评估

按照风险导向审计理论，审计人员进行工程项目内部控制审计应当以风险评估为基础，选择拟测试的控制，确定测试所需要收集的证据。工程项目风险评估，就是识别、分析、评价工程项目方面的风险。从中天恒管理咨询公司内部控制与风险管理咨询的实践来看，工程项目风险应识别和描述：

➢ 立项缺乏可行性研究或者可行性研究流于形式，决策不当，盲目上马，可能导致难以实现预期效益或项目失败。

➢ 项目招标暗箱操作，存在商业贿赂，可能导致中标人实质上难以承担工程项目、中标价格失实及相关人员涉案。

➢ 工程造价信息不对称，技术方案不落实，概预算脱离实际，可能导致项目投资失控。

➢工程物资质次价高，工程监理不到位，项目资金不落实，可能导致工程质量低劣，进度延迟或中断。

➢ 竣工验收不规范，最终把关不严，可能导致工程交付使用后存在重大隐患。

中天恒3C框架研制的工程项目风险评估表见表13－8。

表13－8　　中天恒3C框架工程项目风险评估表

被审计单位名称		被审计单位编码		索引编号	C	页次	
业务流程名称	工程项目	业务流程编号	3C11	审计人		审计时间	
审计期间		截止日期		复核人		复核时间	

流程编号	一级流程	二级流程	风险描述	可能性	影响程度	风险排序
3C11	工程项目		立项缺乏可行性研究或者可行性研究流于形式，决策不当，盲目上马，可能导致难以实现预期效益或项目失败。 项目招标暗箱操作，存在商业贿赂，可能导致中标人实质上难以承担工程项目、中标价格失实及相关人员涉案。 工程造价信息不对称，技术方案不落实，概预算脱离实际，可能导致项目投资失控。			

续表

流程编号	一级流程	二级流程	风险描述	可能性	影响程度	风险排序
3C11	工程项目		工程物资质次价高，工程监理不到位，项目资金不落实，可能导致工程质量低劣，进度延迟或中断。 竣工验收不规范，最终把关不严，可能导致工程交付使用后存在重大隐患。			
3C11.01		工程立项				
3C11.02		工程招标				
3C11.03		工程造价				
3C11.04		工程建设				
3C11.05		工程验收				
3C11.06		项目后评价				

5.4　控制测试

工程项目内部控制测试，就是审计人员现场测试工程项目内部控制设计和运行的有效性。对工程项目内部控制设计有效性测试时，审计人员应当综合运用询问适当人员、观察经营活动和检查相关文件等程序。对工程项目内部控制运行有效性测试，审计人员应当综合运用询问适当人员、观察经营活动、检查相关文件以及重新执行控制等程序。审计实践中，审计人员对工程项目内部控制设计有效性和运行有效性是一并进行测试的，测试重点是工程项目关键控制。中天恒3C框架研究开发的工程项目内部控制测试工具包括工程项目内部控制有效性测试矩阵表、测试表、汇总分析表等，具体格式及要素见下列各表。

表13-9　　中天恒3C框架工程立项内部控制有效性测试矩阵表

被审计单位名称		被审计单位编码		索引编号	D-1	页次	
业务流程名称	工程立项	业务流程编号	3C11.01	审计人		审计时间	
审计期间		截止日期		复核人		复核时间	

关键控制名称	关键控制编号	控制方式	控制频率	样本总体	样本数量	测试要点	证据材料	测试程序	测试结果	交叉索引
项目建议	K1					是否指定专门机构归口管理工程项目，根据发展战略和年度投资计划，提出项目建议书。				

续表

关键控制名称	关键控制编号	控制方式	控制频率	样本总体	样本数量	测试要点	证据材料	测试程序	测试结果	交叉索引
项目建议	K1					项目建议书的主要内容是否包括项目的必要性和依据、产品方案、拟建规模、建设地点、投资估算、资金筹措、项目进度安排、经济效果和社会效益的估计、环境影响的初步评价等。				
项目可研	K2					是否指定专门机构归口管理工程项目，开展可行性研究，编制可行性研究报告。				
						可行性研究报告的内容主要是否包括：项目概况，项目建设的必要性，市场预测，项目建设选址及建设条件论证，建设规模和建设内容，项目外部配套建设，环境保护，劳动保护与卫生防疫，消防、节能、节水，总投资及资金来源，经济、社会效益，项目建设周期及进度安排，招投标法规定的相关内容等。				
						是否委托具有相应资质的专业机构开展可行性研究，并按照有关要求形成可行性研究报告。				
项目评审	K3					是否组织规划、工程、技术、财会、法律等部门的专家对项目建议书和可行性研究报告进行充分论证和评审，出具评审意见，作为项目决策的重要依据。				
						在项目评审过程中，是否重点关注项目投资方案、投资规模、资金筹措、生产规模、投资效益、布局选址、技术、安全、设备、环境保护等方面，核实相关资料的来源和取得途径是否真实、可靠和完整。				
						是否委托具有相应资质的专业机构对可行性研究报告进行评审，出具评审意见。				
						从事项目可行性研究的专业机构是否再从事可行性研究报告的评审。				

续表

关键控制名称	关键控制编号	控制方式	控制频率	样本总体	样本数量	测试要点	证据材料	测试程序	测试结果	交叉索引
项目决策	K4					是否按照规定的权限和程序对工程项目进行决策。				
						决策过程是否有完整的书面记录。				
						重大工程项目的立项，是否报经董事会或类似权力机构集体审议批准。				
						总会计师或分管会计工作的负责人是否参与项目决策。				
						任何个人是否单独决策或者擅自改变集体决策意见。				
项目许可	K5					在工程项目立项后、正式施工前，是否依法取得建设用地、城市规划、环境保护、安全、施工等方面的许可。				

测试结论	设计有效性							运行有效性						
	有效	控制薄弱环节说明						有效	控制薄弱环节说明					
		控制不符合实际	应有的控制不存在	风险识别不准确	未设计控制证据	控制矩阵编制不规范	其他		制度未执行	措施未落实	控制证据不足	设计不适应	监控不力	其他

表 13－10　　中天恒 3C 框架工程招标内部控制有效性测试矩阵表

被审计单位名称		被审计单位编码		索引编号	D－2	页次	
业务流程名称	工程招标	业务流程编号	3C11.02	审计人		审计时间	
审计期间		截止日期		复核人		复核时间	

关键控制名称	关键控制编号	控制方式	控制频率	样本总体	样本数量	测试要点	证据材料	测试程序	测试结果	交叉索引
招标	K1					企业的工程项目一般是否采用公开招标的方式，择优选择具有相应资质的承包单位和监理单位。				

续表

关键控制名称	关键控制编号	控制方式	控制频率	样本总体	样本数量	测试要点	证据材料	测试程序	测试结果	交叉索引
招标	K1					是否依照国家招投标法的规定，遵循公开、公正、平等竞争的原则，发布招标公告，提供载有招标工程的主要技术要求、主要合同条款、评标的标准和方法，以及开标、评标、定标的程序等内容的招标文件。				
						是否根据项目特点决定是否编制标底。				
						需要编制标底的，标底编制过程和标底是否严格保密。				
						在确定中标人前，是否与投标人就投标价格、投标方案等实质性内容进行谈判。				
投标	K2					对投标人的信息是否采取严格的保密措施，防止投标人之间串通舞弊。				
						是否科学编制招标公告，合理确定投标人资格要求，尽量扩大潜在投标人的范围，增强市场竞争性。				
						是否严格按照招标公告或资格预审文件中确定的投标人资格条件对投标人进行实质审查，通过查验资质原件、实地考察，或到工商和税务机关调查核实等方式，确定投标人的实际资质，预防假资质中标。				
开标	K3					建设单位是否履行完备的标书签收、登记和保管手续。				
						开标过程是否邀请所有投标人或其代表出席，并委托公证机构进行检查和公证。				
评标	K4					是否依法组建评标委员会。				
						评标委员会是否由企业的代表和有关技术、经济方面的专家组成。				

续表

关键控制名称	关键控制编号	控制方式	控制频率	样本总体	样本数量	测试要点	证据材料	测试程序	测试结果	交叉索引
评标	K4					评标委员会是否客观、公正地履行职务，遵守职业道德，对所提出的评审意见承担责任。				
						是否采取必要的措施，保证评标在严格保密的情况下进行。				
						评标委员会是否按照招标文件确定的标准和方法，对投标文件进行评审和比较，择优选择中标候选人。				
						评标委员会成员和参与评标的有关工作人员是否透露对投标文件的评审和比较、中标候选人的推荐情况以及与评标有关的其他情况。				
						评标委员会成员和参与评标的有关工作人员是否私下接触投标人。				
						评标委员会成员和参与评标的有关工作人员是否是否收受投标人的财物或者其他好处。				
定标	K5					是否按照规定的权限和程序从中标候选人中确定中标人，及时向中标人发出中标通知书，在规定的期限内与中标人订立书面合同，明确双方的权利、义务和违约责任。				
						企业和中标人是否再行订立背离合同实质性内容的其他协议。				

<table>
<tr><td rowspan="4">测试结论</td><td colspan="7">设计有效性</td><td colspan="7">运行有效性</td></tr>
<tr><td rowspan="2">有效</td><td colspan="6">控制薄弱环节说明</td><td rowspan="2">有效</td><td colspan="6">控制薄弱环节说明</td></tr>
<tr><td>控制不符合实际</td><td>应有的控制不存在</td><td>风险识别不准确</td><td>未设计控制证据</td><td>控制矩阵编制不规范</td><td>其他</td><td>制度未执行</td><td>措施未落实</td><td>控制证据不足</td><td>设计不适应</td><td>监控不力</td><td>其他</td></tr>
<tr><td></td><td></td><td></td><td></td><td></td><td></td><td></td><td></td><td></td><td></td><td></td><td></td><td></td><td></td></tr>
</table>

表 13－11　　中天恒 3C 框架工程造价内部控制有效性测试矩阵表

被审计单位名称		被审计单位编码		索引编号	D－3	页次	
业务流程名称	工程造价	业务流程编号	3C11.03	审计人		审计时间	
审计期间		截止日期		复核人		复核时间	

关键控制名称	关键控制编号	控制方式	控制频率	样本总体	样本数量	测试要点	证据材料	测试程序	测试结果	交叉索引
工程设计	K1					是否向招标确定的设计单位提供详细的设计要求和基础资料，进行有效的技术、经济交流。				
						初步设计是否在技术、经济交流的基础上，采用先进的设计管理实务技术，进行多方案比选。				
						施工图设计深度及图纸交付进度是否符合项目要求，防止因设计深度不足、设计缺陷，造成施工组织、工期、工程质量、投资失控以及生产运行成本过高等问题。				
						是否建立设计变更管理制度。				
						设计单位是否提供全面、及时的现场服务。				
工程概预算	K2					是否组织工程、技术、财会等部门的相关专业人员或委托具有相应资质的中介机构对编制的概预算进行审核。				
						工程项目概预算是否按照规定的权限和程序审核批准后执行。				

测试结论	设计有效性							运行有效性						
	有效	控制薄弱环节说明						有效	控制薄弱环节说明					
		控制不符合实际	应有的控制不存在	风险识别不准确	未设计控制证据	控制矩阵编制不规范	其他		制度未执行	措施未落实	控制证据不足	设计不适应	监控不力	其他

表 13-12　中天恒 3C 框架工程建设内部控制有效性测试矩阵表

被审计单位名称		被审计单位编码		索引编号	D-4	页次	
业务流程名称	工程建设	业务流程编号	3C11.03	审计人		审计时间	
审计期间		截止日期		复核人		复核时间	

关键控制名称	关键控制编号	控制方式	控制频率	样本总体	样本数量	测试要点	证据材料	测试程序	测试结果	交叉索引
工程施工	K1					监理单位是否建立监理进度控制体系，明确相关程序、要求和责任。				
						承包单位是否按合同规定的工程进度编制详细的分阶段或分项进度计划，报送监理机构审批后，严格按照进度计划开展工作。				
						制定的进度计划是否适合建设工程的实际条件和施工现场的实际情况，并与承包单位劳动力、材料、机械设备的供应计划协调一致。				
						承包单位是否至少应按月对完成投资情况进行统计、分析和对比，工程的实际进度与批准的合同进度计划不符时，承包单位应提交修订合同进度计划的申请报告，并附原因分析和相关措施，报监理机构审批。				
						承包单位是否建立全面的质量控制制度，按照国家相关法律法规和本单位质量控制体系进行建设，并在施工前列出重要的质量控制点，报经监理机构同意后，在此基础上实施质量预控。				
						承包单位是否按合同约定对材料、工程设备以及工程的所有部位及其施工工艺进行全过程的质量检查和检验，定期编制工程质量报表，报送监理机构审查。关键工序作业人员必须持证上岗。				
						监理机构是否有权对工程的所有部位及其施工工艺进行检查验收，发现工程质量不符合要求的，应当要求承包单位立即返工修改，直至符合验收标准为止。				

续表

关键控制名称	关键控制编号	控制方式	控制频率	样本总体	样本数量	测试要点	证据材料	测试程序	测试结果	交叉索引
工程施工	K1					建设单位是否加强对施工单位的安全检查，并授权监理机构按合同约定的安全工作内容监督、检查承包单位安全工作的实施。				
						工程监理单位和监理工程师是否按照法律、法规和工程建设强制性标准实施监理，并对建设工程安全生产承担监理责任。				
						在实施监理过程中，发现存在安全事故隐患的，是否要求施工单位整改。				
						在实施监理过程中，发现存在安全事故隐患的，且情况严重的，是否要求施工单位暂时停止施工，并及时报告建设单位。				
						承包单位是否设立安全生产管理机构，配备专职安全生产管理人员，依法建立安全生产、文明施工管理制度，细化各项安全防范措施。				
						承包单位是否对所承担的建设工程进行定期和专项安全检查，并做好安全检查记录。				
						监理单位是否建立监理进度控制体系，明确相关程序、要求和责任。				
工程物资	K2					按照合同约定，企业自行采购工程物资的，是否按照《企业内部控制应用指引第7号——采购业务》等相关指引的规定，组织工程物资采购、验收和付款。				
						由承包单位采购工程物资的，是否加强监督，确保工程物资采购符合设计标准和合同要求。				
						是否严禁不合格工程物资投入工程项目建设。				

续表

关键控制名称	关键控制编号	控制方式	控制频率	样本总体	样本数量	测试要点	证据材料	测试程序	测试结果	交叉索引
工程监理	K3					是否实行严格的工程监理制度，委托经过招标确定的监理单位进行监理。				
						工程监理单位是否依照国家法律法规及相关技术标准、设计文件和工程承包合同，对承包单位在施工质量、工期、进度、安全和资金使用等方面实施监督。				
						工程监理人员是否具备良好的职业操守，客观公正地执行监理任务。				
						工程监理人员发现工程施工不符合设计要求、施工技术标准和合同约定的，是否要求承包单位改正。				
						工程监理人员发现工程设计不符合建筑工程质量标准或者合同约定的质量要求的，是否报告企业要求设计单位改正。				
工程价款	K4					企业财会部门是否加强与承包单位的沟通，准确掌握工程进度。				
						根据合同约定，按照规定的审批权限和程序办理工程价款结算，是否无故拖欠。				
工程变更	K5					企业是否严格控制工程变更。				
						确需变更的，是否按照规定的权限和程序进行审批。				
						重大的项目变更是否按照项目决策和概预算控制的有关程序和要求重新履行审批手续。				

续表

关键控制名称	关键控制编号	控制方式	控制频率	样本总体	样本数量	测试要点	证据材料	测试程序	测试结果	交叉索引
工程变更	K5					因工程变更等原因造成价款支付方式及金额发生变动的，是否提供完整的书面文件和其他相关资料，并对工程变更价款的支付进行严格审核。				

测试结论	设计有效性							运行有效性						
	有效	控制薄弱环节说明						有效	控制薄弱环节说明					
		控制不符合实际	应有的控制不存在	风险识别不准确	未设计控制证据	控制矩阵编制不规范	其他		制度未执行	措施未落实	控制证据不足	设计不适应	监控不力	其他

表 13－13　　中天恒 3C 框架工程验收内部控制有效性测试矩阵表

被审计单位名称		被审计单位编码		索引编号	D－5	页次	
业务流程名称	工程验收	业务流程编号	3C11.03	审计人		审计时间	
审计期间		截止日期		复核人		复核时间	

关键控制名称	关键控制编号	控制方式	控制频率	样本总体	样本数量	测试要点	证据材料	测试程序	测试结果	交叉索引
竣工决算	K1					是否组织审核竣工决算。				
						是否加强竣工决算审计。				
						未实施竣工决算审计的工程项目，是否办理竣工验收手续。				
竣工验收	K2					是否及时组织工程项目竣工验收。				
						交付竣工验收的工程项目，是否符合规定的质量标准，有完整的工程技术经济资料，并具备国家规定的其他竣工条件。				
						验收合格的工程项目，是否编制交付使用财产清单，及时办理交付使用手续。				

续表

关键控制名称	关键控制名称	控制方式	控制频率	样本总体	样本数量	测试要点	证据材料	测试程序	测试结果	交叉索引
工程档案	K3					是否按照国家有关档案管理的规定，及时收集、整理工程建设各环节的文件资料，建立完整的工程项目档案。				

<table>
<tr><td rowspan="4">测试结论</td><td colspan="7">设计有效性</td><td colspan="7">运行有效性</td></tr>
<tr><td rowspan="2">有效</td><td colspan="6">控制薄弱环节说明</td><td rowspan="2">有效</td><td colspan="6">控制薄弱环节说明</td></tr>
<tr><td>控制不符合实际</td><td>应有的控制不存在</td><td>风险识别不准确</td><td>未设计控制证据</td><td>控制矩阵编制不规范</td><td>其他</td><td>制度未执行</td><td>措施未落实</td><td>控制证据不足</td><td>设计不适应</td><td>监控不力</td><td>其他</td></tr>
<tr><td></td><td></td><td></td><td></td><td></td><td></td><td></td><td></td><td></td><td></td><td></td><td></td><td></td><td></td></tr>
</table>

表 13-14　中天恒 3C 框架工程项目后评估内部控制有效性测试矩阵表

被审计单位名称		被审计单位编码		索引编号	D-6	页次	
业务流程名称	项目后评估	业务流程编号	3C11.03	审计人		审计时间	
审计期间		截止日期		复核人		复核时间	

关键控制名称	关键控制编号	控制方式	控制频率	样本总体	样本数量	测试要点	证据材料	测试程序	测试结果	交叉索引
项目后评估	K1					是否建立完工项目后评估制度。				
						是否重点评价工程项目预期目标的实现情况和项目投资效益等，并以此作为绩效考核和责任追究的依据。				

5.5　评价缺陷

评价工程项目控制缺陷，就是对工程项目内部控制存在的设计和执行有效性方面的缺陷进行分析和评价。对已发现的工程项目内部控制重大缺陷，审计人员应当及时以书面形式与被审计单位进行沟通，核对测试结果和数据，确认工程项目内部控制缺陷事实并在缺陷认定底稿上签章。缺陷评价表格见表 3-15、表 3-16。

表 13－15　　中天恒 3C 框架工程项目内部控制缺陷评价矩阵表

被审计单位名称		被审计单位编码		索引编号	E	页次	
业务流程名称	工程项目	业务流程编号	3C11	审计人		审计时间	
审计期间		截止日期		复核人		复核时间	

末级流程	关键控制	缺陷类型	缺陷描述	缺陷来源	缺陷性质			评价程序	评价索引	对报表影响	补偿性控制	整改意见
					一般缺陷	重大缺陷	重要缺陷					
工程立项												
工程招标												
工程造价												
工程建设												
工程验收												
项目后评估												

表 13－16　　中天恒 3C 框架工程项目内部控制缺陷评价表

被审计单位名称		被审计单位编码		索引编号	E－1	页次	
业务流程名称	工程项目	业务流程编号		审计人		审计时间	
关键控制名称		关键控制编号		复核人		复核时间	
影响会计科目		审计期间				截止日期	

缺陷类型	缺陷描述	评价标准	审计组初步认定意见	被审计单位（或当事人）意见及相关说明
缺陷事项证据资料				

5.6　审计评价

工程项目内部控制审计评价是工程项目内部控制审计工作的一个重要环节。工程项目内部控制审计评价的方法很多，比较常用的是评分法。中天恒 3C 框架研制的工程项目内部控制审计评价表及汇总表如下。

表 13－17　　中天恒 3C 框架工程立项内部控制审计评价表

被审计单位名称		被审计单位编码		索引编号	F－1	页次	
业务流程名称	工程立项	业务流程编号		审计人		审计时间	
审计期间		截止日期		复核人		复核时间	

关键控制名称	评价标准	分值	权重	判断依据	实际得分
项目建议	指定专门机构归口管理工程项目，根据发展战略和年度投资计划，提出项目建议书。				
	项目建议书的主要内容包括项目的必要性和依据、产品方案、拟建规模、建设地点、投资估算、资金筹措、项目进度安排、经济效果和社会效益的估计、环境影响的初步评价等。				
项目可研	指定专门机构归口管理工程项目，开展可行性研究，编制可行性研究报告。				
	可行性研究报告的内容主要包括：项目概况，项目建设的必要性，市场预测，项目建设选址及建设条件论证，建设规模和建设内容，项目外部配套建设，环境保护，劳动保护与卫生防疫，消防、节能、节水，总投资及资金来源，经济、社会效益，项目建设周期及进度安排，招投标法规定的相关内容等。				
	委托具有相应资质的专业机构开展可行性研究，并按照有关要求形成可行性研究报告。				
项目评审	组织规划、工程、技术、财会、法律等部门的专家对项目建议书和可行性研究报告进行充分论证和评审，出具评审意见，作为项目决策的重要依据。				
	在项目评审过程中，重点关注项目投资方案、投资规模、资金筹措、生产规模、投资效益、布局选址、技术、安全、设备、环境保护等方面，核实相关资料的来源和取得途径是否真实、可靠和完整。				
	委托具有相应资质的专业机构对可行性研究报告进行评审，出具评审意见。				

续表

关键控制名称	评价标准	分值	权重	判断依据	实际得分
项目决策	按照规定的权限和程序对工程项目进行决策。				
	决策过程有完整的书面记录。				
	重大工程项目的立项，报经董事会或类似权力机构集体审议批准。				
	总会计师或分管会计工作的负责人参与项目决策。				
	任何个人单独决策或者擅自改变集体决策意见。				
	工程项目决策失误实行责任追究制度。				
项目许可	在工程项目立项后、正式施工前，依法取得建设用地、城市规划、环境保护、安全、施工等方面的许可。				

表 13－18　　中天恒 3C 框架工程招标内部控制审计评价表

被审计单位名称		被审计单位编码		索引编号	F－2	页次	
业务流程名称	工程招标	业务流程编号		审计人		审计时间	
审计期间		截止日期		复核人		复核时间	

关键控制名称	评价标准	分值	权重	判断标准	实际得分
招标	企业的工程项目一般应当采用公开招标的方式，择优选择具有相应资质的承包单位和监理单位。				
	在选择承包单位时，企业可以将工程的勘察、设计、施工、设备采购一并发包给一个项目总承包单位，也可以将其中的一项或者多项发包给一个工程总承包单位，但不得违背工程施工组织设计和招标设计计划，将应由一个承包单位完成的工程肢解为若干部分发包给几个承包单位。				
	企业应当依照国家招投标法的规定，遵循公开、公正、平等竞争的原则，发布招标公告，提供载有招标工程的主要技术要求、主要合同条款、评标的标准和方法，以及开标、评标、定标的程序等内容的招标文件。				
	企业可以根据项目特点决定是否编制标底。需要编制标底的，标底编制过程和标底应当严格保密。				
	在确定中标人前，企业不得与投标人就投标价格、投标方案等实质性内容进行谈判。				

续表

关键控制名称	评价标准	分值	权重	判断标准	实际得分
投标	对投标人的信息采取严格的保密措施，防止投标人之间串通舞弊。				
	科学编制招标公告，合理确定投标人资格要求，尽量扩大潜在投标人的范围，增强市场竞争性。				
	严格按照招标公告或资格预审文件中确定的投标人资格条件对投标人进行实质审查，通过查验资质原件、实地考察，或到工商和税务机关调查核实等方式，确定投标人的实际资质，预防假资质中标。				
	建设单位应当履行完备的标书签收、登记和保管手续。签收人要记录投标文件签收日期、地点和密封状况，签收标书后应将投标文件存放在安全保密的地方，任何人不得在开标前开启投标文件。				
开标	开标过程应邀请所有投标人或其代表出席，并委托公证机构进行检查和公证。				
评标	企业应当依法组建评标委员会。评标委员会由企业的代表和有关技术、经济方面的专家组成。评标委员会应当客观、公正地履行职务，遵守职业道德，对所提出的评审意见承担责任。				
	企业应当采取必要的措施，保证评标在严格保密的情况下进行。评标委员会应当按照招标文件确定的标准和方法，对投标文件进行评审和比较，择优选择中标候选人。				
	评标委员会成员和参与评标的有关工作人员不得透露对投标文件的评审和比较、中标候选人的推荐情况以及与评标有关的其他情况，不得私下接触投标人，不得收受投标人的财物或者其他好处。				
定标	企业应当按照规定的权限和程序从中标候选人中确定中标人，及时向中标人发出中标通知书，在规定的期限内与中标人订立书面合同，明确双方的权利、义务和违约责任。				
	企业和中标人不得再行订立背离合同实质性内容的其他协议。				

表 13 – 19　　中天恒 3C 框架工程造价内部控制审计评价表

被审计单位名称		被审计单位编码		索引编号	F – 4	页次	
业务流程名称	工程造价	业务流程编号		审计人		审计时间	
审计期间		截止日期		复核人		复核时间	

关键控制名称	评价标准	分值	权重	判断标准	实际得分
工程设计	企业应当向招标确定的设计单位提供详细的设计要求和基础资料，进行有效的技术、经济交流。				
	初步设计应当在技术、经济交流的基础上，采用先进的设计管理实务技术，进行多方案比选。				
	施工图设计深度及图纸交付进度应当符合项目要求，防止因设计深度不足、设计缺陷，造成施工组织、工期、工程质量、投资失控以及生产运行成本过高等问题。				
	企业应当建立设计变更管理制度。设计单位应当提供全面、及时的现场服务。因过失造成设计变更的，应当实行责任追究制度。				
工程概预算	企业应当组织工程、技术、财会等部门的相关专业人员或委托具有相应资质的中介机构对编制的概预算进行审核，重点审查编制依据、项目内容、工程量的计算、定额套用等是否真实、完整和准确				
	工程项目概预算按照规定的权限和程序审核批准后执行。				

表 13 – 20　　中天恒 3C 框架工程建设内部控制审计评价表

被审计单位名称		被审计单位编码		索引编号	F – 4	页次	
业务流程名称	工程建设	业务流程编号		审计人		审计时间	
审计期间		截止日期		复核人		复核时间	

关键控制名称	评价标准	分值	权重	判断标准	实际得分
工程施工	监理单位应当建立监理进度控制体系，明确相关程序、要求和责任。				

续表

关键控制名称	评价标准	分值	权重	判断标准	实际得分
工程施工	承包单位应按合同规定的工程进度编制详细的分阶段或分项进度计划，报送监理机构审批后，严格按照进度计划开展工作。制定的进度计划应当适合建设工程的实际条件和施工现场的实际情况，并与承包单位劳动力、材料、机械设备的供应计划协调一致。确需调整进度的，必须优先保证质量，并同建设单位、监理机构达成一致意见。				
	承包单位至少应按月对完成投资情况进行统计、分析和对比，工程的实际进度与批准的合同进度计划不符时，承包单位应提交修订合同进度计划的申请报告，并附原因分析和相关措施，报监理机构审批。				
	承包单位应当建立全面的质量控制制度，按照国家相关法律法规和本单位质量控制体系进行建设，并在施工前列出重要的质量控制点，报经监理机构同意后，在此基础上实施质量预控。				
	承包单位应按合同约定对材料、工程设备以及工程的所有部位及其施工工艺进行全过程的质量检查和检验，定期编制工程质量报表，报送监理机构审查。关键工序作业人员必须持证上岗。				
	监理机构有权对工程的所有部位及其施工工艺进行检查验收，发现工程质量不符合要求的，应当要求承包单位立即返工修改，直至符合验收标准为止。对于主要工序作业，只有监理机构审验后，才能进行下道工序。				
	建设单位应当加强对施工单位的安全检查，并授权监理机构按合同约定的安全工作内容监督、检查承包单位安全工作的实施。				
	工程监理单位和监理工程师应当按照法律、法规和工程建设强制性标准实施监理，并对建设工程安全生产承担监理责任。在实施监理过程中，发现存在安全事故隐患的，应当要求施工单位整改；情况严重的，应当要求施工单位暂时停止施工，并及时报告建设单位。				

续表

关键控制名称	评价标准	分值	权重	判断标准	实际得分
工程物资	按照合同约定，企业自行采购工程物资的，应当按照《企业内部控制应用指引第 7 号——采购业务》等相关指引的规定，组织工程物资采购、验收和付款；由承包单位采购工程物资的，企业应当加强监督，确保工程物资采购符合设计标准和合同要求。严禁不合格工程物资投入工程项目建设。				
	重大设备和大宗材料的采购应当根据有关招标采购的规定执行。				
工程监理	企业应当实行严格的工程监理制度，委托经过招标确定的监理单位进行监理。				
	工程监理单位应当依照国家法律法规及相关技术标准、设计文件和工程承包合同，对承包单位在施工质量、工期、进度、安全和资金使用等方面实施监督。				
	工程监理人员应当具备良好的职业操守，客观公正地执行监理任务，发现工程施工不符合设计要求、施工技术标准和合同约定的，应当要求承包单位改正；发现工程设计不符合建筑工程质量标准或者合同约定的质量要求的，应当报告企业，要求设计单位改正。				
	未经工程监理人员签字，工程物资不得在工程上使用或者安装，不得进行下一道工序施工，不得拨付工程价款，不得进行竣工验收。				
工程价款	企业财会部门应当加强与承包单位的沟通，准确掌握工程进度，根据合同约定，按照规定的审批权限和程序办理工程价款结算，不得无故拖欠。				
工程变更	企业应当严格控制工程变更，确需变更的，应当按照规定的权限和程序进行审批。				
	重大的项目变更应当按照项目决策和概预算控制的有关程序和要求重新履行审批手续。				
	因工程变更等原因造成价款支付方式及金额发生变动的，应当提供完整的书面文件和其他相关资料，并对工程变更价款的支付进行严格审核。				

表 13－21　　中天恒 3C 框架工程验收内部控制审计评价表

被审计单位名称		被审计单位编码		索引编号	F－5	页次	
业务流程名称	工程验收	业务流程编号		审计人		审计时间	
审计期间		截止日期		复核人		复核时间	

关键控制名称	评价标准	分值	权重	判断标准	实际得分
竣工决算	企业应当组织审核竣工决算，重点审查决算依据是否完备，相关文件资料是否齐全，竣工清理是否完成，决算编制是否正确。				
	企业应当加强竣工决算审计，未实施竣工决算审计的工程项目，不得办理竣工验收手续。				
竣工验收	企业应当及时组织工程项目竣工验收。交付竣工验收的工程项目，应当符合规定的质量标准，有完整的工程技术经济资料，并具备国家规定的其他竣工条件。				
	验收合格的工程项目，应当编制交付使用财产清单，及时办理交付使用手续。				
工程档案	企业应当按照国家有关档案管理的规定，及时收集、整理工程建设各环节的文件资料，建立完整的工程项目档案。				

表 13－22　　中天恒 3C 框架项目后评估内部控制审计评价表

被审计单位名称		被审计单位编码		索引编号	F－6	页次	
业务流程名称	项目后评估	业务流程编号		审计人		审计时间	
审计期间		截止日期		复核人		复核时间	

关键控制名称	评价标准	分值	权重	判断标准	实际得分
项目后评估	企业应当建立完工项目后评估制度。				
	重点评价工程项目预期目标的实现情况和项目投资效益等，并以此作为绩效考核和责任追究的依据。				

在长期的审计实践中，对工程项目内部控制系统进行评价，是为了在对资产业务进行实质性测试前确定对资产内部控制确定可依赖程度，并在此基础上提出健全的措施和建议。审计人员在评价时应注意分析认定工程项目业务中可能发生哪些潜在的错报或漏报，哪些控制可以防止或者发现并更正这些错报或漏报。通过比较必要的控制和现有控制，评价计划依赖的工程项目业务内部控制的健全性与有效性。如果被审计单位或部门没有建立审计人员认为必要的内部控制，或者现有控制不足以防止或检查错报或漏报，那么审计人员除了考虑内部控制缺陷对审计实质性测试的影响外，应针对健全内部控制系统提出建议措施。

5.7　形成意见

工程项目内部控制审计意见，就是对工程项目内部控制有效性的审计结论，是被审计单位内部控制审计意见的一部分。这项工作是在前面工程项目内部控制审计工作基础上进行的。

十四、担保业务内部控制审计实务及其模板

1. 审计概念

《企业内部控制应用指引第 12 号——担保业务》第二条规定：“本指引所称担保，是指企业作为担保人按照公平、自愿、互利的原则与债权人约定，当债务人不履行债务时，依照法律规定和合同协议承担相应法律责任的行为。”担保业务内部控制，是指企业为加强对担保业务的内部控制，规范担保行为，防范担保风险，结合企业担保业务的特点和管理的要求而制定的内部控制制度与程序等。近年来，企业由于担保形成的或有负债不断上升，由此带来的风险不容忽视，加强担保业务内部控制建设具有十分重要的意义。担保业务内部控制审计，就是对被审计单位担保业务内部控制设计与运行的有效性的审查和评价活动，对促使被审计单位加强担保业务内部控制建设、防范担保业务风险具有重要意义。

2. 审计依据

担保业务控制审计依据除了国家关于担保业务管理方面的法律法规、企业制定的担保业务管理制度及其《企业内部控制手册》有关担保业务部分的内容外，还应包括包括国家、行业协会、被审计单位有关审计方面的规范及标准等。

3. 审计目标

担保业务内部控制审计目标，就是保证担保业务内部控制设计和运行的有效性，促使企业预防和控制担保业务风险，具体包括：

➢ 证实担保业务管理内部控制是否建立、健全并有效执行。

➢ 证实各项担保业务业务是否合法、合规等。

4. 审计内容

担保业务内部控制审计内容，因审计主体、审计要求及其审计方式的不同而不同。采用传统的全面审计方式，担保业务内部控制审计是审查和评价担保业务内部控制设计和运行的有效性两个方面，范围包括调查评估与审批、执行与监控等业务。采用现代以风险为导向审计方式，审计人员应以担保业务风险为导向，审计已经设计完成的担保业务内部控制及其相关的管理制度是否有效执行，是否

有效控制了担保业务风险；已经设计有效的担保业务各控制点的控制措施是否有效实施，是否有效防止了各控制环节的风险；是否根据业务、环境等的变化持续改进担保业务内部控制等。

5. 审计程序

关于担保业务内部控制审计程序，中天恒 3C 框架研制的担保业务内部控制审计一般程序包括担保业务内部控制有效性调查、初步评价、风险评估、控制测试、评价缺陷、审计评价、形成意见等。审计程序表见表 14－1。

表 14－1　　中天恒 3C 框架担保业务内部控制审计程序表

被审计单位名称		被审计单位编码		索引编号	0	页次	
业务流程名称	担保业务	业务流程编号		审计人		审计时间	
审计期间		截止日期		复核人		复核时间	

序号	审计程序	细分程序	执行情况说明	工作底稿索引号
1	调查了解	担保业务内部控制有效性调查		A
2	初步评价	担保业务内部控制初步评价		B
3	风险评估	担保业务内部控制风险评估		C
4	控制测试	担保业务内部控制有效性测试		D
5	评价缺陷	担保业务内部控制缺陷评价		E
6	审计评价	担保业务内部控制审计评价		F
7	形成意见	担保业务内部控制审计结果汇总		H
说明		1. 每一个审计程序可细分若干具体程序。 2. 上述审计程序可结合进行，以提高审计工作效率。 3. 在执行每一步骤后，应填写“执行情况说明”一栏。		

5.1　调查了解

调查了解，就是调查了解担保业务内部控制设计和运行的基本情况，是对担保业务内部控制审计实施阶段的首要环节。担保业务调查工作是在内部控制审计总体工作的准备阶段的基础上进行的，涉及具体内容很多，因单位的不同而不同。对担保业务内部控制调查了解的方法有文字叙述法、调查表法、流程图法、控制矩阵法等。这些方法各有其特点，经常综合运用。实际审计工作中，为提高担保业务内部控制审计效率，调查了解工作应同担保业务现场测试工作一并进行，不宜为满足调查而走形式。中天恒 3C 框架研制的担保业务内部控制调查问卷见表 14－2、表 14－3。

表14－2　中天恒3C框架调查评估与审批业务内部控制调查问卷

被审计单位名称		被审计单位编码		索引编号	A－1	页次	
业务流程名称	调查评估与审批	业务流程编号		审计人		审计时间	
审计期间		截止日期		复核人		复核时间	

控制要点	调查内容	调查结果			证据名称	被调查部门	被调查人
		是	否	不适应			
受理申请	是否依法制定和完善本企业的担保政策和相关管理制度。						
	是否明确担保的对象、范围、方式、条件、程序、担保限额和禁止担保的事项。						
	是否严格按照担保政策和相关管理制度对担保申请人提出的担保申请进行审核。						
调查评估	是否应当指定相关机构负责办理担保业务。						
	是否对担保申请人进行资信调查和风险评估，评估结果应出具书面报告。						
	是否委托中介机构对担保业务进行资信调查和风险评估工作。						
	在对担保申请人进行资信调查和风险评估时，是否重点关注以下事项：（一）担保业务是否符合国家法律法规和本企业担保政策等相关要求。（二）担保申请人的资信状况，一般包括基本情况、资产质量、经营情况、偿债能力、盈利水平、信用程度、行业前景等。（三）担保申请人用于担保和第三方担保的资产状况及其权利归属。（四）企业要求担保申请人提供反担保的，还应当对与反担保有关的资产状况进行评估。						
	是否对担保申请人出现以下情形之一的，不得提供担保：（一）担保项目不符合国家法律法规和本企业担保政策的。（二）已进入重组、托管、兼并或破产清算程序的。（三）财务状况恶化、资不抵债、管理混乱、经营风险较大的。（四）与其他企业出现较大经济纠纷，面临法律诉讼且可能承担较大赔偿责任的。（五）与本企业已经发生过担保纠纷且仍未妥善解决的，或不能及时足额交纳担保费用的。						

续表

控制要点	调查内容	调查结果			证据名称	被调查部门	被调查人
		是	否	不适应			
授权审批	是否建立担保授权和审批制度，规定担保业务的授权批准方式、权限、程序、责任和相关控制措施，在授权范围内进行审批，不得超越权限审批。						
	重大担保业务，是否报经董事会或类似权力机构批准。						
	经办人员是否在职责范围内，按照审批人员的批准意见办理担保业务。						
	对于审批人超越权限审批的担保业务，经办人员是否拒绝办理。						
	企业是否采取合法有效的措施加强对子公司担保业务的统一监控。						
	企业内设机构未经授权是否办理担保业务。						
	企业为关联方提供担保的，与关联方存在经济利益或近亲属关系的有关人员在评估与审批环节是否回避。						
	对境外企业进行担保的，是否遵守外汇管理规定，并关注被担保人所在国家的政治、经济、法律等因素。						
变更担保事项	被担保人要求变更担保事项的，企业是否重新履行调查评估与审批程序。						

表 14－3　　中天恒 3C 框架执行与监控内部控制调查问卷

被审计单位名称		被审计单位编码		索引编号	A－2	页次	
业务流程名称	执行与监控	业务流程编号		审计人		审计时间	
审计期间		截止日期		复核人		复核时间	

控制要点	调查内容	调查结果			证据名称	被调查部门	被调查人
		是	否	不适应			
订立担保合同	是否根据审核批准的担保业务订立担保合同。						

续表

控制要点	调查内容	调查结果			证据名称	被调查部门	被调查人
		是	否	不适应			
订立担保合同	担保合同是否明确被担保人的权利、义务、违约责任等相关内容，并要求被担保人定期提供财务报告与有关资料，及时通报担保事项的实施情况。						
	担保申请人同时向多方申请担保的，企业是否在担保合同中明确约定本企业的担保份额和相应的责任。						
日常监控	企业担保经办部门是否加强担保合同的日常管理，定期监测被担保人的经营情况和财务状况，对被担保人进行跟踪和监督，了解担保项目的执行、资金的使用、贷款的归还、财务运行及风险等情况，确保担保合同有效履行。						
	担保合同履行过程中，如果被担保人出现异常情况，是否及时报告，妥善处理。						
	对于被担保人未按有法律效力的合同条款偿付债务或履行相关合同项下的义务的，企业是否按照担保合同履行义务，同时主张对被担保人的追索权。						
会计控制	企业是否加强对担保业务的会计系统控制。						
	是否及时足额收取担保费用，建立担保事项台账，详细记录担保对象、金额、期限、用于抵押和质押的物品或权利以及其他有关事项。						
	企业财会部门是否及时收集、分析被担保人担保期内经审计的财务报告等相关资料，持续关注被担保人的财务状况、经营成果、现金流量以及担保合同的履行情况，积极配合担保经办部门，防范担保业务风险。						
	对于被担保人出现财务状况恶化、资不抵债、破产清算等情形的，企业是否根据国家统一的会计准则制度规定，合理确认预计负债和损失。						

续表

控制要点	调查内容	调查结果			证据名称	被调查部门	被调查人
		是	否	不适应			
反担保财产	企业是否加强对反担保财产的管理，妥善保管被担保人用于反担保的财产和权利凭证，定期核实财产的存续状况和价值，发现问题及时处理，确保反担保财产安全完整。						
担保责任追究	企业是否建立担保业务责任追究制度。						
	对在担保中出现重大决策失误、未履行集体审批程序或不按规定执行担保业务的部门及人员，是否严格追究相应的责任。						
担保终止	企业是否在担保合同到期时，全面清查用于担保的财产、权利凭证，按照合同约定及时终止担保关系。						
担保档案	企业是否妥善保管担保合同、与担保合同相关的主合同、反担保函或反担保合同，以及抵押、质押权利凭证和有关原始资料，切实做到担保业务档案完整无缺。						

5.2 初步评价

对担保业务内部控制初步评价，可通过问题调查表和初步评价表进行反映。担保业务初步评价可以结合调查了解程序一起进行，也可以独立进行。

5.3 风险评估

按照风险导向审计理论，审计人员进行担保业务内部控制审计应当以风险评估为基础，选择拟测试的控制，确定测试所需要收集的证据。担保业务风险评估，就是识别、分析、评价担保业务方面的风险。从中天恒管理咨询公司内部控制与风险管理咨询的实践来看，担保业务风险应识别和描述：

➢ 对担保申请人的资信状况调查不深，审批不严或越权审批，可能导致企业担保决策失误或遭受欺诈。

➢ 对被担保人出现财务困难或经营陷入困境等状况监控不力，应对措施不当，可能导致企业承担法律责任。

➢ 担保过程中存在舞弊行为，可能导致经办审批等相关人员涉案或企业利益受损。

中天恒3C框架研制的担保业务风险评估表见表14－4。

表14－4　　中天恒3C框架担保业务风险评估表

被审计单位名称		被审计单位编码		索引编号	C	页次	
业务流程名称	担保业务	业务流程编号	3C12	审计人		审计时间	
审计期间		截止日期		复核人		复核时间	

流程编号	一级流程	二级流程	风险描述	可能性	影响程度	风险排序
3C12	担保业务		对担保申请人的资信状况调查不深，审批不严或越权审批，可能导致企业担保决策失误或遭受欺诈。 对被担保人出现财务困难或经营陷入困境等状况监控不力，应对措施不当，可能导致企业承担法律责任。 担保过程中存在舞弊行为，可能导致经办审批等相关人员涉案或企业利益受损。			
3C12.01		调查评估与审批				
3C12.02		执行与监控				

5.4　控制测试

担保业务内部控制测试，就是审计人员现场测试担保业务内部控制设计和运行的有效性。对担保业务内部控制设计有效性测试时，审计人员应当综合运用询问适当人员、观察经营活动和检查相关文件等程序。对担保业务内部控制运行有效性测试，审计人员应当综合运用询问适当人员、观察经营活动、检查相关文件以及重新执行控制等程序。审计实践中，审计人员对担保业务内部控制设计有效性和运行有效性是一并进行测试的，测试重点是担保业务关键控制。中天恒3C框架研究开发的担保业务内部控制测试工具包括担保业务内部控制有效性测试矩阵表、测试表、汇总分析表等，具体格式及要素见下列各表。

表 14－5　中天恒 3C 框架调查评估与审批内部控制有效性测试矩阵表

被审计单位名称				被审计单位编码		索引编号	D－1	页次		
业务流程名称		调查评估与审批		业务流程编号	3C12. 01	审计人		审计时间		
审计期间				截止日期		复核人		复核时间		
关键控制名称	关键控制编号	控制方式	控制频率	样本总体	样本数量	测试要点	证据材料	测试程序	测试结果	交叉索引
受理申请	K1					是否依法制定和完善本企业的担保政策和相关管理制度。				
						是否明确担保的对象、范围、方式、条件、程序、担保限额和禁止担保的事项。				
						是否严格按照担保政策和相关管理制度对担保申请人提出的担保申请进行审核。				
调查评估	K2					是否指定相关机构负责办理担保业务。				
						是否对担保申请人进行资信调查和风险评估，评估结果应出具书面报告。				
						是否委托中介机构对担保业务进行资信调查和风险评估工作。				
						在对担保申请人进行资信调查和风险评估时，是否重点关注以下事项：（一）担保业务是否符合国家法律法规和本企业担保政策等相关要求。（二）担保申请人的资信状况，一般包括：基本情况、资产质量、经营情况、偿债能力、盈利水平、信用程度、行业前景等。（三）担保申请人用于担保和第三方担保的资产状况及其权利归属。（四）企业要求担保申请人提供反担保的，还应当对与反担保有关的资产状况进行评估。				

续表

关键控制名称	关键控制编号	控制方式	控制频率	样本总体	样本数量	测试要点	证据材料	测试程序	测试结果	交叉索引
调查评估	K2					是否对担保申请人出现以下情形之一的，不得提供担保：（一）担保项目不符合国家法律法规和本企业担保政策的。（二）已进入重组、托管、兼并或破产清算程序的。（三）财务状况恶化、资不抵债、管理混乱、经营风险较大的。（四）与其他企业出现较大经济纠纷，面临法律诉讼且可能承担较大赔偿责任的。（五）与本企业已经发生过担保纠纷且仍未妥善解决的，或不能及时足额交纳担保费用的。				
授权审批	K3					是否建立担保授权和审批制度，规定担保业务的授权批准方式、权限、程序、责任和相关控制措施，在授权范围内进行审批，不得超越权限审批。				
						重大担保业务，是否报经董事会或类似权力机构批准。				
						经办人员是否在职责范围内，按照审批人员的批准意见办理担保业务。				
						对于审批人超越权限审批的担保业务，经办人员是否拒绝办理。				
						企业是否采取合法有效的措施加强对子公司担保业务的统一监控。				
						企业内设机构未经授权是否办理担保业务。				
						企业为关联方提供担保的，与关联方存在经济利益或近亲属关系的有关人员在评估与审批环节是否回避。				

续表

关键控制名称	关键控制编号	控制方式	控制频率	样本总体	样本数量	测试要点	证据材料	测试程序	测试结果	交叉索引
授权审批	K3					对境外企业进行担保的，是否遵守外汇管理规定，并关注被担保人所在国家的政治、经济、法律等因素。				
变更担保事项	K4					被担保人要求变更担保事项的，企业是否重新履行调查评估与审批程序。				

<table>
<tr><td rowspan="4">测试结论</td><td colspan="7">设计有效性</td><td colspan="7">运行有效性</td></tr>
<tr><td rowspan="2">有效</td><td colspan="6">控制薄弱环节说明</td><td rowspan="2">有效</td><td colspan="6">控制薄弱环节说明</td></tr>
<tr><td>控制不符合实际</td><td>应有的控制不存在</td><td>风险识别不准确</td><td>未设计控制证据</td><td>控制矩阵编制不规范</td><td>其他</td><td>制度未执行</td><td>措施未落实</td><td>控制证据不足</td><td>设计不适应</td><td>监控不力</td><td>其他</td></tr>
<tr><td></td><td></td><td></td><td></td><td></td><td></td><td></td><td></td><td></td><td></td><td></td><td></td><td></td><td></td></tr>
</table>

表 14-6　　中天恒 3C 框架执行与监控内部控制有效性测试矩阵表

被审计单位名称		被审计单位编码		索引编号	D-2	页次	
业务流程名称	执行与监控	业务流程编号	3C12. 02	审计人		审计时间	
审计期间		截止日期		复核人		复核时间	

关键控制名称	关键控制编号	控制方式	控制频率	样本总体	样本数量	测试要点	证据材料	测试程序	测试结果	交叉索引
订立担保合同	K1					是否根据审核批准的担保业务订立担保合同。				
						担保合同是否明确被担保人的权利、义务、违约责任等相关内容，并要求被担保人定期提供财务报告与有关资料，及时通报担保事项的实施情况。				
						担保申请人同时向多方申请担保的，企业是否在担保合同中明确约定本企业的担保份额和相应的责任。				

续表

关键控制名称	关键控制编号	控制方式	控制频率	样本总体	样本数量	测试要点	证据材料	测试程序	测试结果	交叉索引
日常监控	K2					企业担保经办部门是否加强担保合同的日常管理，定期监测被担保人的经营情况和财务状况，对被担保人进行跟踪和监督，了解担保项目的执行、资金的使用、贷款的归还、财务运行及风险等情况，确保担保合同有效履行。				
						担保合同履行过程中，如果被担保人出现异常情况，是否及时报告，妥善处理。				
						对于被担保人未按有法律效力的合同条款偿付债务或履行相关合同项下的义务的，企业是否按照担保合同履行义务，同时主张对被担保人的追索权。				
会计控制	K3					企业是否加强对担保业务的会计系统控制。				
						是否及时足额收取担保费用，建立担保事项台账，详细记录担保对象、金额、期限、用于抵押和质押的物品或权利以及其他有关事项。				
						企业财会部门是否及时收集、分析被担保人担保期内经审计的财务报告等相关资料，持续关注被担保人的财务状况、经营成果、现金流量以及担保合同的履行情况，积极配合担保经办部门，防范担保业务风险。				
						对于被担保人出现财务状况恶化、资不抵债、破产清算等情形的，企业是否根据国家统一的会计准则制度规定，合理确认预计负债和损失。				

续表

关键控制名称	关键控制编号	控制方式	控制频率	样本总体	样本数量	测试要点	证据材料	测试程序	测试结果	交叉索引
反担保财产	K4					企业是否加强对反担保财产的管理，妥善保管被担保人用于反担保的财产和权利凭证，定期核实财产的存续状况和价值，发现问题及时处理，确保反担保财产安全完整。				
担保责任追究	K5					企业是否建立担保业务责任追究制度。				
						对在担保中出现重大决策失误、未履行集体审批程序或不按规定执行担保业务的部门及人员，是否严格追究相应的责任。				
担保终止	K6					企业是否在担保合同到期时，全面清查用于担保的财产、权利凭证，按照合同约定及时终止担保关系。				
担保档案	K7					企业是否妥善保管担保合同、与担保合同相关的主合同、反担保函或反担保合同，以及抵押、质押权利凭证和有关原始资料，切实做到担保业务档案完整无缺。				

<table>
<tr><td rowspan="4">测试结论</td><td colspan="7">设计有效性</td><td colspan="7">运行有效性</td></tr>
<tr><td rowspan="2">有效</td><td colspan="6">控制薄弱环节说明</td><td rowspan="2">有效</td><td colspan="6">控制薄弱环节说明</td></tr>
<tr><td>控制不符合实际</td><td>应有的控制不存在</td><td>风险识别不准确</td><td>未设计控制证据</td><td>控制矩阵编制不规范</td><td>其他</td><td>制度未执行</td><td>措施未落实</td><td>控制证据不足</td><td>设计不适应</td><td>监控不力</td><td>其他</td></tr>
<tr><td></td><td></td><td></td><td></td><td></td><td></td><td></td><td></td><td></td><td></td><td></td><td></td><td></td><td></td></tr>
</table>

5.5 评价缺陷

评价担保业务控制缺陷，就是对担保业务内部控制存在的设计和执行有效性方面的缺陷进行分析和评价。对已发现的担保业务内部控制重大缺陷，审计人员应当及时以书面形式与被审计单位进行沟通，核对测试结果和数据，确认担保业务内部控制缺陷事实，并在缺陷认定底稿上签章。缺陷评价表格如下。

表 14－7　　中天恒 3C 框架担保业务内部控制缺陷评价矩阵表

被审计单位名称		被审计单位编码		索引编号	E	页次						
业务流程名称	担保业务	业务流程编号	3C12	审计人		审计时间						
审计期间		截止日期		复核人		复核时间						
末级流程	关键控制	缺陷类型	缺陷描述	缺陷来源	缺陷性质			评价程序	评价索引	对报表影响	补偿性控制	整改意见
					一般缺陷	重大缺陷	重要缺陷					
调查评估与审批												
执行与监控												

表 14－8　　中天恒 3C 框架担保业务内部控制缺陷评价表

被审计单位名称		被审计单位编码		索引编号	E－1	页次	
业务流程名称	担保业务	业务流程编号		审计人		审计时间	
关键控制名称		关键控制编号		复核人		复核时间	
影响会计科目		审计期间				截止日期	
缺陷类型	缺陷描述	评价标准	审计组初步认定意见	被审计单位（或当事人）意见及相关说明			
缺陷事项证据资料							

5.6　审计评价

担保业务内部控制审计评价是担保业务内部控制审计工作的一个重要环节。担保业务内部控制审计评价的方法很多，比较常用的是评分法。中天恒 3C 框架研制的担保业务内部控制审计评价表及汇总表如下。

表 14-9　　中天恒 3C 框架调查评估与审批内部控制审计评价表

被审计单位名称		被审计单位编码		索引编号	F-1	页次	
业务流程名称	调查评估与审批	业务流程编号		审计人		审计时间	
审计期间		截止日期		复核人		复核时间	

关键控制名称	评价标准	分值	权重	判断依据	实际得分
受理申请	依法制定和完善本企业的担保政策和相关管理制度。				
	明确担保的对象、范围、方式、条件、程序、担保限额和禁止担保的事项。				
	严格按照担保政策和相关管理制度对担保申请人提出的担保申请进行审核。				
调查评估	是否应当指定相关机构负责办理担保业务，对担保申请人进行资信调查和风险评估，评估结果应出具书面报告。				
	企业也可委托中介机构对担保业务进行资信调查和风险评估工作。				
	企业在对担保申请人进行资信调查和风险评估时，应当重点关注以下事项：（一）担保业务是否符合国家法律法规和本企业担保政策等相关要求。（二）担保申请人的资信状况，一般包括基本情况、资产质量、经营情况、偿债能力、盈利水平、信用程度、行业前景等。（三）担保申请人用于担保和第三方担保的资产状况及其权利归属。（四）企业要求担保申请人提供反担保的，还应当对与反担保有关的资产状况进行评估。 企业对担保申请人出现以下情形之一的，不得提供担保：（一）担保项目不符合国家法律法规和本企业担保政策的。（二）已进入重组、托管、兼并或破产清算程序的。（三）财务状况恶化、资不抵债、管理混乱、经营风险较大的。（四）与其他企业出现较大经济纠纷，面临法律诉讼且可能承担较大赔偿责任的。（五）与本企业已经发生过担保纠纷且仍未妥善解决的，或不能及时足额交纳担保费用的。				
授权审批	企业应当建立担保授权和审批制度，规定担保业务的授权批准方式、权限、程序、责任和相关控制措施，在授权范围内进行审批，不得越权限审批。				

续表

关键控制名称	评价标准	分值	权重	判断依据	实际得分
授权审批	重大担保业务，应当报经董事会或类似权力机构批准				
	经办人员应当在职责范围内，按照审批人员的批准意见办理担保业务。				
	对于审批人超越权限审批的担保业务，经办人员应当拒绝办理。				
	企业应当采取合法有效的措施加强对子公司担保业务的统一监控。				
	企业内设机构未经授权不得办理担保业务。				
	企业为关联方提供担保的，与关联方存在经济利益或近亲属关系的有关人员在评估与审批环节应当回避。				
	对境外企业进行担保的，应当遵守外汇管理规定，并关注被担保人所在国家的政治、经济、法律等因素。				
变更担保事项	被担保人要求变更担保事项的，企业应当重新履行调查评估与审批程序。				

表 14－10　　　中天恒 3C 框架执行与监控内部控制审计评价表

被审计单位名称		被审计单位编码		索引编号	F－2	页次	
业务流程名称	执行与监控	业务流程编号		审计人		审计时间	
审计期间		截止日期		复核人		复核时间	

关键控制名称	评价标准	分值	权重	判断标准	实际得分
订立担保合同	企业应当根据审核批准的担保业务订立担保合同。				
	担保合同应明确被担保人的权利、义务、违约责任等相关内容，并要求被担保人定期提供财务报告与有关资料，及时通报担保事项的实施情况。				
	担保申请人同时向多方申请担保的，企业应当在担保合同中明确约定本企业的担保份额和相应的责任。				
日常监控	企业担保经办部门应当加强担保合同的日常管理，定期监测被担保人的经营情况和财务状况，对被担保人进行跟踪和监督，了解担保项目的执行、资金的使用、贷款的归还、财务运行及风险等情况，确保担保合同有效履行。				

续表

关键控制名称	评价标准	分值	权重	判断标准	实际得分
日常监控	担保合同履行过程中，如果被担保人出现异常情况，应当及时报告，妥善处理。				
	对于被担保人未按有法律效力的合同条款偿付债务或履行相关合同项下的义务的，企业应当按照担保合同履行义务，同时主张对被担保人的追索权。				
会计控制	企业应当加强对担保业务的会计系统控制，及时足额收取担保费用，建立担保事项台账，详细记录担保对象、金额、期限、用于抵押和质押的物品或权利以及其他有关事项。				
	企业财会部门应当及时收集、分析被担保人担保期内经审计的财务报告等相关资料，持续关注被担保人的财务状况、经营成果、现金流量以及担保合同的履行情况，积极配合担保经办部门，防范担保业务风险。				
	对于被担保人出现财务状况恶化、资不抵债、破产清算等情形的，企业应当根据国家统一的会计准则制度规定，合理确认预计负债和损失。				
反担保财产	企业应当加强对反担保财产的管理，妥善保管被担保人用于反担保的财产和权利凭证，定期核实财产的存续状况和价值，发现问题及时处理，确保反担保财产安全完整。				
担保责任追究	企业应当建立担保业务责任追究制度，对在担保中出现重大决策失误、未履行集体审批程序或不按规定执行担保业务的部门及人员，应当严格追究相应的责任。				
担保终止	企业应当在担保合同到期时，全面清查用于担保的财产、权利凭证，按照合同约定及时终止担保关系。				
担保档案	企业应当妥善保管担保合同、与担保合同相关的主合同、反担保函或反担保合同，以及抵押、质押权利凭证和有关原始资料，切实做到担保业务档案完整无缺。				

在长期的审计实践中，对担保业务内部控制系统进行评价，是为了在对资产业务进行实质性测试前确定对资产内部控制确定可依赖程度，并在此基础上提出健全的措施和建议。审计人员在评价时应注意分析认定担保业务中可能发生哪些潜在的错报或漏报，哪些控制可以防止或者发现并更正这些错报或漏报。通过比

较必要的控制和现有控制，评价计划依赖的担保业务内部控制的健全性与有效性。如果被审计单位或部门没有建立审计人员认为必要的内部控制，或者现有控制不足以防止或检查错报或漏报，那么审计人员除了考虑内部控制缺陷对审计实质性测试的影响外，应针对健全内部控制系统提出建议措施。

5.7 形成意见

担保业务内部控制审计意见，就是对担保业务内部控制有效性的审计结论，是被审计单位内部控制审计意见的一部分。这项工作是在前面担保业务内部控制审计工作基础上进行的。

十五、业务外包内部控制审计实务及其模板

1. 审计概念

《企业内部控制应用指引第13号——业务外包》第二条规定："本指引所称业务外包，是指企业利用专业化分工优势，将日常经营中的部分业务委托给本企业以外的专业服务机构或其他经济组织（以下简称承包方）完成的经营行为。本指引不涉及工程项目外包。"指引对业务外包的定义，借鉴了学术界的一般观点。1990年，美国学者普拉哈拉德（C. K. Prahalad）和哈默尔（Gary Hamel）在其《企业核心能力》一文中正式提出业务外包概念。根据他们的观点，所谓业务外包，指企业基于契约，将一些非核心的、辅助性的功能或业务外包给外部的专业化厂商，利用它们的专长和优势来提高企业的整体效率和竞争力。

业务外包内部控制审计，就是对被审计单位业务外包内部控制设计与运行的有效性的审查和评价活动，对促使被审计单位加强业务外包内部控制建设、防范业务外包风险具有重要意义。

企业应当建立对业务外包内部控制的审计制度，明确审计机构或人员的职责权限，定期或不定期地进行检查。内部审计部门或人员应检查承包方选择、业务外包实施业务内部控制制度是否健全，各项规定是否得到有效执行。

2. 审计依据

业务外包控制审计依据除了国家关于业务外包管理方面的法律法规、企业制定的业务外包管理制度及其《企业内部控制手册》有关业务外包部分的内容外，还应包括包括国家、行业协会、被审计单位有关审计方面的规范及标准等。

3. 审计目标

业务外包内部控制审计目标，就是保证业务外包内部控制设计和运行的有效性，促使企业预防和控制业务外包风险，具体包括：

➢ 证实业务外包管理内部控制是否建立、健全并有效执行。

➢ 证实各项业务外包业务是否合法、合规等。

4. 审计内容

业务外包内部控制审计内容，因审计主体、审计要求及其审计方式的不同而不同。采用传统的全面审计方式，业务外包内部控制审计是审查和评价业务外包内部控制设计和运行的有效性两个方面，范围包括承包方选择、业务外包实施等业务。采用现代以风险为导向审计方式，审计人员应以业务外包风险为导向，审计已经设计完成的业务外包内部控制及其相关的管理制度是否有效执行，是否有效控制了业务外包风险；已经设计有效的业务外包各控制点的控制措施是否有效实施，是否有效防止了各控制环节的风险；是否根据业务、环境等的变化持续改进业务外包内部控制等。

5. 审计程序

关于业务外包内部控制审计程序，中天恒 3C 框架研制的业务外包内部控制审计一般程序包括业务外包内部控制有效性调查、初步评价、风险评估、控制测试、评价缺陷、审计评价、形成意见等。审计程序表见表 15－1。

表 15－1　　中天恒 3C 框架业务外包内部控制审计程序表

被审计单位名称		被审计单位编码		索引编号	0	页次	
业务流程名称	业务外包	业务流程编号		审计人		审计时间	
审计期间		截止日期		复核人		复核时间	

序号	审计程序	细分程序	执行情况说明	工作底稿索引号
1	调查了解	业务外包内部控制有效性调查		A
2	初步评价	业务外包内部控制初步评价		B
3	风险评估	业务外包内部控制风险评估		C
4	控制测试	业务外包内部控制有效性测试		D
5	评价缺陷	业务外包内部控制缺陷评价		E
6	审计评价	业务外包内部控制审计评价		F
7	形成意见	业务外包内部控制审计结果汇总		H
说明	1. 每一个审计程序可细分若干具体程序。 2. 上述审计程序可结合进行，以提高审计工作效率。 3. 在执行每一步骤后，应填写“执行情况说明”一栏。			

5.1　调查了解

调查了解，就是调查了解业务外包内部控制设计和运行的基本情况，是对业务外包内部控制审计实施阶段的首要环节。业务外包调查工作是在内部控制审计总体工作的准备阶段的基础上进行的，涉及具体内容很多，因单位的不同而不同。对业务外包内部控制调查了解的方法有文字叙述法、调查表法、流程图法、控制矩阵法等。这些方法各有特点，经常综合运用。实际审计工作中，为提高业务外包内部控制审计效率，调查了解工作应同业务外包现场测试工作一并进行，不宜为满足调查而走形式。中天恒3C框架研制的业务外包内部控制调查问卷见表15－2、表15－3。

表15－2　　中天恒3C框架承包方选择内部控制调查问卷

被审计单位名称		被审计单位编码		索引编号	A－1	页次	
业务流程名称	承包方选择	业务流程编号		审计人		审计时间	
审计期间		截止日期		复核人		复核时间	
控制要点	调查内容	调查结果			证据名称	被调查部门	被审计人
		是	否	不适应			
拟定实施方案	企业是否根据年度生产经营计划和业务外包管理制度，结合确定的业务外包范围，拟定实施方案。						
审核批准方案	是否按照规定的权限和程序审核批准业务外包方案。						
	总会计师或分管会计工作的负责人是否参与重大业务外包的决策。						
	重大业务外包方案是否提交董事会或类似决策机构审批。						
选择承包方	企业是否按照批准的业务外包实施方案选择承包方。						
	承包方是否至少应当具备下列条件：（一）承包方是依法成立和合法经营的专业服务机构或其他经济组织，具有相应的经营范围和固定的办公场所。（二）承包方应当具备相应的专业资质，其从业人员符合岗位要求和任职条件，并具有相应的专业技术资格。（三）承包方的技术及经验水平符合本企业业务外包的要求。						
	企业是否综合考虑内外部因素，合理确定外包价格，严格控制业务外包成本，切实做到符合成本效益原则。						

续表

控制要点	调查内容	调查结果			证据名称	被调查部门	被审计人
		是	否	不适应			
选择承包方	企业是否引入竞争机制，遵循公开、公平、公正的原则，采用适当方式，择优选择业务外包的承包方。						
	采用招标方式选择承包方的，是否符合招投标法的相关规定。						
	企业及相关人员在选择承包方过程中，是否收受贿赂、回扣或者索取其他好处。						
	承包方及其工作人员是否利用向企业及其工作人员行贿、提供回扣或者给予其他好处等不正当手段承揽业务。						
签订外包合同	企业是否按照规定的权限和程序从候选承包方中确定最终承包方，并签订业务外包合同。						
	业务外包合同内容是否包括：业务外包的内容和范围，双方权利和义务，服务和质量标准，保密事项，费用结算标准和违约责任等事项。						
	企业业务外包需要保密的，是否在业务外包合同或者另行签订的保密协议中明确规定承包方的保密义务和责任，要求承包方向其从业人员提示保密要求和应承担的责任。						

表 15-3　　中天恒 3C 框架业务外包实施内部控制调查问卷

被审计单位名称		被审计单位编码		索引编号	A-2	页次	
业务流程名称	业务外包实施	业务流程编号		审计人		审计时间	
审计期间		截止日期		复核人		复核时间	

控制要点	调查内容	调查结果			证据名称	被调查部门	被调查人
		是	否	不适应			
组织实施业务外包	企业是否加强业务外包实施的管理。						
	是否严格按照业务外包制度、工作流程和相关要求，组织开展业务外包。						
	是否采取有效的控制措施，确保承包方严格履行业务外包合同。						

续表

控制要点	调查内容	调查结果			证据名称	被调查部门	被调查人
		是	否	不适应			
业务外包过程管理	企业是否做好与承包方的对接工作。						
	是否加强与承包方的沟通与协调，及时搜集相关信息，发现和解决业务外包日常管理中存在的问题。						
	对于重大业务外包，企业是否密切关注承包方的履约能力。						
	是否建立相应的应急机制，避免业务外包失败造成本企业生产经营活动中断。						
	企业是否对承包方的履约能力进行持续评估。						
	有确凿证据表明承包方存在重大违约行为，导致业务外包合同无法履行的，是否及时终止合同。						
	承包方违约并造成企业损失的，企业是否按照合同对承包方进行索赔。						
	承包方违约并造成企业损失的，企业是否追究责任人责任。						
业务外包验收	业务外包合同执行完成后需要验收的，企业是否组织相关部门或人员对完成的业务外包合同进行验收，出具验收证明。						
	验收过程中发现异常情况，是否立即报告。						
	验收过程中发现异常情况，是否查明原因。						
	验收过程中发现异常情况，是否及时处理。						
业务外包会计控制	企业是否根据国家统一的会计准则制度，加强对业务外包的核算与监督。						
	企业是否做好业务外包费用结算工作。						

5.2 初步评价

对业务外包内部控制初步评价，可通过问题调查表和初步评价表进行反映。业务外包初步评价可以结合调查了解程序一起进行，也可以独立进行。

5.3　风险评估

按照风险导向审计理论，审计人员进行业务外包内部控制审计应当以风险评估为基础，选择拟测试的控制，确定测试所需要收集的证据。业务外包风险评估，就是识别、分析、评价业务外包方面的风险。从中天恒管理咨询公司内部控制与风险管理咨询的实践来看，业务外包风险应识别和描述：

➢ 外包范围和价格确定不合理，承包方选择不当，可能导致企业遭受损失。

➢ 业务外包监控不严、服务质量低劣，可能导致企业难以发挥业务外包的优势。

➢ 业务外包存在商业贿赂等舞弊行为，可能导致企业相关人员涉案。

中天恒3C框架研制的业务外包风险评估表见表15－4。

表15－4　　中天恒3C框架业务外包风险评估表

被审计单位名称		被审计单位编码		索引编号	C	页次	
业务流程名称	业务外包	业务流程编号	3C013	审计人		审计时间	
审计期间		截止日期		复核人		复核时间	

流程编号	一级流程	二级流程	风险描述	可能性	影响程度	风险排序
3C013	业务外包		外包范围和价格确定不合理，承包方选择不当，可能导致企业遭受损失。 业务外包监控不严、服务质量低劣，可能导致企业难以发挥业务外包的优势。 业务外包存在商业贿赂等舞弊行为，可能导致企业相关人员涉案。			
3C013.01		承包方选择				
3C013.02		业务外包实施				

5.4　控制测试

业务外包内部控制测试，就是审计人员现场测试业务外包内部控制设计和运行的有效性。对业务外包内部控制设计有效性测试时，审计人员应当综合运用询问适当人员、观察经营活动和检查相关文件等程序。对业务外包内部控制运行有效性测试，审计人员应当综合运用询问适当人员、观察经营活动、检查相关文件以及重新执行控制等程序。审计实践中，审计人员对业务外包内部控制设计有效性和运行有效性是一并进行测试的，测试重点是业务外包关键控制。中天恒3C框架研究开发的业务外包内部控制测试工具包括业务外包内部控制有效性测试矩阵表、测试表、汇总分析表等，具体格式及要素见下列各表。

表 15－5　　中天恒 3C 框架承包方选择内部控制有效性测试矩阵表

被审计单位名称		被审计单位编码		索引编号	D－1	页次	
业务流程名称	承包方选择	业务流程编号	3C013.01	审计人		审计时间	
审计期间		截止日期		复核人		复核时间	

关键控制名称	关键控制编号	控制方式	控制频率	样本总体	样本数量	测试要点	证据名称	测试程序	测试结果	交叉索引
拟定实施方案						企业是否根据年度生产经营计划和业务外包管理制度，结合确定的业务外包范围，拟定实施方案。				
审核批准方案						是否按照规定的权限和程序审核批准业务外包方案。				
						总会计师或分管会计工作的负责人是否参与重大业务外包的决策。				
						重大业务外包方案是否提交董事会或类似决策机构审批。				
选择承包方						企业是否按照批准的业务外包实施方案选择承包方。				
						承包方是否至少应当具备下列条件：（一）承包方是依法成立和合法经营的专业服务机构或其他经济组织，具有相应的经营范围和固定的办公场所。（二）承包方应当具备相应的专业资质，其从业人员符合岗位要求和任职条件，并具有相应的专业技术资格。（三）承包方的技术及经验水平符合本企业业务外包的要求。				
						企业是否综合考虑内外部因素，合理确定外包价格，严格控制业务外包成本，切实做到符合成本效益原则。				
						企业是否引入竞争机制，遵循公开、公平、公正的原则，采用适当方式，择优选择业务外包的承包方。				

续表

关键控制名称	关键控制编号	控制方式	控制频率	样本总体	样本数量	测试要点	证据名称	测试程序	测试结果	交叉索引
选择承包方						采用招标方式选择承包方的，是否符合招投标法的相关规定。				
						企业及相关人员在选择承包方过程中，是否收受贿赂、回扣或者索取其他好处。				
						承包方及其工作人员是否利用向企业及其工作人员行贿、提供回扣或者给予其他好处等不正当手段承揽业务。				
签订外包合同						企业是否按照规定的权限和程序从候选承包方中确定最终承包方，并签订业务外包合同。				
						业务外包合同内容是否包括：业务外包的内容和范围，双方权利和义务，服务和质量标准，保密事项，费用结算标准和违约责任等事项。				
						企业业务外包需要保密的，是否在业务外包合同或者另行签订的保密协议中明确规定承包方的保密义务和责任，要求承包方向其从业人员提示保密要求和应承担的责任。				

测试结论	设计有效性							运行有效性						
	有效	控制薄弱环节说明						有效	控制薄弱环节说明					
		控制不符合实际	应有的控制不存在	风险识别不准确	未设计控制证据	控制矩阵编制不规范	其他		制度未执行	措施未落实	控制证据不足	设计不适应	监控不力	其他

表 15－6　中天恒 3C 框架业务外包实施内部控制有效性测试矩阵表

被审计单位名称		被审计单位编码		索引编号	D－2	页次	
业务流程名称	业务外包实施	业务流程编号	3C013.02	审计人		审计时间	
审计期间		截止日期		复核人		复核时间	

关键控制名称	关键控制编号	控制方式	控制频率	样本总体	样本数量	测试要点	证据名称	测试程序	测试结果	交叉索引
组织实施业务外包						企业是否加强业务外包实施的管理。				
						是否严格按照业务外包制度、工作流程和相关要求，组织开展业务外包。				
						是否采取有效的控制措施，确保承包方严格履行业务外包合同。				
业务外包过程管理						企业是否做好与承包方的对接工作。				
						是否加强与承包方的沟通与协调，及时搜集相关信息，发现和解决业务外包日常管理中存在的问题。				
						对于重大业务外包，企业是否密切关注承包方的履约能力。				
						是否建立相应的应急机制，避免业务外包失败造成本企业生产经营活动中断。				
						企业是否对承包方的履约能力进行持续评估。				
						有确凿证据表明承包方存在重大违约行为，导致业务外包合同无法履行的，是否及时终止合同。				
						承包方违约并造成企业损失的，企业是否按照合同对承包方进行索赔。				
						承包方违约并造成企业损失的，企业是否追究责任人责任。				

续表

关键控制名称	关键控制编号	控制方式	控制频率	样本总体	样本数量	测试要点	证据名称	测试程序	测试结果	交叉索引
业务外包验收						业务外包合同执行完成后需要验收的，企业是否组织相关部门或人员对完成的业务外包合同进行验收，出具验收证明。				
						验收过程中发现异常情况，是否立即报告。				
						验收过程中发现异常情况，是否查明原因。				
						验收过程中发现异常情况，是否及时处理。				
业务外包会计控制						企业是否根据国家统一的会计准则制度，加强对业务外包的核算与监督。				
						企业是否做好业务外包费用结算工作。				

<table>
<tr><td rowspan="4">测试结论</td><td colspan="7">设计有效性</td><td colspan="7">运行有效性</td></tr>
<tr><td rowspan="2">有效</td><td colspan="6">控制薄弱环节说明</td><td rowspan="2">有效</td><td colspan="6">控制薄弱环节说明</td></tr>
<tr><td>控制不符合实际</td><td>应有的控制不存在</td><td>风险识别不准确</td><td>未设计控制证据</td><td>控制矩阵编制不规范</td><td>其他</td><td>制度未执行</td><td>措施未落实</td><td>控制证据不足</td><td>设计不适应</td><td>监控不力</td><td>其他</td></tr>
<tr><td></td><td></td><td></td><td></td><td></td><td></td><td></td><td></td><td></td><td></td><td></td><td></td><td></td><td></td></tr>
</table>

5.5 评价缺陷

评价业务外包控制缺陷，就是对业务外包内部控制存在的设计和执行有效性方面的缺陷进行分析和评价。对已发现的业务外包内部控制重大缺陷，审计人员应当及时以书面形式与被审计单位进行沟通，核对测试结果和数据，认业务外包内部控制缺陷事实，并在缺陷认定底稿上签章。缺陷评价表格见表 15－7、表 15－8。

表 15－7　　中天恒 3C 框架业务外包内部控制缺陷评价矩阵表

被审计单位名称		被审计单位编码		索引编号	E	页次	
业务流程名称	业务外包	业务流程编号	3C013	审计人		审计时间	
审计期间		截止日期		复核人		复核时间	

末级流程	关键控制	缺陷类型	缺陷描述	缺陷来源	缺陷性质			评价程序	评价索引	对报表影响	补偿性控制	整改意见
					一般缺陷	重大缺陷	重要缺陷					
承包方选择												
业务外包实施												

表 15－8　　中天恒 3C 框架业务外包内部控制缺陷评价表

被审计单位名称		被审计单位编码		索引编号	E－1	页次	
业务流程名称	业务外包	业务流程编号		审计人		审计时间	
关键控制名称		关键控制编号		复核人		复核时间	
影响会计科目		审计期间				截止日期	

缺陷类型	缺陷描述	评价标准	审计组初步认定意见	被审计单位（或当事人）意见及相关说明
缺陷事项证据资料				

5.6　审计评价

业务外包内部控制审计是评价业务外包内部控制审计工作的一个重要环节。业务外包内部控制审计评价的方法很多，比较常用的是评分法。中天恒 3C 框架研制的业务外包内部控制审计评价表及汇总表见表 15－9、表 15－10。

表 15－9　　中天恒 3C 框架承包方选择内部控制审计评价表

被审计单位名称		被审计单位编码		索引编号	F－1	页次	
业务流程名称	承包方选择	业务流程编号		审计人		审计时间	
审计期间		截止日期		复核人		复核时间	

关键控制名称	评价标准	分值	权重	判断依据	实际得分
拟定实施方案	企业应当根据年度生产经营计划和业务外包管理制度，结合确定的业务外包范围，拟定实施方案。				

续表

关键控制名称	评价标准	分值	权重	判断依据	实际得分
审核批准方案	按照规定的权限和程序审核批准。				
	总会计师或分管会计工作的负责人应当参与重大业务外包的决策。				
	重大业务外包方案应当提交董事会或类似决策机构审批。				
选择承包方	企业应当按照批准的业务外包实施方案选择承包方。				
	承包方至少应当具备下列条件：（一）承包方是依法成立和合法经营的专业服务机构或其他经济组织，具有相应的经营范围和固定的办公场所。（二）承包方应当具备相应的专业资质，其从业人员符合岗位要求和任职条件，并具有相应的专业技术资格。（三）承包方的技术及经验水平符合本企业业务外包的要求。				
	企业应当综合考虑内外部因素，合理确定外包价格，严格控制业务外包成本，切实做到符合成本效益原则。				
	企业应当引入竞争机制，遵循公开、公平、公正的原则，采用适当方式，择优选择业务外包的承包方。				
	采用招标方式选择承包方的，应当符合招投标法的相关规定。				
	企业及相关人员在选择承包方过程中，不得收受贿赂、回扣或者索取其他好处。				
	承包方及其工作人员不得利用向企业及其工作人员行贿、提供回扣或者给予其他好处等不正当手段承揽业务。				
签订外包合同	企业应当按照规定的权限和程序从候选承包方中确定最终承包方，并签订业务外包合同。				
	业务外包合同内容主要包括业务外包的内容和范围、双方权利和义务、服务和质量标准、保密事项、费用结算标准和违约责任等事项。				

表 15－10　　　中天恒 3C 框架业务外包实施内部控制审计评价表

被审计单位名称		被审计单位编码		索引编号	F－2	页次	
业务流程名称	业务外包实施	业务流程编号		审计人		审计时间	
审计期间		截止日期		复核人		复核时间	

关键控制名称	评价标准	分值	权重	判断依据	实际得分
组织实施业务外包	企业应当加强业务外包实施的管理，严格按照业务外包制度、工作流程和相关要求，组织开展业务外包，并采取有效的控制措施，确保承包方严格履行业务外包合同。				
业务外包过程管理	企业应当做好与承包方的对接工作，加强与承包方的沟通与协调，及时搜集相关信息，发现和解决业务外包日常管理中存在的问题。				
	对于重大业务外包，企业应当密切关注承包方的履约能力，建立相应的应急机制，避免业务外包失败造成本企业生产经营活动中断。				
	企业应当对承包方的履约能力进行持续评估，有确凿证据表明承包方存在重大违约行为，导致业务外包合同无法履行的，应当及时终止合同。				
业务外包验收	业务外包合同执行完成后需要验收的，企业应当组织相关部门或人员对完成的业务外包合同进行验收，出具验收证明。				
	验收过程中发现异常情况，应当立即报告，查明原因，及时处理。				
业务外包会计控制	企业应当根据国家统一的会计准则制度，加强对业务外包的核算与监督，做好业务外包费用结算工作。				

5.7　形成意见

业务外包内部控制审计意见，就是对业务外包内部控制有效性的审计结论，是被审计单位内部控制审计意见的一部分。这项工作是在前面业务外包内部控制审计工作基础上进行的。

十六、财务报告内部控制审计实务及其模板

1. 审计概念

《企业内部控制应用指引第14号——财务报告》第二条规定："本指引所称财务报告，是指反映企业某一特定日期财务状况和某一会计期间经营成果、现金流量的文件。"中天恒3C框架理解，本着与国际惯例趋同的原则，指引采用了"财务报告"这个国际通用术语，但是在我国现行有关法律、行政法规中使用的是"财务会计报告"术语。《企业会计准则——基本准则》第四条指出，"财务会计报告"又称"财务报告"，将两者等同。财务报告根据其服务对象不同，可以分为内部财务报告和外部财务报告两大类。而指引所定义的财务报告是一个狭义的概念，专指对外提供的严格按照国家统一的会计制度编制的财务报告。

财务报告内部控制审计，就是对被审计单位财务报告内部控制设计与运行的有效性的审查和评价活动，对促使被审计单位加强财务报告内部控制建设、防范财务报告风险具有重要意义。

企业应当建立对财务报告内部控制的审计制度，明确审计机构或人员的职责权限，定期或不定期地进行检查。内部审计部门或人员应检查财务报告的编制、财务报告的对外提供业务内部控制制度是否健全，各项规定是否得到有效执行。

2. 审计依据

财务报告控制审计依据除了国家关于财务报告管理方面的法律法规、企业制定的财务报告管理制度及其《企业内部控制手册》有关财务报告部分的内容外，还应包括包括国家、行业协会、被审计单位有关审计方面的规范及标准等。

3. 审计目标

财务报告内部控制审计目标，就是保证财务报告内部控制设计和运行的有效性，促使企业预防和控制财务报告风险，具体包括：

- 证实财务报告管理内部控制是否建立、健全并有效执行。
- 证实各项财务报告业务是否合法、合规等。

4. 审计内容

财务报告内部控制审计内容，因审计主体、审计要求及其审计方式的不同而不同。采用传统的全面审计方式，财务报告内部控制审计是审查和评价财务报告内部控制设计和运行的有效性两个方面，范围包括财务报告的编制、财务报告的对外提供等业务。采用现代以风险为导向审计方式，审计人员应以财务报告风险为导向，审计已经设计完成的财务报告内部控制及其相关的管理制度是否有效执行，是否有效控制了财务报告风险；已经设计有效的财务报告各控制点的控制措施是否有效实施，是否有效防止了各控制环节的风险；是否根据业务、环境等的变化持续改进财务报告内部控制等。

5. 审计程序

关于财务报告内部控制审计程序，中天恒 3C 框架研制的财务报告内部控制审计一般程序包括财务报告内部控制有效性调查、初步评价、风险评估、控制测试、评价缺陷、审计评价、形成意见等。审计程序表见表 16－1。

表 16－1　　中天恒 3C 框架财务报告内部控制审计程序表

被审计单位名称		被审计单位编码		索引编号	0	页次	
业务流程名称	财务报告	业务流程编号		审计人		审计时间	
审计期间		截止日期		复核人		复核时间	

序号	审计程序	细分程序	执行情况说明	工作底稿索引号
1	调查了解	财务报告内部控制有效性调查		A
2	初步评价	财务报告内部控制初步评价		B
3	风险评估	财务报告内部控制风险评估		C
4	控制测试	财务报告内部控制有效性测试		D
5	评价缺陷	财务报告内部控制缺陷评价		E
6	审计评价	财务报告内部控制审计评价		F
7	形成意见	财务报告内部控制审计结果汇总		H
说明	1. 每一个审计程序可细分若干具体程序。 2. 上述审计程序可结合进行，以提高审计工作效率。 3. 在执行每一步骤后，应填写“执行情况说明”一栏。			

5.1　调查了解

调查了解，就是调查了解财务报告内部控制设计和运行的基本情况，是对财务报告内部控制审计实施阶段的首要环节。财务报告调查工作是在内部控制审计总体工作的准备阶段的基础上进行的，涉及具体内容很多，因单位的不同而不同。对财务报告内部控制调查了解的方法有文字叙述法、调查表法、流程图法、控制矩阵法等。这些方法各有其特点，经常综合运用。实际审计工作中，为提高财务报告内部控制审计效率，调查了解工作应同财务报告现场测试工作一并进行，不宜为满足调查而走形式。中天恒 3C 框架研制的财务报告内部控制调查问卷见表 16－2、表 16－3、表 16－4。

表 16－2　　中天恒 3C 框架财务报告的编制内部控制调查问卷

被审计单位名称		被审计单位编码		索引编号	A－1	页次	
业务流程名称	财务报告的编制	业务流程编号		审计人		审计时间	
审计期间		截止日期		复核人		复核时间	
控制要点	调查内容	调查结果			证据名称	被调查部门	被调查人
		是	否	不适应			
制定编制财务报告方案	会计政策是否符合国家有关会计法规和最新监管要求的规定。						
	企业是否按照国家最新会计准则制度规定，结合自身情况，制定企业统一的会计政策。						
	企业是否有专人关注与会计相关法律法规、规章制度的变化及监管机构的最新规定等，并及时对企业的内部会计规章制度和财务报告流程等作出相应更改。						
	会计政策和会计估计的调整，无论是强制的还是自愿的，是否均按照规定的权限和程序审批。						
	财务报告流程、年报编制方案是否经公司分管财务会计工作的负责人核准后签发。						
	企业是否建立完备的信息沟通渠道，将内部会计规章制度和财务流程、会计科目表和相关文件及时有效地传达至相关人员，使其了解相关职责要求，掌握适当的会计知识、会计政策并加以执行。						
	企业是否通过内部审计等方式，定期进行测试，保证会计政策有效执行，且在不同业务部门、不同期间内保持一致性。						

续表

控制要点	调查内容	调查结果			证据名称	被调查部门	被调查人
		是	否	不适应			
确定重大事项的会计处理	企业是否对重大事项予以关注，通常包括以前年度审计调整以及相关事项对当期的影响、会计准则制度的变化及对财务报告的影响、新增业务和其他新发生的事项及对财务报告的影响、年度内合并（汇总）报告范围的变化及对财务报告的影响等。						
	企业是否建立重大事项的处理流程，报适当管理层审批后，予以执行。						
	企业是否及时沟通需要专业判断的重大会计事项并确定相应会计处理。						
	企业是否规定下属各部门、各单位人员及时将重大事项信息报告至同级财会部门。						
	财会部门是否定期研究、分析并与相关部门组织沟通重大事项的会计处理，逐级报请总会计师或分管会计工作的负责人审批后下达各相关单位执行。						
	资产减值损失、公允价值计量等涉及重大判断和估计时，财会部门是否定期与资产管理部门进行沟通。						
清查资产核实债务	做好各项资产、负债的清查、核实工作，是否包括：与银行核对对账单、盘点库存现金、核对票据；核查结算款项，包括应收款项、应付款项、应交税金等是否存在，与债务、债权单位的相应债务、债权金额是否一致；核查原材料、在产品、自制半成品、库存商品等各项存货的实存数量与账面数量是否一致，是否有报废损失和积压物资等；核查账面投资是否存在，投资收益是否按照国家统一的会计准则制度规定进行确认和计量；核查房屋建筑物、机器设备、运输工具等各项固定资产的实存数量与账面数量是否一致，清查土地、房屋的权属证明，确定资产归属；核查在建工程的实际发生额与账面记录是否一致等。						

续表

控制要点	调查内容	调查结果			证据名称	被调查部门	被调查人
		是	否	不适应			
清查资产核实债务	对清查过程中发现的差异，是否分析原因，提出处理意见，取得合法证据和按照规定权限经审批，将清查、核实的结果及其处理办法向企业的董事会或者相应机构报告，并根据国家统一的会计准则制度的规定进行相应的会计处理。						
结账	对于调整项目，是否取得和保留审批文件，以保证调整有据可依。						
	是否为了赶编财务报告而提前结账，或把本期发生的经济业务事项延至下期登账。						
	是否先编财务报告后结账。						
	是否在当期所有交易或事项处理完毕并经财会部门负责人审核签字确认后，实施关账和结账操作。						
个别财务报告编制	企业财务报告列示的资产、负债、所有者权益金额是否真实可靠。						
	各项资产计价方法是否随意变更。						
	如有减值，是否合理计提减值准备，严禁虚增或虚减资产。						
	各项负债是否反映企业的现时义务。						
	是否提前、推迟或不确认负债。						
	所有者权益是否反映企业资产扣除负债后由所有者享有的剩余权益。						
	企业是否做好所有者权益保值增值工作，严禁虚假出资、抽逃出资、资本不实。						
	企业财务报告是否如实列示当期收入、费用和利润的构成。						
	各项收入的确认是否遵循规定的标准。						
	是否虚列或者隐瞒收入，推迟或提前确认收入。						

续表

控制要点	调查内容	调查结果			证据名称	被调查部门	被调查人
		是	否	不适应			
个别财务报告编制	各项费用、成本的确认是否符合规定。						
	是否随意改变费用、成本的确认标准或计量方法，虚列、多列、不列或者少列费用、成本。						
合并财务报告编制	企业集团是否编制合并财务报告，明确合并财务报表的合并范围和合并方法，如实反映企业集团的财务状况、经营成果和现金流量。						
	编报单位财会部门是否依据经同级法律事务部门确认的产权（股权）结构图，并考虑所有相关情况以确定合并范围符合国家统一的会计准则制度的规定，由财会部门负责人审核、确认合并范围是否完整。						
	财会部门是否收集、审核下级单位财务报告，并汇总出本级次的财务报告，经汇总单位财会部门负责人审核。						
	财会部门是否制定内部交易和事项核对表及填制要求，报财会部门负责人审批后下发纳入合并范围内各单位。						
	财会部门是否核对本单位及纳入合并范围内各单位之间内部交易的事项和金额，如有差异，应及时查明原因并进行调整。						
	编制内部交易表及内部往来表是否交财会部门负责人审核。						
	合并抵销分录是否有相应的标准文件和证据支持，由财会部门负责人审核。						
	对合并抵销分录是否实行交叉复核制度。						

表 16-3　　中天恒 3C 框架财务报告的对外提供内部控制调查问卷

被审计单位名称		被审计单位编码		索引编号	A-2	页次	
业务流程名称	财务报告的对外提供	业务流程编号		审计人		审计时间	
审计期间		截止日期		复核人		复核时间	

控制要点	调查内容	调查结果			证据名称	被调查部门	被调查人
		是	否	不适应			
对外提供前的审签	企业财务报告编制完成后，是否装订成册，加盖公章，由企业负责人、总会计师或分管会计工作的负责人、财务部门负责人签名并盖章。						
	企业是否严格按照规定的财务报告编制中的审批程序，由各级负责人逐级把关，对财务报告内容的真实性、完整性以及格式的合规性等予以审核。						
	企业是否保留审核记录，建立责任追究制度。						
对外提供前的审计	企业是否依据相关法律法规的规定，选择符合资质的会计师事务所对财务报告进行审计。						
	企业是否干扰审计人员的正常工作，并应对审计意见予以落实。						
	注册会计师及其所在的事务所出具的审计报告，是否随财务报告一并提供。						
财务报告对外提供	企业对外提供的财务报告是否及时整理归档，并按有关规定妥善保存。						
	企业是否根据相关法律法规的要求，在企业相关制度中明确负责财务报告对外提供的对象，在相关制度性文件中予以明确并由企业负责人监督。						
	企业是否严格按照规定的财务报告编制中的审批程序，由财会部门负责人、总会计师或分管会计工作的负责人、企业负责人逐级把关，对财务报告内容的真实性、完整性以及格式的合规性等予以审核，确保提供给投资者、债权人、政府监管部门、社会公众等各方面的财务报告的编制基础、编制依据、编制原则和方法完全一致。						

续表

控制要点	调查内容	调查结果			证据名称	被调查部门	被调查人
		是	否	不适应			
财务报告对外提供	企业是否严格遵守相关法律法规和国家统一的会计准则制度对报送时间的要求，在财务报告的编制、审核、报送流程中的每一步骤设置时间点，对未能按时完成的相关人员进行处罚。						
	企业是否设置严格的保密程序，对能够接触财务报告信息的人员进行权限设置，保证财务报告信息在对外提供前控制在适当的范围。并对财务报告信息的访问情况予以记录，以便了解情况，及时发现可能的泄密行为，在泄密后也易于找到相应的责任人。						
	企业对外提供的财务报告是否及时整理归档，并按有关规定妥善保存。						

表 16－4　　　中天恒 3C 框架财务报告的分析利用内部控制调查问卷

被审计单位名称		被审计单位编码		索引编号	A－3	页次	
业务流程名称	财务报告的分析利用	业务流程编号		审计人		审计时间	
审计期间		截止日期		复核人		复核时间	

控制要点	调查内容	调查结果			证据名称	被调查部门	被调查人
		是	否	不适应			
制定财务分析制度	企业在对基本情况分析时，是否重点了解企业的发展背景，包括企业的发展史、企业组织机构、产品销售及财务资产变动情况等，熟悉企业业务流程，分析研究企业的资产及财务管理活动。						
	企业在制定财务报告分析制度时，是否重点关注：财务报告分析的时间、组织形式、参加的部门和人员；财务报告分析的内容、分析的步骤、分析方法和指标体系；财务报告分析报告的编写要求等。						
	财务报告分析制度草案是否经由财会部门负责人、总会计师或分管会计工作的负责人、企业负责人检查、修改、审批之后，根据制度设计的要求进行试行，发现问题及时总结上报。						

续表

控制要点	调查内容	调查结果			证据名称	被调查部门	被调查人
		是	否	不适应			
制定财务分析制度	财会部门是否根据试行情况进行修正，确定最终的财务报告分析制度文稿，并经财会部门负责人、总会计师或分管会计工作的负责人、企业负责人进行最终的审批。						
进行财务分析工作	企业是否分析企业的资产分布、负债水平和所有者权益结构，通过资产负债率、流动比率、资金周转等指标分析企业的偿债能力和营运能力；分析企业净资产的增减变化，了解和掌握企业规模和净资产的不断变化过程。						
	企业是否分析各项收入、费用的构成及其增减变动情况，通过净资产收益率、每股收益等指标，分析企业的盈利能力和发展能力，了解和掌握当期利润增减变化的原因和未来发展趋势。						
	企业是否分析经营活动、投资活动、筹资活动现金流量的运转情况，重点关注现金流量能否保证生产经营活动过程的正常运行，防止现金短缺或闲置。						
	总会计师或分管会计工作的负责人是否在财务分析和利用工作中发挥主导作用，负责组织领导。						
	财会部门负责人是否审核财务分析报告的准确性，判断是否需要对特殊事项进行补充说明，并对财务分析报告进行补充说明。						
	对生产经营活动中的重要资料、重大事项以及与上年同期数据相比有较大差异的情况是否要做重点说明。						
	企业财务分析会议是否吸收有关部门负责人参加，对各部门提出的意见，财会部门应充分沟通、分析，进而修改完善财务分析报告。						

续表

控制要点	调查内容	调查结果			证据名称	被调查部门	被调查人
		是	否	不适应			
编制财务分析报告	企业定期的财务分析是否形成分析报告，构成内部报告的组成部分。						
财务报告分析利用	定期的财务分析报告是否构成内部报告的组成部分，并充分利用信息技术和现有内部报告体系在各个层级上进行沟通。						
	是否根据分析报告的意见，明确各部门职责。						
	责任部门是否按要求落实改正，财会部门负责监督、跟踪责任部门的落实情况，并及时向有关负责人反馈落实情况。						

5.2 初步评价

对财务报告内部控制初步评价，可通过问题调查表和初步评价表进行反映。财务报告初步评价可以结合调查了解程序一起进行，也可以独立进行。

5.3 风险评估

按照风险导向审计理论，审计人员进行财务报告内部控制审计应当以风险评估为基础，选择拟测试的控制，确定测试所需要收集的证据。财务报告风险评估，就是识别、分析、评价财务报告方面的风险。从中天恒管理咨询公司内部控制与风险管理咨询的实践来看，财务报告风险应识别和描述：

➢ 编制财务报告违反会计法律法规和国家统一的会计准则制度，可能导致企业承担法律责任和声誉受损。

➢ 提供虚假财务报告，误导财务报告使用者，造成决策失误，干扰市场秩序。

➢ 不能有效利用财务报告，难以及时发现企业经营管理中存在的问题，可能导致企业财务和经营风险失控。

中天恒 3C 框架研制的财务报告风险评估表见表 16－7。

表 16-7　　　　中天恒 3C 框架财务报告风险评估表

被审计单位名称		被审计单位编码		索引编号	C	页次	
业务流程名称	财务报告	业务流程编号	3C014	审计人		审计时间	
审计期间		截止日期		复核人		复核时间	

流程编号	一级流程	二级流程	风险描述	可能性	影响程度	风险排序
3C014	财务报告		编制财务报告违反会计法律法规和国家统一的会计准则制度，可能导致企业承担法律责任和声誉受损。 提供虚假财务报告，误导财务报告使用者，造成决策失误，干扰市场秩序。 不能有效利用财务报告，难以及时发现企业经营管理中存在的问题，可能导致企业财务和经营风险失控。			
3C014.01		财务报告的编制				
3C014.02		财务报告的对外提供				
3C014.03		财务报告的分析利用				

5.4　控制测试

财务报告内部控制测试，就是审计人员现场测试财务报告内部控制设计和运行的有效性。对财务报告内部控制设计有效性测试时，审计人员应当综合运用询问适当人员、观察经营活动和检查相关文件等程序。对财务报告内部控制运行有效性测试，审计人员应当综合运用询问适当人员、观察经营活动、检查相关文件以及重新执行控制等程序。审计实践中，审计人员对财务报告内部控制设计有效性和运行有效性是一并进行测试的，测试重点是财务报告关键控制。中天恒 3C 框架研究开发的财务报告内部控制测试工具包括财务报告内部控制有效性测试矩阵表、测试表、汇总分析表等，具体格式及要素见下列各表。

表 16－8　中天恒 3C 框架财务报告的编制内部控制有效性测试矩阵表

被审计单位名称		被审计单位编码		索引编号	D－1	页次	
业务流程名称	财务报告的编制	业务流程编号	3C014.01	审计人		审计时间	
审计期间		截止日期		复核人		复核时间	

关键控制名称	关键控制编号	控制方式	控制频率	样本总体	样本数量	测试要点	证据名称	测试程序	测试结果	交叉索引
制定编制财务报告方案						会计政策是否符合国家有关会计法规和最新监管要求的规定。				
						企业是否按照国家最新会计准则制度规定，结合自身情况，制定企业统一的会计政策。				
						企业是否有专人关注与会计相关法律法规、规章制度的变化及监管机构的最新规定等，并及时对企业的内部会计规章制度和财务报告流程等作出相应更改。				
						会计政策和会计估计的调整，无论是强制的还是自愿的，是否均按照规定的权限和程序审批。				
						财务报告流程、年报编制方案是否经公司分管财务会计工作的负责人核准后签发。				
						企业是否建立完备的信息沟通渠道，将内部会计规章制度和财务流程、会计科目表和相关文件及时有效地传达至相关人员，使其了解相关职责要求，掌握适当的会计知识、会计政策并加以执行。				
						企业是否通过内部审计等方式，定期进行测试，保证会计政策有效执行，且在不同业务部门、不同期间内保持一致性。				

续表

关键控制名称	关键控制编号	控制方式	控制频率	样本总体	样本数量	测试要点	证据名称	测试程序	测试结果	交叉索引
确定重大事项的会计处理						企业是否对重大事项予以关注，通常包括以前年度审计调整以及相关事项对当期的影响、会计准则制度的变化及对财务报告的影响、新增业务和其他新发生的事项及对财务报告的影响、年度内合并（汇总）报告范围的变化及对财务报告的影响等。				
						企业是否建立重大事项的处理流程，报适当管理层审批后，予以执行。				
						企业是否及时沟通需要专业判断的重大会计事项并确定相应会计处理。				
						企业是否规定下属各部门、各单位人员及时将重大事项信息报告至同级财会部门。				
						财会部门是否定期研究、分析并与相关部门组织沟通重大事项的会计处理，逐级报请总会计师或分管会计工作的负责人审批后下达各相关单位执行。				
						资产减值损失、公允价值计量等涉及重大判断和估计时，财会部门是否定期与资产管理部门进行沟通。				

续表

关键控制名称	关键控制编号	控制方式	控制频率	样本总体	样本数量	测试要点	证据名称	测试程序	测试结果	交叉索引
清查资产核实债务						做好各项资产、负债的清查、核实工作，是否包括：与银行核对对账单、盘点库存现金、核对票据；核查结算款项，包括应收款项、应付款项、应交税金等是否存在，与债务、债权单位的相应债务、债权金额是否一致；核查原材料、在产品、自制半成品、库存商品等各项存货的实存数量与账面数量是否一致，是否有报废损失和积压物资等；核查账面投资是否存在，投资收益是否按照国家统一的会计准则制度规定进行确认和计量；核查房屋建筑物、机器设备、运输工具等各项固定资产的实存数量与账面数量是否一致，清查土地、房屋的权属证明，确定资产归属；核查在建工程的实际发生额与账面记录是否一致等。				
						对清查过程中发现的差异，是否分析原因，提出处理意见，取得合法证据和按照规定权限经审批，将清查、核实的结果及其处理办法向企业的董事会或者相应机构报告，并根据国家统一的会计准则制度的规定进行相应的会计处理。				
结账						对于调整项目，是否取得和保留审批文件，以保证调整有据可依。				
						是否为了赶编财务报告而提前结账，或把本期发生的经济业务事项延至下期登账。				
						是否先编财务报告后结账。				
						是否在当期所有交易或事项处理完毕并经财会部门负责人审核签字确认后，实施关账和结账操作。				
个别财务报告编制						企业财务报告列示的资产、负债、所有者权益金额是否真实可靠。				

续表

关键控制名称	关键控制编号	控制方式	控制频率	样本总体	样本数量	测试要点	证据名称	测试程序	测试结果	交叉索引
个别财务报告编制						各项资产计价方法是否随意变更。				
						如有减值，是否合理计提减值准备，严禁虚增或虚减资产。				
						各项负债是否反映企业的现时义务。				
						是否提前、推迟或不确认负债。				
						所有者权益是否反映企业资产扣除负债后由所有者享有的剩余权益。				
						企业是否做好所有者权益保值增值工作，严禁虚假出资、抽逃出资、资本不实。				
						企业财务报告是否如实列示当期收入、费用和利润的构成。				
						各项收入的确认是否遵循规定的标准。				
						是否虚列或者隐瞒收入，推迟或提前确认收入。				
						各项费用、成本的确认是否符合规定。				
						是否随意改变费用、成本的确认标准或计量方法，虚列、多列、不列或者少列费用、成本。				
合并财务报告编制						企业集团是否编制合并财务报告，明确合并财务报表的合并范围和合并方法，如实反映企业集团的财务状况、经营成果和现金流量。				
						编报单位财会部门是否依据经同级法律事务部门确认的产权（股权）结构图，并考虑所有相关情况以确定合并范围符合国家统一的会计准则制度的规定，由财会部门负责人审核、确认合并范围是否完整。				
						财会部门是否收集、审核下级单位财务报告，并汇总出本级次的财务报告，经汇总单位财会部门负责人审核。				

续表

关键控制名称	关键控制编号	控制方式	控制频率	样本总体	样本数量	测试要点	证据名称	测试程序	测试结果	交叉索引
合并财务报告编制						财会部门是否制定内部交易和事项核对表及填制要求，报财会部门负责人审批后下发纳入合并范围内各单位。				
						财会部门是否核对本单位及纳入合并范围内各单位之间内部交易的事项和金额，如有差异，应及时查明原因并进行调整。				
						编制内部交易表及内部往来表是否交财会部门负责人审核。				
						合并抵销分录是否有相应的标准文件和证据进行支持，由财会部门负责人审核。				
						对合并抵销分录是否实行交叉复核制度。				

测试结论	设计有效性							运行有效性						
	有效	控制薄弱环节说明						有效	控制薄弱环节说明					
		控制不符合实际	应有的控制不存在	风险识别不准确	未设计控制证据	控制矩阵编制不规范	其他		制度未执行	措施未落实	控制证据不足	设计不适应	监控不力	其他

表 16－9　　中天恒 3C 框架财务报告的对外提供内部控制有效性测试矩阵表

被审计单位名称		被审计单位编码		索引编号	D－2	页次	
业务流程名称	财务报告的对外提供	业务流程编号	3C014.02	审计人		审计时间	
审计期间		截止日期		复核人		复核时间	

关键控制名称	关键控制编号	控制方式	控制频率	样本总体	样本数量	测试要点	证据名称	测试程序	测试结果	交叉索引
对外提供前的审签						企业财务报告编制完成后，是否装订成册，加盖公章，由企业负责人、总会计师或分管会计工作的负责人、财务部门负责人签名并盖章。				

续表

关键控制名称	关键控制编号	控制方式	控制频率	样本总体	样本数量	测试要点	证据名称	测试程序	测试结果	交叉索引
对外提供前的审签						企业是否严格按照规定的财务报告编制中的审批程序，由各级负责人逐级把关，对财务报告内容的真实性、完整性以及格式的合规性等予以审核。				
						企业是否保留审核记录，建立责任追究制度。				
对外提供前的审计						企业是否据相关法律法规的规定，选择符合资质的会计师事务所对财务报告进行审计。				
						企业是否干扰审计人员的正常工作，并应对审计意见予以落实。				
						注册会计师及其所在的事务所出具的审计报告，是否随财务报告一并提供。				
财务报告对外提供						企业对外提供的财务报告是否及时整理归档，并按有关规定妥善保存。				
						企业是否根据相关法律法规的要求，在企业相关制度中明确负责财务报告对外提供的对象，在相关制度性文件中予以明确并由企业负责人监督。				
						企业是否严格按照规定的财务报告编制中的审批程序，由财会部门负责人、总会计师或分管会计工作的负责人、企业负责人逐级把关，对财务报告内容的真实性、完整性以及格式的合规性等予以审核，确保提供给投资者、债权人、政府监管部门、社会公众等各方面的财务报告的编制基础、编制依据、编制原则和方法完全一致。				
						企业是否严格遵守相关法律法规和国家统一的会计准则制度对报送时间的要求，在财务报告的编制、审核、报送流程中的每一步骤设置时间点，对未能按时完成的相关人员进行处罚。				

续表

关键控制名称	关键控制编号	控制方式	控制频率	样本总体	样本数量	测试要点	证据名称	测试程序	测试结果	交叉索引
财务报告对外提供						企业是否设置严格的保密程序，对能够接触财务报告信息的人员进行权限设置，保证财务报告信息在对外提供前控制在适当的范围。并对财务报告信息的访问情况予以记录，以便了解情况，及时发现可能的泄密行为，在泄密后也易于找到相应的责任人。				
						企业对外提供的财务报告是否及时整理归档，并按有关规定妥善保存。				

测试结论	设计有效性							运行有效性						
	有效	控制薄弱环节说明						有效	控制薄弱环节说明					
		控制不符合实际	应有的控制不存在	风险识别不准确	未设计控制证据	控制矩阵编制不规范	其他		制度未执行	措施未落实	控制证据不足	设计不适应	监控不力	其他

表 16－10　中天恒 3C 框架财务报告的分析利用内部控制有效性测试矩阵表

被审计单位名称		被审计单位编码		索引编号	D－3	页次	
业务流程名称	财务报告的分析利用	业务流程编号	3C014.03	审计人		审计时间	
审计期间		截止日期		复核人		复核时间	

关键控制名称	关键控制编号	控制方式	控制频率	样本总体	样本数量	测试要点	证据名称	测试程序	测试结果	交叉索引
制定财务分析制度						企业在对基本情况分析时，是否重点了解企业的发展背景，包括企业的发展史、企业组织机构、产品销售及财务资产变动情况等，熟悉企业业务流程，分析研究企业的资产及财务管理活动。				

续表

关键控制名称	关键控制编号	控制方式	控制频率	样本总体	样本数量	测试要点	证据名称	测试程序	测试结果	交叉索引
制定财务分析制度						企业在制定财务报告分析制度时，是否重点关注：财务报告分析的时间、组织形式、参加的部门和人员；财务报告分析的内容、分析的步骤、分析方法和指标体系；财务报告分析报告的编写要求等。				
						财务报告分析制度草案是否经由财会部门负责人、总会计师或分管会计工作的负责人、企业负责人检查、修改、审批之后，根据制度设计的要求进行试行，发现问题及时总结上报。				
						财会部门是否根据试行情况进行修正，确定最终的财务报告分析制度文稿，并经财会部门负责人、总会计师或分管会计工作的负责人、企业负责人进行最终的审批。				
进行财务分析工作						企业是否分析企业的资产分布、负债水平和所有者权益结构，通过资产负债率、流动比率、资金周转等指标分析企业的偿债能力和营运能力；分析企业净资产的增减变化，了解和掌握企业规模和净资产的不断变化过程。				
						企业是否分析各项收入、费用的构成及其增减变动情况，通过净资产收益率、每股收益等指标，分析企业的盈利能力和发展能力，了解和掌握当期利润增减变化的原因和未来发展趋势。				
						企业是否分析经营活动、投资活动、筹资活动现金流量的运转情况，重点关注现金流量能否保证生产经营活动过程的正常运行，防止现金短缺或闲置。				
						总会计师或分管会计工作的负责人是否在财务分析和利用工作中发挥主导作用，负责组织领导。				

续表

关键控制名称	关键控制编号	控制方式	控制频率	样本总体	样本数量	测试要点	证据名称	测试程序	测试结果	交叉索引
进行财务分析工作						财会部门负责人是否审核财务分析报告的准确性，判断是否需要对特殊事项进行补充说明，并对财务分析报告进行补充说明。				
						对生产经营活动中的重要资料、重大事项以及与上年同期数据相比有较大差异的情况是否要做重点说明。				
						企业财务分析会议是否吸收有关部门负责人参加，对各部门提出的意见，财会部门应充分沟通、分析，进而修改完善财务分析报告。				
编制财务分析报告						企业定期的财务分析是否形成分析报告，构成内部报告的组成部分。				
财务报告分析利用						定期的财务分析报告是否构成内部报告的组成部分，并充分利用信息技术和现有内部报告体系在各个层级上进行沟通。				
						是否根据分析报告的意见，明确各部门职责。				
						责任部门是否按要求落实改正，财会部门负责监督、跟踪责任部门的落实情况，并及时向有关负责人反馈落实情况。				

<table>
<tr><td rowspan="4">测试结论</td><td colspan="7">设计有效性</td><td colspan="7">运行有效性</td></tr>
<tr><td rowspan="2">有效</td><td colspan="6">控制薄弱环节说明</td><td rowspan="2">有效</td><td colspan="6">控制薄弱环节说明</td></tr>
<tr><td>控制不符合实际</td><td>应有的控制不存在</td><td>风险识别不准确</td><td>未设计控制证据</td><td>控制矩阵编制不规范</td><td>其他</td><td>制度未执行</td><td>措施未落实</td><td>控制证据不足</td><td>设计不适应</td><td>监控不力</td><td>其他</td></tr>
<tr><td></td><td></td><td></td><td></td><td></td><td></td><td></td><td></td><td></td><td></td><td></td><td></td><td></td><td></td></tr>
</table>

5.5　评价缺陷

评价财务报告控制缺陷，就是对财务报告内部控制存在的设计和执行有效性方面的缺陷进行分析和评价。对已发现的财务报告内部控制重大缺陷，审计人员应当及时以书面形式与被审计单位进行沟通，核对测试结果和数据，确认财务报告内部控制缺陷事实，并在缺陷认定底稿上签章。缺陷评价表格见表16－11、表16－12。

表16－11　中天恒3C框架财务报告内部控制缺陷评价矩阵表

被审计单位名称		被审计单位编码		索引编号	E	页次	
业务流程名称	财务报告	业务流程编号	3C014	审计人		审计时间	
审计期间		截止日期		复核人		复核时间	

末级流程	关键控制	缺陷类型	缺陷描述	缺陷来源	缺陷性质			评价程序	评价索引	对报表影响	补偿性控制	整改意见
					一般缺陷	重大缺陷	重要缺陷					
财务报告的编制												
财务报告的对外提供												

表16－12　中天恒3C框架财务报告内部控制缺陷评价表

被审计单位名称		被审计单位编码		索引编号	E－1	页次	
业务流程名称	财务报告	业务流程编号		审计人		审计时间	
关键控制名称		关键控制编号		复核人		复核时间	
影响会计科目		审计期间				截止日期	

缺陷类型	缺陷描述	评价标准	审计组初步认定意见	被审计单位（或当事人）意见及相关说明
缺陷事项证据资料				

5.6　审计评价

财务报告内部控制审计是评价财务报告内部控制审计工作的一个重要环节。财务报告内部控制审计评价的方法很多，比较常用的是评分法。中天恒3C框架研制的财务报告内部控制审计评价表及汇总表见表16－13、表16－14、表16－15。

表16－13　中天恒3C框架财务报告的编制内部控制审计评价表

<table>
<tr><td>被审计单位名称</td><td></td><td>被审计单位编码</td><td></td><td>索引编号</td><td>F－1</td><td>页次</td><td></td></tr>
<tr><td>业务流程名称</td><td>财务报告的编制</td><td>业务流程编号</td><td></td><td>审计人</td><td></td><td>审计时间</td><td></td></tr>
<tr><td>审计期间</td><td></td><td>截止日期</td><td></td><td>复核人</td><td></td><td>复核时间</td><td></td></tr>
</table>

<table>
<tr><th>关键控制名称</th><th>评价标准</th><th>分值</th><th>权重</th><th>判断依据</th><th>实际得分</th></tr>
<tr><td rowspan="9">制定编制财务报告方案</td><td>会计政策应符合国家有关会计法规和最新监管要求的规定。</td><td></td><td rowspan="9"></td><td rowspan="9"></td><td rowspan="9"></td></tr>
<tr><td>企业应按照国家最新会计准则制度规定，结合自身情况，制定企业统一的会计政策。</td><td></td></tr>
<tr><td>企业应有专人关注与会计相关法律法规、规章制度的变化及监管机构的最新规定等，并及时对企业的内部会计规章制度和财务报告流程等做出相应更改。</td><td></td></tr>
<tr><td>会计政策和会计估计的调整，无论是强制的还是自愿的，均需按照规定的权限和程序审批。</td><td></td></tr>
<tr><td>企业的内部会计规章制度至少要经财会部门负责人审批后才能生效，财务报告流程、年报编制方案应当经公司分管财务会计工作的负责人核准后签发。</td><td></td></tr>
<tr><td>企业应建立完备的信息沟通渠道，将内部会计规章制度和财务流程、会计科目表和相关文件及时有效地传达至相关人员，使其了解相关职责要求，掌握适当的会计知识、会计政策并加以执行。</td><td></td></tr>
<tr><td>企业还应通过内部审计等方式，定期进行测试，保证会计政策有效执行，且在不同业务部门、不同期间内保持一致性。</td><td></td></tr>
<tr><td>企业应明确各部门的职责分工，由总会计师或分管会计工作的负责人负责组织领导；财会部门负责财务报告编制工作；各部门应当及时向财会部门提供编制财务报告所需的信息，并对所提供信息的真实性和完整性负责。</td><td></td></tr>
<tr><td>企业应根据财务报告的报送要求，倒排工时，为各步骤设置关键时间点，并由财会部门负责督促和考核各部门的工作进度，及时进行提醒，对未能及时完成的进行相关处罚。</td><td></td></tr>
</table>

续表

关键控制名称	评价标准	分值	权重	判断依据	实际得分
确定重大事项的会计处理	企业应对重大事项予以关注，通常包括以前年度审计调整以及相关事项对当期的影响、会计准则制度的变化及对财务报告的影响、新增业务和其他新发生的事项及对财务报告的影响、年度内合并（汇总）报告范围的变化及对财务报告的影响等。				
	企业应建立重大事项的处理流程，报适当管理层审批后，予以执行。				
	企业及时沟通需要专业判断的重大会计事项并确定相应会计处理。				
	企业应规定下属各部门、各单位人员及时将重大事项信息报告至同级财会部门。				
清查资产核实债务	确定具体可行的资产清查、负债核实计划，安排合理的时间和工作进度，配备足够的人员、确定实物资产盘点的具体方法和过程，同时做好业务准备工作。				
	做好各项资产、负债的清查、核实工作，包括：与银行核对对账单、盘点库存现金、核对票据；核查结算款项，包括应收款项、应付款项、应交税金等是否存在，与债务、债权单位的相应债务、债权金额是否一致；核查原材料、在产品、自制半成品、库存商品等各项存货的实存数量与账面数量是否一致，是否有报废损失和积压物资等；核查账面投资是否存在，投资收益是否按照国家统一的会计准则制度规定进行确认和计量；核查房屋建筑物、机器设备、运输工具等各项固定资产的实存数量与账面数量是否一致，清查土地、房屋的权属证明，确定资产归属；核查在建工程的实际发生额与账面记录是否一致等。				
	对清查过程中发现的差异，应当分析原因，提出处理意见，取得合法证据和按照规定权限经审批，将清查、核实的结果及其处理办法向企业的董事会或者相应机构报告，并根据国家统一的会计准则制度的规定进行相应的会计处理。				

续表

关键控制名称	评价标准	分值	权重	判断依据	实际得分
结账	核对各会计账簿记录与会计凭证的内容、金额等是否一致，记账方向是否相符。				
	检查相关账务处理是否符合国家统一的会计准则制度和企业制定的核算方法。				
	调整有关账项，合理确定本期应计的收入和应计的费用。				
	检查是否存在因会计差错、会计政策变更等原因需要调整前期或者本期相关项目。				
	对于调整项目，需取得和保留审批文件，以保证调整有据可依。				
	不得为了赶编财务报告而提前结账，或把本期发生的经济业务事项延至下期登账，也不得先编财务报告后结账，应在当期所有交易或事项处理完毕并经财会部门负责人审核签字确认后，实施关账和结账操作。				
	如果在关账之后需要重新打开已关闭的会计期间，须填写相应的申请表，经总会计师或分管会计工作的负责人审批后进行。				
个别财务报告编制	企业财务报告列示的资产、负债、所有者权益金额应当真实可靠。				
	各项资产计价方法不得随意变更，如有减值，应当合理计提减值准备，严禁虚增或虚减资产。				
	各项负债应当反映企业的现时义务，不得提前、推迟或不确认负债，严禁虚增或虚减负债。				
	所有者权益应当反映企业资产扣除负债后由所有者享有的剩余权益，由实收资本、资本公积、留存收益等构成。企业应当做好所有者权益保值增值工作，严禁虚假出资、抽逃出资、资本不实。				
	企业财务报告应当如实列示当期收入、费用和利润的构成。				
	各项收入的确认应当遵循规定的标准，不得虚列或者隐瞒收入，推迟或提前确认收入。				

续表

关键控制名称	评价标准	分值	权重	判断依据	实际得分
个别财务报告编制	各项费用、成本的确认应当符合规定，不得随意改变费用、成本的确认标准或计量方法，虚列、多列、不列或者少列费用、成本。				
	利润由收入减去费用后的净额、直接计入当期利润的利得和损失等构成。				
	不得随意调整利润的计算、分配方法，编造虚假利润。				
	企业财务报告列示的各种现金流量由经营活动、投资活动和筹资活动的现金流量构成，应当按照规定划清各类交易和事项的现金流量的界限。				
合并财务报告编制	企业集团应当编制合并财务报告，明确合并财务报表的合并范围和合并方法，如实反映企业集团的财务状况、经营成果和现金流量。				
	编报单位财会部门应依据经同级法律事务部门确认的产权（股权）结构图，并考虑所有相关情况以确定合并范围符合国家统一的会计准则制度的规定，由财会部门负责人审核、确认合并范围是否完整。				
	财会部门收集、审核下级单位财务报告，并汇总出本级次的财务报告，经汇总单位财会部门负责人审核。				
	财会部门制定内部交易和事项核对表及填制要求，报财会部门负责人审批后下发纳入合并范围内各单位。				
	财会部门核对本单位及纳入合并范围内各单位之间内部交易的事项和金额，如有差异，应及时查明原因并进行调整。				
	编制内部交易表及内部往来表交财会部门负责人审核。				
	合并抵销分录应有相应的标准文件和证据进行支持，由财会部门负责人审核。				
	对合并抵销分录实行交叉复核制度，具体编制人完成调整分录后即提交相应复核人进行审核，审核通过后才可录入试算平衡表。通过交叉复核，保证合并抵销分录的真实性、完整性。				

表 16-14　中天恒 3C 框架财务报告的对外提供内部控制审计评价表

被审计单位名称		被审计单位编码		索引编号	F-2	页次	
业务流程名称	财务报告的对外提供	业务流程编号		审计人		审计时间	
审计期间		截止日期		复核人		复核时间	

关键控制名称	评价标准	分值	权重	判断依据	实际得分
对外提供前的审签	企业财务报告编制完成后，应当装订成册，加盖公章，由企业负责人、总会计师或分管会计工作的负责人、财务部门负责人签名并盖章。				
	企业应严格按照规定的财务报告编制中的审批程序，由各级负责人逐级把关，对财务报告内容的真实性、完整性以及格式的合规性等予以审核。				
对外提供前的审计	企业应根据相关法律法规的规定，选择符合资质的会计师事务所对财务报告进行审计。				
	企业不得干扰审计人员的正常工作，并应对审计意见予以落实。				
财务报告对外提供	企业对外提供的财务报告应当及时整理归档，并按有关规定妥善保存。				
	企业应根据相关法律法规的要求，在企业相关制度中明确负责财务报告对外提供的对象，在相关制度性文件中予以明确并由企业负责人监督。				
	企业应严格按照规定的财务报告编制中的审批程序，由财会部门负责人、总会计师或分管会计工作的负责人、企业负责人逐级把关，对财务报告内容的真实性、完整性以及格式的合规性等予以审核，确保提供给投资者、债权人、政府监管部门、社会公众等各方面的财务报告的编制基础、编制依据、编制原则和方法完全一致。				
	企业应严格遵守相关法律法规和国家统一的会计准则制度对报送时间的要求，在财务报告的编制、审核、报送流程中的每一步骤设置时间点，对未能按时完成的相关人员进行处罚。				
	企业应设置严格的保密程序，对能够接触财务报告信息的人员进行权限设置，保证财务报告信息在对外提供前控制在适当的范围。并对财务报告信息的访问情况予以记录，以便了解情况，及时发现可能的泄密行为，在泄密后也易于找到相应的责任人。				

表 16－15　中天恒 3C 框架财务报告的分析利用内部控制审计评价表

被审计单位名称		被审计单位编码		索引编号	F－3	页次	
业务流程名称	财务报告的分析利用	业务流程编号		审计人		审计时间	
审计期间		截止日期		复核人		复核时间	

关键控制名称	评价标准	分值	权重	判断依据	实际得分
制定财务分析制度	企业在对基本情况分析时，应当重点了解企业的发展背景，包括企业的发展史、企业组织机构、产品销售及财务资产变动情况等，熟悉企业业务流程，分析研究企业的资产及财务管理活动。				
	企业在制定财务报告分析制度时，应重点关注：财务报告分析的时间、组织形式、参加的部门和人员；财务报告分析的内容、分析的步骤、分析方法和指标体系；财务报告分析报告的编写要求等。				
	财务报告分析制度草案经由财会部门负责人、总会计师或分管会计工作的负责人、企业负责人检查、修改、审批之后，根据制度设计的要求进行试行，发现问题及时总结上报。				
	财会部门根据试行情况进行修正，确定最终的财务报告分析制度文稿，并经财会部门负责人、总会计师或分管会计工作的负责人、企业负责人进行最终的审批。				
进行财务分析工作	企业应当分析企业的资产分布、负债水平和所有者权益结构，通过资产负债率、流动比率、资金周转等指标分析企业的偿债能力和营运能力；分析企业净资产的增减变化，了解和掌握企业规模和净资产的不断变化过程。				
	企业应当分析各项收入、费用的构成及其增减变动情况，通过净资产收益率、每股收益等指标，分析企业的盈利能力和发展能力，了解和掌握当期利润增减变化的原因和未来发展趋势。				
	企业应当分析经营活动、投资活动、筹资活动现金流量的运转情况，重点关注现金流量能否保证生产经营活动过程的正常运行，防止现金短缺或闲置。				
	总会计师或分管会计工作的负责人应当在财务分析和利用工作中发挥主导作用，负责组织领导。				

续表

关键控制名称	评价标准	分值	权重	判断依据	实际得分
进行财务分析工作	财会部门负责人审核财务分析报告的准确性，判断是否需要对特殊事项进行补充说明，并对财务分析报告进行补充说明。对生产经营活动中的重要资料、重大事项以及与上年同期数据相比有较大差异的情况要做重点说明。				
	企业财务分析会议应吸收有关部门负责人参加，对各部门提出的意见，财会部门应充分沟通、分析，进而修改完善财务分析报告。				
	修订后的分析报告应及时报送企业负责人，企业负责人负责审批分析报告，并据此进行决策，对于存在的问题及时采取措施。				
编制财务分析报告	企业定期的财务分析应当形成分析报告，构成内部报告的组成部分。				
财务报告分析利用	定期的财务分析报告应构成内部报告的组成部分，并充分利用信息技术和现有内部报告体系在各个层级上进行沟通。				
	根据分析报告的意见，明确各部门职责。				

5.7 形成意见

财务报告内部控制审计意见，就是对财务报告内部控制有效性的审计结论，是被审计单位内部控制审计意见的一部分。这项工作是在前面财务报告内部控制审计工作基础上进行的。

十七、全面预算内部控制审计实务及其模板

1. 审计概念

《企业内部控制应用指引第 15 号——全面预算》第二条规定："本指引所称全面预算，是指企业对一定期间经营活动、投资活动、财务活动等作出的预算安排。"这可以从以下几个方面理解：一是本指引将全面预算定义为一种预算安排。二是本指引定义的全面预算明确了全面预算活动包括经营活动、投资活动、财务活动等。三是本指引定义的全面预算明确了期间范围，是企业对一定期间的预算安排。全面预算具有如下重要意义：使企业决策科学化、民主化，综合提高企业经济效益；明确目标，有利于调动员工的积极性；改变企业的管理方式；强化企业内部控制；正确评价各级、各部门的绩效；建立现代企业制度等。

全面预算内部控制审计，就是对被审计单位全面预算内部控制设计与运行的有效性的审查和评价活动，对促使被审计单位加强全面预算内部控制建设、防范全面预算风险具有重要意义。

企业应当建立对全面预算内部控制的审计制度，明确审计机构或人员的职责权限，定期或不定期地进行检查。内部审计部门或人员应检查预算编制、预算执行业务内部控制制度是否健全，各项规定是否得到有效执行。

2. 审计依据

全面预算控制审计依据除了国家关于全面预算管理方面的法律法规、企业制定的全面预算管理制度及其《企业内部控制手册》有关全面预算部分的内容外，还应包括包括国家、行业协会、被审计单位有关审计方面的规范及标准等。

3. 审计目标

全面预算内部控制审计目标，就是保证全面预算内部控制设计和运行的有效性，促使企业预防和控制全面预算风险，具体包括：

➢ 证实全面预算管理内部控制是否建立、健全并有效执行。

➢ 证实各项全面预算业务是否合法、合规等。

4. 审计内容

全面预算内部控制审计内容，因审计主体、审计要求及其审计方式的不同而不同。采用传统的全面审计方式，全面预算内部控制审计是审查和评价全面预算内部控制设计和运行的有效性两个方面，范围包括预算编制、预算执行等业务。采用现代以风险为导向审计方式，审计人员应以全面预算风险为导向，审计已经设计完成的全面预算内部控制及其相关的管理制度是否有效执行，是否有效控制了全面预算风险；已经设计有效的全面预算各控制点的控制措施是否有效实施，是否有效防止了各控制环节的风险；是否根据业务、环境等的变化持续改进全面预算内部控制等。

5. 审计程序

关于全面预算内部控制审计程序，中天恒 3C 框架研制的全面预算内部控制审计一般程序包括全面预算内部控制有效性调查、初步评价、风险评估、控制测试、评价缺陷、审计评价、形成意见等。审计程序表见表 17－1。

表 17－1　　中天恒 3C 框架全面预算内部控制审计程序表

被审计单位名称		被审计单位编码		索引编号	0	页次	
业务流程名称	全面预算	业务流程编号		审计人		审计时间	
审计期间		截止日期		复核人		复核时间	

序号	审计程序	细分程序	执行情况说明	工作底稿索引号
1	调查了解	全面预算内部控制有效性调查		A
2	初步评价	全面预算内部控制初步评价		B
3	风险评估	全面预算内部控制风险评估		C
4	控制测试	全面预算内部控制有效性测试		D
5	评价缺陷	全面预算内部控制缺陷评价		E
6	审计评价	全面预算内部控制审计评价		F
7	形成意见	全面预算内部控制审计结果汇总		H
说明		1. 每一个审计程序可细分若干具体程序。 2. 上述审计程序可结合进行，以提高审计工作效率。 3. 在执行每一步骤后，应填写“执行情况说明”一栏。		

5.1 调查了解

调查了解，就是调查了解全面预算内部控制设计和运行的基本情况，是对全面预算内部控制审计实施阶段的首要环节。全面预算调查工作是在内部控制审计总体工作的准备阶段的基础上进行的，涉及具体内容很多，因单位的不同而不同。对全面预算内部控制调查了解的方法有文字叙述法、调查表法、流程图法、控制矩阵法等。这些方法各有其特点，经常综合运用。实际审计工作中，为提高全面预算内部控制审计效率，调查了解工作应同全面预算现场测试工作一并进行，不宜为满足调查而走形式。中天恒3C框架研制的全面预算内部控制调查问卷见表17－2、表17－3、表17－4。

表17－2　　中天恒3C框架预算编制内部控制调查问卷

被审计单位名称		被审计单位编码		索引编号	A－1	页次，	
业务流程名称	预算编制	业务流程编号		审计人		审计时间	
审计期间		截止日期		复核人		复核时间	

控制要点	调查内容	调查结果			证据名称	被调查部门	被调查人
		是	否	不适应			
预算编制	企业是否根据发展战略和年度生产经营计划，综合考虑预算期内经济政策、市场环境等因素，按照上下结合、分级编制、逐级汇总的程序，编制年度全面预算。						
	企业是否选择或综合运用固定预算、弹性预算、滚动预算等方法编制预算。						
预算审核	企业董事会审核全面预算草案，是否重点关注预算科学性和可行性，确保全面预算与企业发展战略、年度生产经营计划相协调。						
预算批准	企业全面预算是否按照相关法律法规及企业章程的规定报经审议批准。						
预算下达	企业全面预算经审议批准后是否及时以文件形式下达执行。						

表 17-3　　中天恒 3C 框架预算执行内部控制调查问卷

<table>
<tr><td>被审计单位名称</td><td></td><td>被审计单位编码</td><td></td><td colspan="2">索引编号</td><td>A-2</td><td>页次</td><td></td></tr>
<tr><td>业务流程名称</td><td>预算执行</td><td>业务流程编号</td><td></td><td colspan="2">审计人</td><td></td><td>审计时间</td><td></td></tr>
<tr><td>审计期间</td><td></td><td>截止日期</td><td></td><td colspan="2">复核人</td><td></td><td>复核时间</td><td></td></tr>
<tr><td rowspan="2">控制要点</td><td rowspan="2" colspan="2">调查内容</td><td colspan="3">调查结果</td><td rowspan="2">证据名称</td><td rowspan="2">被调查部门</td><td rowspan="2">被调查人</td></tr>
<tr><td>是</td><td>否</td><td>不适应</td></tr>
<tr><td rowspan="4">预算指标分解和责任落实</td><td colspan="2">企业全面预算一经批准下达，各预算执行单位是否认真组织实施。</td><td></td><td></td><td></td><td rowspan="4"></td><td rowspan="4"></td><td rowspan="4"></td></tr>
<tr><td colspan="2">是否将预算指标层层分解，从横向和纵向落实到内部各部门、各环节和各岗位，形成全方位的预算执行责任体系。</td><td></td><td></td><td></td></tr>
<tr><td colspan="2">企业是否以年度预算作为组织、协调各项生产经营活动的基本依据。</td><td></td><td></td><td></td></tr>
<tr><td colspan="2">是否将年度预算细分为季度、月度预算，通过实施分期预算控制，实现年度预算目标。</td><td></td><td></td><td></td></tr>
<tr><td rowspan="6">预算执行控制</td><td colspan="2">企业是否根据全面预算管理要求，组织各项生产经营活动和投资活动，严格预算执行和控制。</td><td></td><td></td><td></td><td rowspan="6"></td><td rowspan="6"></td><td rowspan="6"></td></tr>
<tr><td colspan="2">企业是否加强资金收付业务的预算控制，及时组织资金收入，严格控制资金支付，调节资金收付平衡，防范支付风险。</td><td></td><td></td><td></td></tr>
<tr><td colspan="2">对超预算或预算外的资金支付，是否实行严格的审批制度。</td><td></td><td></td><td></td></tr>
<tr><td colspan="2">企业办理采购与付款、销售与收款、成本费用、工程项目、对外投融资、研发与开发、信息系统、人力资源、安全环保、资产购置与维护等业务和事项，均是否符合预算要求。</td><td></td><td></td><td></td></tr>
<tr><td colspan="2">涉及生产过程和成本费用的，是否执行相关计划、定额、定率标准。</td><td></td><td></td><td></td></tr>
<tr><td colspan="2">对于工程项目、对外投融资等重大预算项目，企业是否密切跟踪其实施进度和完成情况，实行严格监控。</td><td></td><td></td><td></td></tr>
</table>

续表

控制要点	调查内容	调查结果			证据名称	被调查部门	被调查人
		是	否	不适应			
预算执行情况沟通	企业预算管理工作机构是否加强与各预算执行单位的沟通。						
	企业预算管理工作机构是否运用财务信息和其他相关资料监控预算执行情况。						
	企业预算管理工作机构是否采用恰当方式及时向决策机构和各预算执行单位报告、反馈预算执行进度、执行差异及其对预算目标的影响，促进企业全面预算目标的实现。						
预算执行情况分析	企业预算管理工作机构和各预算执行单位是否建立预算执行情况分析制度。						
	企业预算管理工作机构和各预算执行单位是否定期召开预算执行分析会议，通报预算执行情况，研究、解决预算执行中存在的问题，提出改进措施。						
	企业分析预算执行情况，是否充分收集有关财务、业务、市场、技术、政策、法律等方面的信息资料，根据不同情况分别采用比率分析、比较分析、因素分析等方法，从定量与定性两个层面充分反映预算执行单位的现状、发展趋势及其存在的潜力。						
预算调整	企业批准下达的预算是否保持稳定，不得随意调整。						
	由于市场环境、国家政策或不可抗力等客观因素，导致预算执行发生重大差异确需调整预算的，是否履行严格的审批程序。						

表 17－4　　　　中天恒 3C 框架预算考核内部控制调查问卷

被审计单位名称		被审计单位编码		索引编号	A－3	页次	
业务流程名称	预算考核	业务流程编号		审计人		审计时间	
审计期间		截止日期		复核人		复核时间	
控制要点	调查内容	调查结果			证据名称	被调查部门	被调查人
		是	否	不适应			
预算考核组织	企业预算管理委员会是否定期组织预算执行情况考核。						
	企业预算管理委员会是否将各预算执行单位负责人签字上报的预算执行报告和已掌握的动态监控信息进行核对，确认各执行单位预算完成情况。						
	必要时，是否实行预算执行情况内部审计制度。						
预算考核记录	企业预算执行情况考核工作，是否坚持公开、公平、公正的原则。						
	企业预算执行情况考核过程及结果是否有完整的记录。						

5.2　初步评价

对全面预算内部控制初步评价，可通过问题调查表和初步评价表进行反映。全面预算初步评价可以结合调查了解程序一起进行，也可以独立进行。

5.3　风险评估

按照风险导向审计理论，审计人员进行全面预算内部控制审计应当以风险评估为基础，选择拟测试的控制，确定测试所需要收集的证据。全面预算风险评估，就是识别、分析、评价全面预算方面的风险。从中天恒管理咨询公司内部控制与风险管理咨询的实践来看，全面预算风险应识别和描述：

➢ 不编制预算或预算不健全，可能导致企业经营缺乏约束或盲目经营。

➢ 预算目标不合理、预算编制不科学，可能导致企业资源浪费或发展战略难以实现。

➢ 预算缺乏刚性、执行不力、考核不严，可能导致预算管理流于形式。

中天恒 3C 框架研制的全面预算风险评估表见表 17－5。

表 17-5　　中天恒 3C 框架全面预算风险评估表

被审计单位名称		被审计单位编码		索引编号	C	页次	
业务流程名称	全面预算	业务流程编号	3C015	审计人		审计时间	
审计期间		截止日期		复核人		复核时间	

流程编号	一级流程	二级流程	风险描述	可能性	影响程度	风险排序
3C015	全面预算		不编制预算或预算不健全，可能导致企业经营缺乏约束或盲目经营。 预算目标不合理、预算编制不科学，可能导致企业资源浪费或发展战略难以实现。 预算缺乏刚性、执行不力、考核不严，可能导致预算管理流于形式。			
3C015. 01		预算编制				
3C015. 02		预算执行				
3C015. 03		预算考核				

5.4　控制测试

全面预算内部控制测试，就是审计人员现场测试全面预算内部控制设计和运行的有效性。对全面预算内部控制设计有效性测试时，审计人员应当综合运用询问适当人员、观察经营活动和检查相关文件等程序。对全面预算内部控制运行有效性测试，审计人员应当综合运用询问适当人员、观察经营活动、检查相关文件以及重新执行控制等程序。审计实践中，审计人员对全面预算内部控制设计有效性和运行有效性是一并进行测试的，测试重点是全面预算关键控制。中天恒 3C 框架研究开发的全面预算内部控制测试工具包括全面预算内部控制有效性测试矩阵表、测试表、汇总分析表等，具体格式及要素见下列各表。

表 17-6　　中天恒 3C 框架预算编制内部控制有效性测试矩阵表

被审计单位名称		被审计单位编码		索引编号	D-1	页次	
业务流程名称	预算编制	业务流程编号	3C015. 01	审计人		审计时间	
审计期间		截止日期		复核人		复核时间	

关键控制名称	关键控制编号	控制方式	控制频率	样本总体	样本数量	测试要点	证据名称	测试程序	测试结果	交叉索引
预算编制						企业是否根据发展战略和年度生产经营计划，综合考虑预算期内经济政策、市场环境等因素，按照上下结合、分级编制、逐级汇总的程序，编制年度全面预算。				

续表

关键控制名称	关键控制编号	控制方式	控制频率	样本总体	样本数量	测试要点	证据名称	测试程序	测试结果	交叉索引
预算编制						企业是否选择或综合运用固定预算、弹性预算、滚动预算等方法编制预算。				
预算审核						企业董事会审核全面预算草案，是否重点关注预算科学性和可行性，确保全面预算与企业发展战略、年度生产经营计划相协调。				
预算批准						企业全面预算是否按照相关法律法规及企业章程的规定报经审议批准。				
预算下达						企业全面预算经审议批准后是否及时以文件形式下达执行。				

测试结论	设计有效性							运行有效性						
	有效	控制薄弱环节说明						有效	控制薄弱环节说明					
		控制不符合实际	应有的控制不存在	风险识别不准确	未设计控制证据	控制矩阵编制不规范	其他		制度未执行	措施未落实	控制证据不足	设计不适应	监控不力	其他

表 17－7　中天恒 3C 框架预算执行内部控制有效性测试矩阵表

被审计单位名称		被审计单位编码		索引编号	D－2	页次	
业务流程名称	预算执行	业务流程编号	3C015.02	审计人		审计时间	
审计期间		截止日期		复核人		复核时间	

关键控制名称	关键控制编号	控制方式	控制频率	样本总体	样本数量	测试要点	证据名称	测试程序	测试结果	交叉索引
预算指标分解和责任落实						企业全面预算一经批准下达，各预算执行单位是否认真组织实施。				
						是否将预算指标层层分解，从横向和纵向落实到内部各部门、各环节和各岗位，形成全方位的预算执行责任体系。				

续表

关键控制名称	关键控制编号	控制方式	控制频率	样本总体	样本数量	测试要点	证据名称	测试程序	测试结果	交叉索引
预算指标分解和责任落实						企业是否以年度预算作为组织、协调各项生产经营活动的基本依据。				
						是否将年度预算细分为季度、月度预算，通过实施分期预算控制，实现年度预算目标。				
预算执行控制						企业是否根据全面预算管理要求，组织各项生产经营活动和投资活动，严格预算执行和控制。				
						企业是否加强资金收付业务的预算控制，及时组织资金收入，严格控制资金支付，调节资金收付平衡，防范支付风险。				
						对超预算或预算外的资金支付，是否实行严格的审批制度。				
						企业办理采购与付款、销售与收款、成本费用、工程项目、对外投融资、研发与开发、信息系统、人力资源、安全环保、资产购置与维护等业务和事项，均是否符合预算要求。				
						涉及生产过程和成本费用的，是否执行相关计划、定额、定率标准。				
						对于工程项目、对外投融资等重大预算项目，企业是否密切跟踪其实施进度和完成情况，实行严格监控。				
预算执行情况沟通						企业预算管理工作机构是否加强与各预算执行单位的沟通。				
						企业预算管理工作机构是否运用财务信息和其他相关资料监控预算执行情况。				

续表

关键控制名称	关键控制编号	控制方式	控制频率	样本总体	样本数量	测试要点	证据名称	测试程序	测试结果	交叉索引
预算执行情况沟通						企业预算管理工作机构是否采用恰当方式及时向决策机构和各预算执行单位报告、反馈预算执行进度、执行差异及其对预算目标的影响，促进企业全面预算目标的实现。				
预算执行情况分析						企业预算管理工作机构和各预算执行单位是否建立预算执行情况分析制度。				
						企业预算管理工作机构和各预算执行单位是否定期召开预算执行分析会议，通报预算执行情况，研究、解决预算执行中存在的问题，提出改进措施。				
						企业分析预算执行情况，是否充分收集有关财务、业务、市场、技术、政策、法律等方面的信息资料，根据不同情况分别采用比率分析、比较分析、因素分析等方法，从定量与定性两个层面充分反映预算执行单位的现状、发展趋势及其存在的潜力。				
预算调整						企业批准下达的预算是否保持稳定，不得随意调整。				
						由于市场环境、国家政策或不可抗力等客观因素，导致预算执行发生重大差异确需调整预算的，是否履行严格的审批程序。				

测试结论	设计有效性							运行有效性						
	有效	控制薄弱环节说明						有效	控制薄弱环节说明					
		控制不符合实际	应有的控制不存在	风险识别不准确	未设计控制证据	控制矩阵编制不规范	其他		制度未执行	措施未落实	控制证据不足	设计不适应	监控不力	其他

表 17－8　　中天恒 3C 框架预算考核内部控制有效性测试矩阵表

被审计单位名称		被审计单位编码		索引编号	D－3	页次	
业务流程名称	预算考核	业务流程编号	3C015.03	审计人		审计时间	
审计期间		截止日期		复核人		复核时间	

关键控制名称	关键控制编号	控制方式	控制频率	样本总体	样本数量	测试要点	证据名称	测试程序	测试结果	交叉索引
预算考核组织						企业预算管理委员会是否定期组织预算执行情况考核。				
						企业预算管理委员会是否将各预算执行单位负责人签字上报的预算执行报告和已掌握的动态监控信息进行核对，确认各执行单位预算完成情况。				
						必要时，是否实行预算执行情况内部审计制度。				
预算考核记录						企业预算执行情况考核工作，是否坚持公开、公平、公正的原则。				
						企业预算执行情况考核过程及结果是否有完整的记录。				

测试结论	设计有效性							运行有效性						
	有效	控制薄弱环节说明						有效	控制薄弱环节说明					
		控制不符合实际	应有的控制不存在	风险识别不准确	未设计控制证据	控制矩阵编制不规范	其他		制度未执行	措施未落实	控制证据不足	设计不适应	监控不力	其他

5.5　评价缺陷

评价全面预算控制缺陷，就是对全面预算内部控制存在的设计和执行有效性方面的缺陷进行分析和评价。对已发现的全面预算内部控制重大缺陷，审计人员应当及时以书面形式与被审计单位进行沟通，核对测试结果和数据，确认全面预算内部控制缺陷事实，并在缺陷认定底稿上签章。缺陷评价表格见表 17－9、表 17－10。

表 17-9　　中天恒 3C 框架全面预算内部控制缺陷评价矩阵表

<table>
<tr><td>被审计单位名称</td><td colspan="2"></td><td colspan="2">被审计单位编码</td><td colspan="2"></td><td colspan="2">索引编号</td><td>E</td><td colspan="2">页次</td><td></td></tr>
<tr><td>业务流程名称</td><td colspan="2">全面预算</td><td colspan="2">业务流程编号</td><td colspan="2">3C015</td><td colspan="2">审计人</td><td></td><td colspan="2">审计时间</td><td></td></tr>
<tr><td>审计期间</td><td colspan="2"></td><td colspan="2">截止日期</td><td colspan="2"></td><td colspan="2">复核人</td><td></td><td colspan="2">复核时间</td><td></td></tr>
<tr><td rowspan="2">末级流程</td><td rowspan="2">关键控制</td><td rowspan="2">缺陷类型</td><td rowspan="2">缺陷描述</td><td rowspan="2">缺陷来源</td><td colspan="3">缺陷性质</td><td rowspan="2">评价程序</td><td rowspan="2">评价索引</td><td rowspan="2">对报表影响</td><td rowspan="2">补偿性控制</td><td rowspan="2">整改意见</td></tr>
<tr><td>一般缺陷</td><td>重大缺陷</td><td>重要缺陷</td></tr>
<tr><td>预算编制</td><td></td><td></td><td></td><td></td><td></td><td></td><td></td><td></td><td></td><td></td><td></td><td></td></tr>
<tr><td>预算执行</td><td></td><td></td><td></td><td></td><td></td><td></td><td></td><td></td><td></td><td></td><td></td><td></td></tr>
</table>

表 17-10　　中天恒 3C 框架全面预算内部控制缺陷评价表

<table>
<tr><td>被审计单位名称</td><td></td><td>被审计单位编码</td><td></td><td>索引编号</td><td>E-1</td><td>页次</td><td></td></tr>
<tr><td>业务流程名称</td><td>全面预算</td><td>业务流程编号</td><td></td><td>审计人</td><td></td><td>审计时间</td><td></td></tr>
<tr><td>关键控制名称</td><td></td><td>关键控制编号</td><td></td><td>复核人</td><td></td><td>复核时间</td><td></td></tr>
<tr><td>影响会计科目</td><td></td><td>审计期间</td><td colspan="3"></td><td>截止日期</td><td></td></tr>
<tr><td>缺陷类型</td><td>缺陷描述</td><td>评价标准</td><td>审计组初步认定意见</td><td colspan="4">被审计单位（或当事人）意见及相关说明</td></tr>
<tr><td></td><td></td><td></td><td></td><td colspan="4"></td></tr>
<tr><td></td><td></td><td></td><td></td><td colspan="4"></td></tr>
<tr><td></td><td></td><td></td><td></td><td colspan="4"></td></tr>
<tr><td></td><td></td><td></td><td></td><td colspan="4"></td></tr>
<tr><td colspan="2">缺陷事项证据资料</td><td colspan="6"></td></tr>
</table>

5.6　审计评价

全面预算内部控制审计是评价全面预算内部控制审计工作的一个重要环节。全面预算内部控制审计评价的方法很多，比较常用的是评分法。中天恒3C 框架研制的全面预算内部控制审计评价表及汇总表见表 17-11、表 17-12、表 17-13。

表 17-11　　中天恒 3C 框架预算编制内部控制审计评价表

被审计单位名称		被审计单位编码		索引编号	F-1	页次	
业务流程名称	预算编制	业务流程编号		审计人		审计时间	
审计期间		截止日期		复核人		复核时间	

关键控制名称	评价标准	分值	权重	判断依据	实际得分
预算编制	企业应当根据发展战略和年度生产经营计划，综合考虑预算期内经济政策、市场环境等因素，按照上下结合、分级编制、逐级汇总的程序，编制年度全面预算。				
	企业可以选择或综合运用固定预算、弹性预算、滚动预算等方法编制预算。				
预算审核	企业董事会审核全面预算草案，应当重点关注预算科学性和可行性，确保全面预算与企业发展战略、年度生产经营计划相协调。				
预算批准	企业全面预算应当按照相关法律法规及企业章程的规定报经审议批准。				
预算下达	企业全面预算经审议批准后应及时以文件形式下达执行。				

表 17-12　　中天恒 3C 框架预算执行内部控制审计评价表

被审计单位名称		被审计单位编码		索引编号	F-2	页次	
业务流程名称	预算执行	业务流程编号		审计人		审计时间	
审计期间		截止日期		复核人		复核时间	

关键控制名称	评价标准	分值	权重	判断依据	实际得分
预算指标分解和责任落实	企业全面预算一经批准下达，各预算执行单位应当认真组织实施，将预算指标层层分解，从横向和纵向落实到内部各部门、各环节和各岗位，形成全方位的预算执行责任体系。				
	企业应当以年度预算作为组织、协调各项生产经营活动的基本依据，将年度预算细分为季度、月度预算，通过实施分期预算控制，实现年度预算目标。				

续表

关键控制名称	评价标准	分值	权重	判断依据	实际得分
预算执行控制	企业应当根据全面预算管理要求，组织各项生产经营活动和投资活动，严格预算执行和控制。				
	企业应当加强资金收付业务的预算控制，及时组织资金收入，严格控制资金支付，调节资金收付平衡，防范支付风险。对超预算或预算外的资金支付，应当实行严格的审批制度。				
	企业办理采购与付款、销售与收款、成本费用、工程项目、对外投融资、研发与开发、信息系统、人力资源、安全环保、资产购置与维护等业务和事项，均应符合预算要求。涉及生产过程和成本费用的，还应执行相关计划、定额、定率标准。				
	对于工程项目、对外投融资等重大预算项目，企业应当密切跟踪其实施进度和完成情况，实行严格监控。				
预算执行情况沟通	企业预算管理工作机构应当加强与各预算执行单位的沟通，运用财务信息和其他相关资料监控预算执行情况，采用恰当方式及时向决策机构和各预算执行单位报告、反馈预算执行进度、执行差异及其对预算目标的影响，促进企业全面预算目标的实现。				
预算执行情况分析	企业预算管理工作机构和各预算执行单位应当建立预算执行情况分析制度，定期召开预算执行分析会议，通报预算执行情况，研究、解决预算执行中存在的问题，提出改进措施。				
	企业分析预算执行情况，应当充分收集有关财务、业务、市场、技术、政策、法律等方面的信息资料，根据不同情况分别采用比率分析、比较分析、因素分析等方法，从定量与定性两个层面充分反映预算执行单位的现状、发展趋势及其存在的潜力。				
预算调整	企业批准下达的预算应当保持稳定，不得随意调整。由于市场环境、国家政策或不可抗力等客观因素，导致预算执行发生重大差异确需调整预算的，应当履行严格的审批程序。				

表 17－13　　中天恒 3C 框架预算执行内部控制审计评价表

被审计单位名称		被审计单位编码		索引编号	F－3	页次	
业务流程名称	预算考核	业务流程编号		审计人		审计时间	
审计期间		截止日期		复核人		复核时间	

关键控制名称	评价标准	分值	权重	判断依据	实际得分
预算考核组织	企业预算管理委员会应当定期组织预算执行情况考核，将各预算执行单位负责人签字上报的预算执行报告和已掌握的动态监控信息进行核对，确认各执行单位预算完成情况。必要时，实行预算执行情况内部审计制度。				
预算考核记录	企业预算执行情况考核工作，应当坚持公开、公平、公正的原则，考核过程及结果应有完整的记录。				

5.7　形成意见

全面预算内部控制审计意见，就是对全面预算内部控制有效性的审计结论，是被审计单位内部控制审计意见的一部分。这项工作是在前面全面预算内部控制审计工作基础上进行的。

十八、合同管理内部控制审计实务及其模板

1. 审计概念

《企业内部控制应用指引第16号——合同管理》第二条规定："本指引所称合同，是指企业与自然人、法人及其他组织等平等主体之间设立、变更、终止民事权利义务关系的协议。企业与职工签订的劳动合同，不适用本指引。"

企业合同管理是指企业对以自身为当事人的合同依法进行订立、履行、变更、解除、转让、终止以及审查、监督、控制等一系列行为的总称。其中订立、履行、变更、解除、转让、终止是合同管理的内容；审查、监督、控制是合同管理的手段。合同管理必须是全过程的、系统性的、动态性的。全过程就是由洽谈、草拟、签订、生效开始，直至合同失效为止。系统性就是凡涉及合同条款内容的各部门都要一起来管理。动态性就是注重履约全过程的情况变化，及时对合同进行修改、变更、补充或中止和终止。

合同管理内部控制审计，就是对被审计单位合同管理内部控制设计与运行的有效性的审查和评价活动，对促使被审计单位加强合同管理内部控制建设、防范合同管理风险具有重要意义。

企业应当建立对合同管理内部控制的审计制度，明确审计机构或人员的职责权限，定期或不定期地进行检查。内部审计部门或人员应检查合同的订立、合同的履行业务内部控制制度是否健全，各项规定是否得到有效执行。

2. 审计依据

合同管理控制审计依据除了国家关于合同管理管理方面的法律法规、企业制定的合同管理管理制度及其《企业内部控制手册》有关合同管理部分的内容外，还应包括包括国家、行业协会、被审计单位有关审计方面的规范及标准等。

3. 审计目标

合同管理内部控制审计目标，就是保证合同管理内部控制设计和运行的有效性，促使企业预防和控制合同管理风险，具体包括：

- 证实合同管理管理内部控制是否建立、健全并有效执行。
- 证实各项合同管理业务是否合法、合规等。

4. 审计内容

合同管理内部控制审计内容，因审计主体、审计要求及其审计方式的不同而不同。采用传统的全面审计方式，合同管理内部控制审计是审查和评价合同管理内部控制设计和运行的有效性两个方面，范围包括合同的订立、合同的履行等业务。采用现代以风险为导向审计方式，审计人员应以合同管理风险为导向，审计已经设计完成的合同管理内部控制及其相关的管理制度是否有效执行，是否有效控制了合同管理风险；已经设计有效的合同管理各控制点的控制措施是否有效实施，是否有效防止了各控制环节的风险；是否根据业务、环境等的变化持续改进合同管理内部控制等。

5. 审计程序

关于合同管理内部控制审计程序，中天恒 3C 框架研制的合同管理内部控制审计一般程序包括合同管理内部控制有效性调查、初步评价、风险评估、控制测试、评价缺陷、审计评价、形成意见等。审计程序表见表 18－1。

表 18－1　　中天恒 3C 框架合同管理内部控制审计程序表

<table>
<tr><td colspan="2">被审计单位名称</td><td></td><td>被审计单位编码</td><td></td><td>索引编号</td><td>0</td><td>页次</td><td></td></tr>
<tr><td colspan="2">业务流程名称</td><td>合同管理</td><td>业务流程编号</td><td></td><td>审计人</td><td></td><td>审计时间</td><td></td></tr>
<tr><td colspan="2">审计期间</td><td></td><td>截止日期</td><td></td><td>复核人</td><td></td><td>复核时间</td><td></td></tr>
<tr><td>序号</td><td>审计程序</td><td colspan="3">细分程序</td><td colspan="2">执行情况说明</td><td colspan="2">工作底稿索引号</td></tr>
<tr><td>1</td><td>调查了解</td><td colspan="3">合同管理内部控制有效性调查</td><td colspan="2"></td><td colspan="2">A</td></tr>
<tr><td>2</td><td>初步评价</td><td colspan="3">合同管理内部控制初步评价</td><td colspan="2"></td><td colspan="2">B</td></tr>
<tr><td>3</td><td>风险评估</td><td colspan="3">合同管理内部控制风险评估</td><td colspan="2"></td><td colspan="2">C</td></tr>
<tr><td>4</td><td>控制测试</td><td colspan="3">合同管理内部控制有效性测试</td><td colspan="2"></td><td colspan="2">D</td></tr>
<tr><td>5</td><td>评价缺陷</td><td colspan="3">合同管理内部控制缺陷评价</td><td colspan="2"></td><td colspan="2">E</td></tr>
<tr><td>6</td><td>审计评价</td><td colspan="3">合同管理内部控制审计评价</td><td colspan="2"></td><td colspan="2">F</td></tr>
<tr><td>7</td><td>形成意见</td><td colspan="3">合同管理内部控制审计结果汇总</td><td colspan="2"></td><td colspan="2">H</td></tr>
<tr><td colspan="2">说明</td><td colspan="7">1. 每一个审计程序可细分若干具体程序。
2. 上述审计程序可结合进行，以提高审计工作效率。
3. 在执行每一步骤后，应填写“执行情况说明”一栏。</td></tr>
</table>

5.1　调查了解

调查了解，就是调查了解合同管理内部控制设计和运行的基本情况，是对合同管理内部控制审计实施阶段的首要环节。合同管理调查工作是在内部控制审计总体工作的准备阶段的基础上进行的，涉及具体内容很多，因单位的不同而不同。对合同管理内部控制调查了解的方法有文字叙述法、调查表法、流程图法、控制矩阵法等。这些方法各有特点，经常综合运用。实际审计工作中，为提高合同管理内部控制审计效率，调查了解工作应同合同管理现场测试工作一并进行，不宜为满足调查而走形式。中天恒 3C 框架研制的合同管理内部控制调查问卷见表 18－2、表 18－3。

表 18－2　　中天恒 3C 框架合同的订立内部控制调查问卷

被审计单位名称		被审计单位编码		索引编号	A－1	页次	
业务流程名称	合同的订立	业务流程编号		审计人		审计时间	
审计期间		截止日期		复核人		复核时间	
控制要点	调查内容	调查结果			证据名称	被调查部门	被调查人
		是	否	不适应			
合同调查	是否审查被调查对象的身份证件、法人登记证书、资质证明、授权委托书等证明原件，确保合同对方主体资格真实、恰当。						
	是否获取调查对象经审计的财务报告、以往交易记录等财务和非财务信息。						
	是否分析调查对象获利能力、偿债能力和营运能力。						
	是否评估调查对象财务风险和信用状况。						
	在合同履行过程中是否持续关注调查对象资信变化。						
	是否建立和及时更新合同对方的商业信用档案。						
	对被调查对象是否进行现场调查，实地了解和全面评估其生产能力、技术水平、产品类别和质量等生产经营情况，分析其合同履约能力。						
	是否与被调查对象的主要供应商、客户、开户银行、主管税务机关和工商管理部门等沟通，了解其生产经营、商业信誉、履约能力等情况。						
合同谈判	是否组织得力合同谈判人员。						
	对于影响重大、涉及较高专业技术或法律关系复杂的合同，是否组织法律、技术、财会等专业人员参与谈判。						
	是否要时聘请外部专家参与合同谈判相关工作。						

续表

控制要点	调查内容	调查结果			证据名称	被调查部门	被调查人
		是	否	不适应			
合同谈判	是否在充分利用前期调查资料，并研究国家相关法律法规、行业监管、产业政策、同类产品或服务价格等与谈判内容相关的信息，正确制定本企业谈判策略。						
	是否关注合同核心内容、条款和关键细节，具体包括合同标的的数量、质量或技术标准，合同价格的确定方式与支付方式，履约期限和方式，违约责任和争议的解决方法、合同变更或解除条件等。						
	谈判过程中的重要事项和参与谈判人员的主要意见，是否予以记录并妥善保存。						
	谈判过程中是否加强保密工作，不泄露任何商业信息，否则严格严格追究责任。						
合同拟定	是否根据协商、谈判等的结果，拟订合同文本。						
	是否按照自愿、公平原则，明确双方的权利义务和违约责任，做到条款内容完整，表述严谨准确，相关手续齐备，避免出现重大疏漏。						
	是否通过统一归口管理和授权审批制度，严格合同管理，防止通过化整为零等方式故意规避招标的做法和越权行为。						
	合同文本是否一般由业务承办部门起草、法律部门审核。						
	重大合同或法律关系复杂的特殊合同是否由法律部门参与起草。						
	国家或行业有合同示范文本的，对涉及权利义务关系的条款是否进行认真审查，并根据实际情况进行适当修改。						
	合同文本须报经国家有关主管部门审查或备案的，是否履行相应程序。						
	由签约对方起草的合同，企业是否认真审查，确保合同内容准确反映企业诉求和谈判达成的一致意见，特别留意“其他约定事项”等需要补充填写的栏目，如不存在其他约定事项时注明“此处空白”或“无其他约定”，防止合同后续被篡改。						

续表

控制要点	调查内容	调查结果			证据名称	被调查部门	被调查人
		是	否	不适应			
合同审核	对合同文本是否进行严格审核，重点关注合同的主体、内容和形式是否合法，合同内容是否符合企业的经济利益，对方当事人是否具有履约能力，合同权利和义务、违约责任和争议解决条款是否明确等。						
	是否建立合同会同审核制度。						
	对影响重大或法律关系复杂的合同文本，是否组织内部相关部门进行审核。						
	相关部门提出不同意见的，是否认真分析研究，慎重对待，并准确无误地加以记录；必要时应对合同条款作出修改。						
	内部相关部门是否认真履行职责。						
	是否严格审核合同需求与国家法律法规、产业政策、企业整体战略目标的关系，保证其协调一致。						
	考察合同是否以生产经营计划、项目立项书等为依据，确保完成具体业务经营目标。						
	合同审核部门对合同进行审核后，是否提出书面审核意见，并由审核人和审核部门负责人签字。						
	审核意见是否明确、具体，避免使用模糊性语言。						
	企业是否建立合同退改重审制度。						
	对审核中发现的重大错误、遗漏和不妥之处，审核部门是否予以明确并提出修改意见。						
	合同承办人修改之后，是否重新提交审核。						
合同签署	是否按照规定的权限和程序与对方当事人签署合同。						
	正式对外订立的合同，是否由企业法定代表人或由其授权的代理人签名或加盖有关印章。						
	授权签署合同的，是否签署授权委托书。						
	属于上级管理权限的合同，下级单位是否擅自签署。						

续表

控制要点	调查内容	调查结果			证据名称	被调查部门	被调查人
		是	否	不适应			
合同签署	下级单位认为确有需要签署涉及上级管理权限的合同，是否提出申请，并经上级合同管理机构批准后办理。						
	上级单位是否加强对下级单位合同订立、履行情况的监督检查。						
	是否建立合同专用章保管制度。						
	合同是否经编号、审批及企业法定代表人或授权的代理人签署后，方可加盖合同专用章。						
	是否加强合同信息安全保密工作，未经批准，不得以任何形式泄露合同订立与履行过程中涉及的商业秘密或国家机密。						
	按照国家有关法律、行政法规规定，需办理批准、登记等手续之后方可生效的合同，企业是否及时按规定办理相关手续。						

表 18－3　　中天恒 3C 框架合同的履行内部控制调查问卷

被审计单位名称		被审计单位编码		索引编号	A－2	页次	
业务流程名称	合同的履行	业务流程编号		审计人		审计时间	
审计期间		截止日期		复核人		复核时间	

控制要点	调查内容	调查结果			证据名称	被调查部门	被调查人
		是	否	不适应			
合同监控	对合同履行是否实施有效监控。						
	是否强化对合同履行情况及效果的检查、分析和验收，全面适当执行本企业义务，确保合同全面有效履行。						
	对合同对方的合同履行情况实施有效监控，一旦发现有违约可能或违约行为，是否及时提示风险，并立即采取相应措施将合同损失降到最低。						

续表

控制要点	调查内容	调查结果			证据名称	被调查部门	被调查人
		是	否	不适应			
合同补充	合同生效后，企业就质量、价款、履行地点等内容与合同对方没有约定或者约定不明确的，是否补充协议。						
	不能达成补充协议的，是否按照国家相关法律法规、合同有关条款或者交易习惯确定。						
合同变更/解除	在合同履行过程中发现有显失公平、条款有误或对方有欺诈行为等情形，或因政策调整、市场变化等客观因素，已经或可能导致企业利益受损，是否按规定程序及时报告。						
	在合同履行过程中发现有显失公平、条款有误或对方有欺诈行为等情形，或因政策调整、市场变化等客观因素，已经或可能导致企业利益受损，是否经双方协商一致，按照规定权限和程序办理合同变更或解除事宜。						
合同纠纷	是否建立合同违约处理制度。						
	对方违约的情形，是否按合同条款约定收取违约金。						
	违约金不足以弥补企业损失时，是否要求对方赔偿损失。						
	凡未经批准擅自放弃追索权者，企业是否追究其责任。						
	企业自身违约的情形，是否由合同承办部门以书面形式报告企业有关负责人，经批准后履行相应赔偿责任。						
	是否加强合同纠纷管理。 在履行合同过程中发生纠纷的，是否依据国家相关法律法规，在规定时效内与对方当事人协商并按规定权限和程序及时报告。						
	合同纠纷经协商一致的，双方是否签订书面协议。						
	合同纠纷经协商无法解决的，是否根据合同约定选择仲裁或诉讼方式解决。						
	内部授权处理合同纠纷的，是否签署授权委托书。						
	纠纷处理过程中，未经授权批准，相关经办人员是否向对方当事人作出实质性答复或承诺。						

续表

控制要点	调查内容	调查结果			证据名称	被调查部门	被调查人
		是	否	不适应			
合同结算	财会部门是否根据合同条款审核后办理结算业务。						
	未按合同条款履约的，或应签订书面合同而未签订的，财会部门是否有权拒绝付款，并及时向企业有关负责人报告。						
合同登记	合同管理部门是否充分利用信息化手段，加强合同登记管理。						
	是否定期对合同进行统计、分类和归档，详细登记合同的订立、履行和变更等情况，实行合同的全过程封闭管理。						
合同评估	是否建立合同履行情况评估制度。						
	是否至少于每年年末对合同履行的总体情况和重大合同履行的具体情况进行分析评估，对分析评估中发现合同履行中存在的不足，应当加以改进。						
	是否健全合同管理考核与责任追究制度。						
	对合同订立、履行过程中出现的违法违规行为，是否追究有关机构或人员的责任。						

5.2 初步评价

对合同管理内部控制初步评价，可通过问题调查表和初步评价表进行反映。合同管理初步评价可以结合调查了解程序一起进行，也可以独立进行。

5.3 风险评估

按照风险导向审计理论，审计人员进行合同管理内部控制审计应当以风险评估为基础，选择拟测试的控制，确定测试所需要收集的证据。合同管理风险评估，就是识别、分析、评价合同管理方面的风险。从中天恒管理咨询公司内部控制与风险管理咨询的实践来看，合同管理风险应识别和描述：

➢ 未订立合同、未经授权对外订立合同、合同对方主体资格未达要求、合同内容存在重大疏漏和欺诈，可能导致企业合法权益受到侵害。

➢ 合同未全面履行或监控不当，可能导致企业诉讼失败、经济利益受损。

➢ 合同纠纷处理不当，可能损害企业利益、信誉和形象。

中天恒 3C 框架研制的合同管理风险评估表见表 18 – 4。

表 18－4　　中天恒 3C 框架合同管理风险评估表

被审计单位名称		被审计单位编码		索引编号	C	页次	
业务流程名称	合同管理	业务流程编号	3C016	审计人		审计时间	
审计期间		截止日期		复核人		复核时间	

流程编号	一级流程	二级流程	风险描述	可能性	影响程度	风险排序
3C016	合同管理		未订立合同、未经授权对外订立合同、合同对方主体资格未达要求、合同内容存在重大疏漏和欺诈，可能导致企业合法权益受到侵害。 合同未全面履行或监控不当，可能导致企业诉讼失败、经济利益受损。 合同纠纷处理不当，可能损害企业利益、信誉和形象。			
3C016.01		合同的订立				
3C016.02		合同的履行				

5.4　控制测试

合同管理内部控制测试，就是审计人员现场测试合同管理内部控制设计和运行的有效性。对合同管理内部控制设计有效性测试时，审计人员应当综合运用询问适当人员、观察经营活动和检查相关文件等程序。对合同管理内部控制运行有效性测试，审计人员应当综合运用询问适当人员、观察经营活动、检查相关文件以及重新执行控制等程序。事实上，审计实践中，审计人员对合同管理内部控制设计有效性和运行有效性是一并进行测试的，测试重点是合同管理关键控制。中天恒 3C 框架研究开发的合同管理内部控制测试工具包括合同管理内部控制有效性测试矩阵表、测试表、汇总分析表等，具体格式及要素见下列各表。

表 18－5　　中天恒 3C 框架合同的订立内部控制有效性测试矩阵表

被审计单位名称		被审计单位编码		索引编号	D－1	页次	
业务流程名称	合同的订立	业务流程编号	3C016.01	审计人		审计时间	
审计期间		截止日期		复核人		复核时间	

关键控制名称	关键控制编号	控制方式	控制频率	样本总体	样本数量	测试要点	证据名称	测试程序	测试结果	交叉索引
合同调查						是否审查被调查对象的身份证件、法人登记证书、资质证明、授权委托书等证明原件，确保合同对方主体资格真实、恰当。				

续表

关键控制名称	关键控制编号	控制方式	控制频率	样本总体	样本数量	测试要点	证据名称	测试程序	测试结果	交叉索引
合同调查						是否获取调查对象经审计的财务报告、以往交易记录等财务和非财务信息。				
						是否分析调查对象获利能力、偿债能力和营运能力。				
						是否评估调查对象财务风险和信用状况。				
						在合同履行过程中是否持续关注调查对象资信变化。				
						是否建立和及时更新合同对方的商业信用档案。				
						对被调查对象是否进行现场调查，实地了解和全面评估其生产能力、技术水平、产品类别和质量等生产经营情况，分析其合同履约能力。				
						是否与被调查对象的主要供应商、客户、开户银行、主管税务机关和工商管理部门等沟通，了解其生产经营、商业信誉、履约能力等情况。				
合同谈判						是否组织得力合同谈判人员。				
						对于影响重大、涉及较高专业技术或法律关系复杂的合同，是否组织法律、技术、财会等专业人员参与谈判。				
						是否必要时聘请外部专家参与合同谈判相关工作。				
						是否充分利用前期调查资料，并研究国家相关法律法规、行业监管、产业政策、同类产品或服务价格等与谈判内容相关的信息，正确制定本企业谈判策略。				

续表

关键控制名称	关键控制编号	控制方式	控制频率	样本总体	样本数量	测试要点	证据名称	测试程序	测试结果	交叉索引
合同谈判						是否关注合同核心内容、条款和关键细节，具体包括合同标的的数量、质量或技术标准，合同价格的确定方式与支付方式，履约期限和方式，违约责任和争议的解决方法、合同变更或解除条件等。				
						谈判过程中的重要事项和参与谈判人员的主要意见，是否予以记录并妥善保存。				
						谈判过程中是否加强保密工作，不泄露任何商业信息，否则严格严格追究责任。				
合同拟定						是否根据协商、谈判等的结果，拟订合同文本。				
						是否按照自愿、公平原则，明确双方的权利义务和违约责任，做到条款内容完整、表述严谨准确、相关手续齐备，避免出现重大疏漏。				
						是否通过统一归口管理和授权审批制度，严格合同管理，防止通过化整为零等方式故意规避招标的做法和越权行为。				
						合同文本是否一般由业务承办部门起草、法律部门审核。				
						重大合同或法律关系复杂的特殊合同是否由法律部门参与起草。				
						国家或行业有合同示范文本的，对涉及权利义务关系的条款是否进行认真审查，并根据实际情况进行适当修改。				
						合同文本须报经国家有关主管部门审查或备案的，是否履行相应程序。				
						由签约对方起草的合同，企业是否认真审查，确保合同内容准确反映企业诉求和谈判达成的一致意见，特别留意“其他约定事项”等需要补充填写的栏目，如不存在其他约定事项时注明“此处空白”或“无其他约定”，防止合同后续被篡改。				

续表

关键控制名称	关键控制编号	控制方式	控制频率	样本总体	样本数量	测试要点	证据名称	测试程序	测试结果	交叉索引
合同审核						对合同文本是否进行严格审核，重点关注合同的主体、内容和形式是否合法，合同内容是否符合企业的经济利益，对方当事人是否具有履约能力，合同权利和义务、违约责任和争议解决条款是否明确等。				
						是否建立合同会同审核制度。				
						对影响重大或法律关系复杂的合同文本，是否组织内部相关部门进行审核。				
						相关部门提出不同意见的，是否认真分析研究，慎重对待，并准确无误地加以记录；必要时应对合同条款作出修改。				
						内部相关部门是否认真履行职责。				
						是否严格审核合同需求与国家法律法规、产业政策、企业整体战略目标的关系，保证其协调一致。				
						考察合同是否以生产经营计划、项目立项书等为依据，确保完成具体业务经营目标。				
						合同审核部门对合同进行审核后，是否提出书面审核意见，并由审核人和审核部门负责人签字。				
						审核意见是否明确、具体，避免使用模糊性语言。				
						企业是否建立合同退改重审制度。				
						对审核中发现的重大错误、遗漏和不妥之处，审核部门是否予以明确并提出修改意见。				
						合同承办人修改之后，是否重新提交审核。				

续表

关键控制名称	关键控制编号	控制方式	控制频率	样本总体	样本数量	测试要点	证据名称	测试程序	测试结果	交叉索引
合同签署						是否按照规定的权限和程序与对方当事人签署合同。				
						正式对外订立的合同，是否由企业法定代表人或由其授权的代理人签名或加盖有关印章。				
						授权签署合同的，是否签署授权委托书。				
						属于上级管理权限的合同，下级单位是否擅自签署。				
						下级单位认为确有需要签署涉及上级管理权限的合同，是否提出申请，并经上级合同管理机构批准后办理。				
						上级单位是否加强对下级单位合同订立、履行情况的监督检查。				
						是否建立合同专用章保管制度。				
						合同是否经编号、审批及企业法定代表人或授权的代理人签署后，方可加盖合同专用章。				
						是否加强合同信息安全保密工作，未经批准，不得以任何形式泄露合同订立与履行过程中涉及的商业秘密或国家机密。				
						按照国家有关法律、行政法规规定，需办理批准、登记等手续之后方可生效的合同，企业是否及时按规定办理相关手续。				

测试结论	设计有效性							运行有效性						
	有效	控制薄弱环节说明						有效	控制薄弱环节说明					
		控制不符合实际	应有的控制不存在	风险识别不准确	未设计控制证据	控制矩阵编制不规范	其他		制度未执行	措施未落实	控制证据不足	设计不适应	监控不力	其他

表 18－6　　中天恒 3C 框架合同的履行内部控制有效性测试矩阵表

被审计单位名称		被审计单位编码		索引编号	D－2	页次	
业务流程名称	合同的履行	业务流程编号	3C016.02	审计人		审计时间	
审计期间		截止日期		复核人		复核时间	

关键控制名称	关键控制编号	控制方式	控制频率	样本总体	样本数量	测试要点	证据名称	测试程序	测试结果	交叉索引
合同监控						对合同履行是否实施有效监控。				
						是否强化对合同履行情况及效果的检查、分析和验收，全面适当执行本企业义务，确保合同全面有效履行。				
						对合同对方的合同履行情况实施有效监控，一旦发现有违约可能或违约行为，是否及时提示风险，并立即采取相应措施将合同损失降到最低。				
合同补充						合同生效后，企业就质量、价款、履行地点等内容与合同对方没有约定或者约定不明确的，是否补充协议。				
						不能达成补充协议的，是否按照国家相关法律法规、合同有关条款或者交易习惯确定。				
合同变更/解除						在合同履行过程中发现有显失公平、条款有误或对方有欺诈行为等情形，或因政策调整、市场变化等客观因素，已经或可能导致企业利益受损，是否按规定程序及时报告。				
						在合同履行过程中发现有显失公平、条款有误或对方有欺诈行为等情形，或因政策调整、市场变化等客观因素，已经或可能导致企业利益受损，是否经双方协商一致，按照规定权限和程序办理合同变更或解除事宜。				

续表

关键控制名称	关键控制编号	控制方式	控制频率	样本总体	样本数量	测试要点	证据名称	测试程序	测试结果	交叉索引
合同纠纷						是否建立合同违约处理制度。				
						对方违约的情形，是否按合同条款约定收取违约金。				
						违约金不足以弥补企业损失时，是否要求对方赔偿损失。				
						凡未经批准擅自放弃追索权者，企业是否追究其责任。				
						企业自身违约的情形，是否由合同承办部门以书面形式报告企业有关负责人，经批准后履行相应赔偿责任。				
						是否加强合同纠纷管理。				
						在履行合同过程中发生纠纷的，是否依据国家相关法律法规，在规定时效内与对方当事人协商并按规定权限和程序及时报告。				
						合同纠纷经协商一致的，双方是否签订书面协议。				
						合同纠纷经协商无法解决的，是否根据合同约定选择仲裁或诉讼方式解决。				
						内部授权处理合同纠纷的，是否签署授权委托书。				
						纠纷处理过程中，未经授权批准，相关经办人员是否向对方当事人作出实质性答复或承诺。				
合同结算						财会部门是否根据合同条款审核后办理结算业务。				
						未按合同条款履约的，或应签订书面合同而未签订的，财会部门是否有权拒绝付款，并及时向企业有关负责人报告。				

续表

关键控制名称	关键控制编号	控制方式	控制频率	样本总体	样本数量	测试要点	证据名称	测试程序	测试结果	交叉索引
合同登记						合同管理部门是否充分利用信息化手段，加强合同登记管理。				
						是否定期对合同进行统计、分类和归档，详细登记合同的订立、履行和变更等情况，实行合同的全过程封闭管理。				
合同评估						是否建立合同履行情况评估制度。				
						是否至少于每年年末对合同履行的总体情况和重大合同履行的具体情况进行分析评估，对分析评估中发现合同履行中存在的不足，应当加以改进。				
						是否健全合同管理考核与责任追究制度。				
						对合同订立、履行过程中出现的违法违规行为，是否追究有关机构或人员的责任。				

测试结论	设计有效性							运行有效性						
	有效	控制薄弱环节说明						有效	控制薄弱环节说明					
		控制不符合实际	应有的控制不存在	风险识别不准确	未设计控制证据	控制矩阵编制不规范	其他		制度未执行	措施未落实	控制证据不足	设计不适应	监控不力	其他

5.5　评价缺陷

评价合同管理控制缺陷，就是对合同管理内部控制存在的设计和执行有效性方面的缺陷进行分析和评价。对已发现的合同管理内部控制重大缺陷，审计人员应当及时以书面形式与被审计单位进行沟通，核对测试结果和数据，确认合同管理内部控制缺陷事实并在缺陷认定底稿上签章。缺陷评估表格见表 18－7、表 18－8。

表 18－7　中天恒 3C 框架合同管理内部控制缺陷评价矩阵表

被审计单位名称			被审计单位编码			索引编号		E		页次		
业务流程名称		合同管理	业务流程编号		3C016	审计人				审计时间		
审计期间			截止日期			复核人				复核时间		
末级流程	关键控制	缺陷类型	缺陷描述	缺陷来源	缺陷性质			评价程序	评价索引	对报表影响	补偿性控制	整改意见
					一般缺陷	重大缺陷	重要缺陷					
合同的订立												
合同的履行												

表 18－8　中天恒 3C 框架合同管理内部控制缺陷评价表

被审计单位名称		被审计单位编码		索引编号	E－1	页次	
业务流程名称	合同管理	业务流程编号		审计人		审计时间	
关键控制名称		关键控制编号		复核人		复核时间	
影响会计科目		审计期间				截止日期	

缺陷类型	缺陷描述	评价标准	审计组初步认定意见	被审计单位（或当事人）意见及相关说明
缺陷事项证据资料				

5.6　审计评价

合同管理内部控制审计评价是合同管理内部控制审计工作的一个重要环节。合同管理内部控制审计评价的方法很多，比较常用的是评分法。中天恒 3C 框架研制的合同管理内部控制审计评价表及汇总表见表 18－9、表 18－10。

表 18－9　　中天恒 3C 框架合同的订立内部控制审计评价表

被审计单位名称		被审计单位编码		索引编号	F－1	页次	
业务流程名称	合同的订立	业务流程编号		审计人		审计时间	
审计期间		截止日期		复核人		复核时间	

关键控制名称	评价标准	分值	权重	判断依据	实际得分
合同调查	审查被调查对象的身份证件、法人登记证书、资质证明、授权委托书等证明原件，确保合同对方主体资格真实、恰当。				
	获取调查对象经审计的财务报告、以往交易记录等财务和非财务信息，分析其获利能力、偿债能力和营运能力，评估其财务风险和信用状况，并在合同履行过程中持续关注其资信变化，建立和及时更新合同对方的商业信用档案。				
	对被调查对象进行现场调查，实地了解和全面评估其生产能力、技术水平、产品类别和质量等生产经营情况，分析其合同履约能力。				
	与被调查对象的主要供应商、客户、开户银行、主管税务机关和工商管理部门等沟通，了解其生产经营、商业信誉、履约能力等情况。				
	为确保合同订立前调查情况的客观、公正性，要选派合适调查人员，明确责任，并对其调查工作进行必要的监控。				
合同谈判	组织得力合同谈判人员，对于影响重大、涉及较高专业技术或法律关系复杂的合同，应当组织法律、技术、财会等专业人员参与谈判，必要时可聘请外部专家参与相关工作。				
	充分利用前期调查资料，并研究国家相关法律法规、行业监管、产业政策、同类产品或服务价格等与谈判内容相关的信息，正确制定本企业谈判策略。				
	关注合同核心内容、条款和关键细节，具体包括合同标的的数量、质量或技术标准，合同价格的确定方式与支付方式，履约期限和方式，违约责任和争议的解决方法、合同变更或解除条件等。				

续表

关键控制名称	评价标准	分值	权重	判断依据	实际得分
合同谈判	谈判过程中的重要事项和参与谈判人员的主要意见，应当予以记录并妥善保存。				
	谈判过程中要加强保密工作，不能泄露任何商业信息，否则严格严格追究责任。				
合同拟定	根据协商、谈判等的结果，拟订合同文本，按照自愿、公平原则，明确双方的权利义务和违约责任，做到条款内容完整、表述严谨准确、相关手续齐备，避免出现重大疏漏。				
	通过统一归口管理和授权审批制度，严格合同管理，防止通过化整为零等方式故意规避招标的做法和越权行为。				
	合同文本一般由业务承办部门起草、法律部门审核。重大合同或法律关系复杂的特殊合同应当由法律部门参与起草。国家或行业有合同示范文本的，可以优先选用，但对涉及权利义务关系的条款应当进行认真审查，并根据实际情况进行适当修改。				
	合同文本须报经国家有关主管部门审查或备案的，应当履行相应程序。				
合同审核	对合同文本进行严格审核，重点关注合同的主体、内容和形式是否合法，合同内容是否符合企业的经济利益，对方当事人是否具有履约能力，合同权利和义务、违约责任和争议解决条款是否明确等。				
	建立合同会同审核制度，对影响重大或法律关系复杂的合同文本，应当组织内部相关部门进行审核。相关部门提出不同意见的，应当认真分析研究，慎重对待，并准确无误地加以记录；必要时应对合同条款作出修改。内部相关部门应当认真履行职责。				
	严格审核合同需求与国家法律法规、产业政策、企业整体战略目标的关系，保证其协调一致；考察合同是否以生产经营计划、项目立项书等为依据，确保完成具体业务经营目标。				

续表

关键控制名称	评价标准	分值	权重	判断依据	实际得分
合同审核	合同审核部门对合同进行审核后，应当提出书面审核意见，并由审核人和审核部门负责人签字。审核意见应当明确、具体，避免使用模糊性语言。企业应当建立合同退改重审制度。对审核中发现的重大错误、遗漏和不妥之处，审核部门应予以明确并提出修改意见。合同承办人修改之后，应重新提交审核。				
合同签署	按照规定的权限和程序与对方当事人签署合同。正式对外订立的合同，应当由企业法定代表人或由其授权的代理人签名或加盖有关印章。授权签署合同的，应当签署授权委托书。				
	属于上级管理权限的合同，下级单位不得签署。下级单位认为确有需要签署涉及上级管理权限的合同，应当提出申请，并经上级合同管理机构批准后办理。上级单位应当加强对下级单位合同订立、履行情况的监督检查。				
	建立合同专用章保管制度。合同经编号、审批及企业法定代表人或授权的代理人签署后，方可加盖合同专用章。				
	加强合同信息安全保密工作，未经批准，不得以任何形式泄露合同订立与履行过程中涉及的商业秘密或国家机密。				

表 18－10　中天恒 3C 框架合同的履行内部控制审计评价表

被审计单位名称		被审计单位编码		索引编号	F－2	页次	
业务流程名称	合同的履行	业务流程编号		审计人		审计时间	
审计期间		截止日期		复核人		复核时间	

关键控制名称	评价标准	分值	权重	判断标准	实际得分
合同监控	对合同履行实施有效监控，强化对合同履行情况及效果的检查、分析和验收，全面适当执行本企业义务，确保合同全面有效履行。				
	对合同对方的合同履行情况实施有效监控，一旦发现有违约可能或违约行为，应当及时提示风险，并立即采取相应措施将合同损失降到最低。				

续表

关键控制名称	评价标准	分值	权重	判断标准	实际得分
合同补充	合同生效后，企业就质量、价款、履行地点等内容与合同对方没有约定或者约定不明确的，可以协议补充。不能达成补充协议的，按照国家相关法律法规、合同有关条款或者交易习惯确定。				
合同变更/解除	在合同履行过程中发现有显失公平、条款有误或对方有欺诈行为等情形，或因政策调整、市场变化等客观因素，已经或可能导致企业利益受损，应当按规定程序及时报告，并经双方协商一致，按照规定权限和程序办理合同变更或解除事宜。				
合同纠纷	应当建立合同违约处理制度。对方违约的情形，应当按合同条款约定收取违约金；违约金不足以弥补企业损失时，应当要求对方赔偿损失。凡未经批准擅自放弃追索权者，企业应当追究其责任。对企业自身违约的情形，应当由合同承办部门以书面形式报告企业有关负责人，经批准后履行相应赔偿责任。				
	加强合同纠纷管理，在履行合同过程中发生纠纷的，应当依据国家相关法律法规，在规定时效内与对方当事人协商并按规定权限和程序及时报告。				
	合同纠纷经协商一致的，双方应当签订书面协议。合同纠纷经协商无法解决的，应当根据合同约定选择仲裁或诉讼方式解决。				
合同结算	财会部门应当根据合同条款审核后办理结算业务。未按合同条款履约的，或应签订书面合同而未签订的，财会部门有权拒绝付款，并及时向企业有关负责人报告。				
合同登记	合同管理部门应当充分利用信息化手段，加强合同登记管理。				
	定期对合同进行统计、分类和归档，详细登记合同的订立、履行和变更等情况，实行合同的全过程封闭管理。				

续表

关键控制名称	评价标准	分值	权重	判断标准	实际得分
合同评估	建立合同履行情况评估制度，至少于每年年末对合同履行的总体情况和重大合同履行的具体情况进行分析评估，对分析评估中发现合同履行中存在的不足，应当加以改进。				
	健全合同管理考核与责任追究制度。对合同订立、履行过程中出现的违法违规行为，应当追究有关机构或人员的责任。				

5.7 形成意见

合同管理内部控制审计意见，就是对合同管理内部控制有效性的审计结论，是被审计单位内部控制审计意见的一部分。这项工作是在前面合同管理内部控制审计工作基础上进行的。

十九、内部信息传递
内部控制审计实务及其模板

1. 审计概念

《企业内部控制应用指引第 17 号——内部信息传递》第二条规定："本指引所称内部信息传递，是指企业内部各管理层级之间通过内部报告形式传递生产经营管理信息的过程。"中天恒 3C 框架理解，指引所称的内部信息不仅包括企业内部生产经营管理信息，还包括企业收集、分析、整理并以内部报告形式传递到企业内部相关管理层级的外部信息。内部信息传递包括企业内部纵向与横向的传递，即企业下级向上级报告生产经营信息、上级向下级传达经营决策信息以及企业内部各部门间相互传递信息。

内部信息传递内部控制审计，就是对被审计单位内部信息传递内部控制设计与运行的有效性的审查和评价活动，对促使被审计单位加强内部信息传递内部控制建设、防范内部信息传递风险具有重要意义。

企业应当建立对内部信息传递内部控制的审计制度，明确审计机构或人员的职责权限，定期或不定期地进行检查。内部审计部门或人员应检查内部报告的形成、内部报告的使用业务内部控制制度是否健全，各项规定是否得到有效执行。

2. 审计依据

内部信息传递控制审计依据除了国家关于内部信息传递管理方面的法律法规、企业制定的内部信息传递管理制度及其《企业内部控制手册》有关内部信息传递部分的内容外，还应包括包括国家、行业协会、被审计单位有关审计方面的规范及标准等。

3. 审计目标

内部信息传递内部控制审计目标，就是保证内部信息传递内部控制设计和运行的有效性，促使企业预防和控制内部信息传递风险，具体包括：

- 证实内部信息传递管理内部控制是否建立、健全并有效执行。
- 证实各项内部信息传递业务是否合法、合规等。

4. 审计内容

内部信息传递内部控制审计内容，因审计主体、审计要求及其审计方式的不同而不同。采用传统的全面审计方式，内部信息传递内部控制审计是审查和评价内部信息传递内部控制设计和运行的有效性两个方面，范围包括内部报告的形成、内部报告的使用等业务。采用现代以风险为导向审计方式，审计人员应以内部信息传递风险为导向，审计已经设计完成的内部信息传递内部控制及其相关的管理制度是否有效执行，是否有效控制了内部信息传递风险；已经设计有效的内部信息传递各控制点的控制措施是否有效实施，是否有效防止了各控制环节的风险；是否根据业务、环境等的变化持续改进内部信息传递内部控制等。

5. 审计程序

关于内部信息传递内部控制审计程序，中天恒 3C 框架研制的内部信息传递内部控制审计一般程序包括内部信息传递内部控制有效性调查、初步评价、风险评估、控制测试、评价缺陷、审计评价、形成意见等。审计程序表见表 19－1。

表 19－1　　中天恒 3C 框架内部信息传递内部控制审计程序表

被审计单位名称		被审计单位编码		索引编号	0	页次	
业务流程名称	内部信息传递	业务流程编号		审计人		审计时间	
审计期间		截止日期		复核人		复核时间	

序号	审计程序	细分程序	执行情况说明	工作底稿索引号
1	调查了解	内部信息传递内部控制有效性调查		A
2	初步评价	内部信息传递内部控制初步评价		B
3	风险评估	内部信息传递内部控制风险评估		C
4	控制测试	内部信息传递内部控制有效性测试		D
5	评价缺陷	内部信息传递内部控制缺陷评价		E
6	审计评价	内部信息传递内部控制审计评价		F
7	形成意见	内部信息传递内部控制审计结果汇总		H
说明	1. 每一个审计程序可细分若干具体程序。 2. 上述审计程序可结合进行，以提高审计工作效率。 3. 在执行每一步骤后，应填写“执行情况说明”一栏。			

5.1 调查了解

调查了解，就是调查了解内部信息传递内部控制设计和运行的基本情况，是对内部信息传递内部控制审计实施阶段的首要环节。内部信息传递调查工作是在内部控制审计总体工作的准备阶段的基础上进行的，涉及具体内容很多，因单位的不同而不同。对内部信息传递内部控制调查了解的方法有文字叙述法、调查表法、流程图法、控制矩阵法等。这些方法各有其特点，经常综合运用。实际审计工作中，为提高内部信息传递内部控制审计效率，调查了解工作应同内部信息传递现场测试工作一并进行，不宜为满足调查而走形式。中天恒3C框架研制的内部信息传递内部控制调查问卷见表19－2、表19－3。

19－2　　中天恒3C框架内部报告的形成内部控制调查问卷

被审计单位名称		被审计单位编码		索引编号	A－1	页次	
业务流程名称	内部报告的形成	业务流程编号		审计人		审计时间	
审计期间		截止日期		复核人		复核时间	
控制要点	调查内容	调查结果 是	调查结果 否	调查结果 不适应	证据名称	被调查部门	被调查人
建立内部报告指标体系	企业是否根据发展战略、风险控制和业绩考核要求，科学规范不同级次内部报告的指标体系。						
	是否采用经营快报等多种形式，全面反映与企业生产经营管理相关的各种内外部信息。						
	内部报告的指标体系的设计是否与全面预算管理相结合。						
	内部报告的指标体系的设计是否随着环境和业务的变化不断进行修订和完善。						
	设计内部报告指标体系时，是否关注企业成本费用预算的执行情况。						
	内部报告是否简洁明了，通俗易懂，及时传递，便于企业各管理层级和全体员工掌握相关信息，正确履行职责。						
构建内部报告网络体系	企业是否制定严密的内部报告流程。						
	企业是否充分利用信息技术，强化内部报告信息集成和共享，将内部报告纳入企业统一信息平台。						

续表

控制要点	调查内容	调查结果			证据名称	被调查部门	被调查人
		是	否	不适应			
构建内部报告网络体系	企业是否构建科学的内部报告网络体系。						
	企业内部各管理层级均是否指定专人负责内部报告工作。						
	重要信息应是否及时上报，并可以直接报告高级管理人员。						
	企业是否建立内部报告审核制度，确保内部报告信息质量。						
收集内外部信息	企业是否关注市场环境、政策变化等外部信息对企业生产经营管理的影响，广泛收集、分析、整理外部信息。						
	企业是否将外部信息通过内部报告传递到企业内部相关管理层级，以便采取应对策略。						
	是否根据特定服务对象的需求，选择信息收集过程中重点关注的信息类型和内容。						
	是否对信息进行审核和鉴别。						
	对已经筛选的资料是否作进一步的检查，确定其真实性和合理性。						
	企业是否在收集信息的过程中考虑获取信息的便利性及其获取成本高低。						
	如果需要较大代价获取信息，是否权衡其成本与信息的使用价值，确保所获取信息符合成本效益原则。						
编制和审核内部报告	企业内部报告的编制单位是否紧紧围绕内部报告使用者的信息需求，以内部报告指标体系为基础，编制内容全面、简洁明了、通俗易懂的内部报告，便于企业各管理层级和全体员工掌握相关信息，正确履行职责。						
	企业是否合理设计内部报告编制程序，提高编制效率，保证内部报告能在第一时间提供给相关管理部门。						

续表

控制要点	调查内容	调查结果			证据名称	被调查部门	被调查人
		是	否	不适应			
编制和审核内部报告	对于重大突发事件应以速度优先，是否尽可能快地编制出内部报告，向董事会报告。						
	企业是否建立内部报告审核制度，设定审核权限，确保内部报告信息质量。						
	企业内部报告的起草与审核岗位是否分离。						
	内部报告在传递前是否经签发部门负责人审核。						
	对于重要信息，企业是否委派专门人员对其传递过程进行复核，确保信息正确地传递给使用者。						
拓展内部报告渠道	企业是否拓宽内部报告渠道						
	是否通过落实奖励措施等多种有效方式，广泛收集合理化建议。						
反舞弊	企业是否重视和加强反舞弊机制建设。						
	企业是否通过设立员工信箱、投诉热线等方式，鼓励员工及企业利益相关方举报和投诉企业内部的违法违规、舞弊和其他有损企业形象的行为。						
	企业是否通过审计委员会对信访、内部审计、监察、接受举报过程中收集的信息进行复查，监督管理层对财务报告施加不当影响的行为，管理层进行的重大不寻常交易，以及企业各管理层级的批准、授权、认证等，防止企业资产侵占、资金挪用、虚假财务报告、滥用职权等现象的发生。						
	企业是否建立反舞弊情况通报制度。						
	企业是否定期召开反舞弊情况通报会，由审计部门通报反舞弊工作情况，分析反舞弊形势，评价现有的反舞弊控制措施和程序。						
	企业是否建立举报人保护制度。						
	企业是否结合其实际情况，明确举报人应向谁举报、以何种方式进行举报、举报内容的界定等。						
	企业是否确定举报责任主体接到投诉报告后进行调查的程序、办理时限、办结要求及将调查结论提交董事会处理的程序等。						

表 19－3　　中天恒 3C 框架内部报告的使用内部控制调查问卷

被审计单位名称		被审计单位编码		索引编号	A－2	页次	
业务流程名称	内部报告的使用	业务流程编号		审计人		审计时间	
审计期间		截止日期		复核人		复核时间	
控制要点	调查内容	调查结果			证据名称	被调查部门	被调查人
		是	否	不适应			
利用内部报告	企业各级管理人员是否充分利用内部报告管理和指导企业的生产经营活动，及时反映全面预算执行情况，协调企业内部相关部门和各单位的运营进度，严格绩效考核和责任追究，确保企业实现发展目标。						
	企业是否有效利用内部报告进行风险评估，准确识别和系统分析企业生产经营活动中的内外部风险，确定风险应对策略，实现对风险的有效控制。						
	企业对于内部报告反映出的问题是否及时解决。						
	企业对于内部报告反映出的涉及突出问题和重大风险的，是否启动应急预案。						
制定内部报告保密制度	企业是否制定严格的内部报告保密制度。						
	保密制度是否明确保密内容、保密措施、密级程度和传递范围，防止泄露商业秘密。						
保管内部报告	企业是否建立内部报告保管制度。						
	企业各部门是否指定专人按类别保管相应的内部报告。						
	企业是否按类别保管内部报告。						
	企业对不同类别的报告是否按其影响程度规定其保管年限。						
	对影响重大的内部报告，是否永久保管。						
	是否只有超过保管年限的内部报告方可予以销毁。						

续表

控制要点	调查内容	调查结果			证据名称	被调查部门	被调查人
		是	否	不适应			
保管内部报告	商业秘密的重要文件是否由企业较高级别的管理人员负责。						
	商业秘密的重要文件是否至少由两人共同管理，放置在专用保险箱内。						
	查阅商业秘密的重要文件，是否由两人分别开启相应的锁具方可打开。						
评估内部报告	企业是否建立内部报告的评估制度。						
	企业是否定期对内部报告的形成和使用进行全面评估。						
	评估内部报告是否重点关注内部报告的及时性、安全性和有效性。						

5.2 初步评价

对内部信息传递内部控制初步评价，可通过问题调查表和初步评价表进行反映。内部信息传递初步评价可以结合调查了解程序一起进行，也可以独立进行。

5.3 风险评估

按照风险导向审计理论，审计人员进行内部信息传递内部控制审计应当以风险评估为基础，选择拟测试的控制，确定测试所需要收集的证据。内部信息传递风险评估，就是识别、分析、评价内部信息传递方面的风险。从中天恒管理咨询公司内部控制与风险管理咨询的实践来看，内部信息传递风险应识别和描述：

➢ 内部信息传递监控不严、服务质量低劣，可能导致企业难以发挥内部信息传递的优势。

➢ 内部信息传递存在商业贿赂等舞弊行为，可能导致企业相关人员涉案。

中天恒 3C 框架研制的内部信息传递风险评估表见表 19 −4。

表 19－4　　　　　中天恒 3C 框架内部信息传递风险评估表

被审计单位名称		被审计单位编码		索引编号	C	页次	
业务流程名称	内部信息传递	业务流程编号	3C017	审计人		审计时间	
审计期间		截止日期		复核人		复核时间	

流程编号	一级流程	二级流程	风险描述	可能性	影响程度	风险排序
3C017	内部信息传递		内部报告系统缺失、功能不健全、内容不完整，可能影响生产经营有序运行。 内部信息传递不通畅、不及时，可能导致决策失误、相关政策措施难以落实。 内部信息传递中泄露商业秘密，可能削弱企业核心竞争力。			
3C017. 01		内部报告的形成				
3C017. 02		内部报告的使用				

5.4　控制测试

内部信息传递内部控制测试，就是审计人员现场测试内部信息传递内部控制设计和运行的有效性。对内部信息传递内部控制设计有效性测试时，审计人员应当综合运用询问适当人员、观察经营活动和检查相关文件等程序。对内部信息传递内部控制运行有效性测试，审计人员应当综合运用询问适当人员、观察经营活动、检查相关文件以及重新执行控制等程序。审计实践中，审计人员对内部信息传递内部控制设计有效性和运行有效性是一并进行测试的，测试重点是内部信息传递关键控制。中天恒 3C 框架研究开发的内部信息传递内部控制测试工具包括内部信息传递内部控制有效性测试矩阵表、测试表、汇总分析表等，具体格式及要素见下列各表。

表 19－5　中天恒 3C 框架内部报告的形成内部控制有效性测试矩阵表

被审计单位名称		被审计单位编码		索引编号	D－1	页次	
业务流程名称	内部报告的形成	业务流程编号	3C017.01	审计人		审计时间	
审计期间		截止日期		复核人		复核时间	

关键控制名称	关键控制编号	控制方式	控制频率	样本总体	样本数量	测试要点	证据名称	测试程序	测试结果	交叉索引
建立内部报告指标体系						企业是否根据发展战略、风险控制和业绩考核要求，科学规范不同级次内部报告的指标体系。				
						是否采用经营快报等多种形式，全面反映与企业生产经营管理相关的各种内外部信息。				
						内部报告的指标体系的设计是否与全面预算管理相结合。				
						内部报告的指标体系的设计是否随着环境和业务的变化不断进行修订和完善。				
						设计内部报告指标体系时，是否关注企业成本费用预算的执行情况。				
						内部报告是否简洁明了，通俗易懂，及时传递，便于企业各管理层级和全体员工掌握相关信息，正确履行职责。				
构建内部报告网络体系						企业是否制定严密的内部报告流程。				
						企业是否充分利用信息技术，强化内部报告信息集成和共享，将内部报告纳入企业统一信息平台。				
						企业是否构建科学的内部报告网络体系。				
						企业内部各管理层级均是否指定专人负责内部报告工作。				
						重要信息应是否及时上报，并可以直接报告高级管理人员。				
						企业是否建立内部报告审核制度，确保内部报告信息质量。				

续表

关键控制名称	关键控制编号	控制方式	控制频率	样本总体	样本数量	测试要点	证据名称	测试程序	测试结果	交叉索引
收集内外部信息						是否关注市场环境、政策变化等外部信息对企业生产经营管理的影响，广泛收集、分析、整理外部信息。				
						企业是否将外部信息通过内部报告传递到企业内部相关管理层级，以便采取应对策略。				
						是否根据特定服务对象的需求，选择信息收集过程中重点关注的信息类型和内容。				
						是否对信息进行审核和鉴别。				
						对已经筛选的资料是否作进一步的检查，确定其真实性和合理性。				
						企业是否在收集信息的过程中考虑获取信息的便利性及其获取成本高低。				
编制和审核内部报告						企业内部报告的编制单位是否紧紧围绕内部报告使用者的信息需求，以内部报告指标体系为基础，编制内容全面、简洁明了、通俗易懂的内部报告，便于企业各管理层级和全体员工掌握相关信息，正确履行职责。				
						企业是否合理设计内部报告编制程序，提高编制效率，保证内部报告能在第一时间提供给相关管理部门。				
						对于重大突发事件应以速度优先，是否尽可能快地编制出内部报告，向董事会报告。				
						企业是否建立内部报告审核制度，设定审核权限，确保内部报告信息质量。				
						企业内部报告的起草与审核岗位是否分离。				

续表

关键控制名称	关键控制编号	控制方式	控制频率	样本总体	样本数量	测试要点	证据名称	测试程序	测试结果	交叉索引
编制和审核内部报告						内部报告在传递前是否经签发部门负责人审核。				
						对于重要信息，企业是否委派专门人员对其传递过程进行复核，确保信息正确地传递给使用者。				
拓展内部报告渠道						企业是否拓宽内部报告渠道。				
						是否通过落实奖励措施等多种有效方式，广泛收集合理化建议。				
反舞弊						企业是否重视和加强反舞弊机制建设。				
						企业是否通过设立员工信箱、投诉热线等方式，鼓励员工及企业利益相关方举报和投诉企业内部的违法违规、舞弊和其他有损企业形象的行为。				
						企业是否通过审计委员会对信访、内部审计、监察、接受举报过程中收集的信息进行复查，监督管理层对财务报告施加不当影响的行为、管理层进行的重大不寻常交易，以及企业各管理层级的批准、授权、认证等，防止企业资产侵占、资金挪用、虚假财务报告、滥用职权等现象的发生。				
						企业是否建立反舞弊情况通报制度。				
						企业是否定期召开反舞弊情况通报会，由审计部门通报反舞弊工作情况，分析反舞弊形势，评价现有的反舞弊控制措施和程序。				
						企业是否建立举报人保护制度。				
						企业是否结合其实际情况，明确举报人应向谁举报、以何种方式进行举报、举报内容的界定等。				

续表

关键控制名称	关键控制编号	控制方式	控制频率	样本总体	样本数量	测试要点	证据名称	测试程序	测试结果	交叉索引
反舞弊						企业是否确定举报责任主体接到投诉报告后进行调查的程序、办理时限、办结要求及将调查结论提交董事会处理的程序等。				

测试结论	设计有效性							运行有效性						
	有效	控制薄弱环节说明						有效	控制薄弱环节说明					
		控制不符合实际	应有的控制不存在	风险识别不准确	未设计控制证据	控制矩阵编制不规范	其他		制度未执行	措施未落实	控制证据不足	设计不适应	监控不力	其他

表 19-6　中天恒 3C 框架内部报告的使用内部控制有效性测试矩阵表

被审计单位名称		被审计单位编码		索引编号	D-2	页次	
业务流程名称	内部报告的使用	业务流程编号	3C017.02	审计人		审计时间	
审计期间		截止日期		复核人		复核时间	

关键控制名称	关键控制编号	控制方式	控制频率	样本总体	样本数量	测试要点	证据名称	测试程序	测试结果	交叉索引
利用内部报告						企业各级管理人员是否充分利用内部报告管理和指导企业的生产经营活动，及时反映全面预算执行情况，协调企业内部相关部门和各单位的运营进度，严格绩效考核和责任追究，确保企业实现发展目标。				
						企业是否有效利用内部报告进行风险评估，准确识别和系统分析企业生产经营活动中的内外部风险，确定风险应对策略，实现对风险的有效控制。				

续表

关键控制名称	关键控制编号	控制方式	控制频率	样本总体	样本数量	测试要点	证据名称	测试程序	测试结果	交叉索引
利用内部报告						企业对于内部报告反映出的问题是否及时解决。				
						企业对于内部报告反映出的涉及突出问题和重大风险的，是否启动应急预案。				
制定内部报告保密制度						企业是否制定严格的内部报告保密制度。				
						保密制度是否明确保密内容、保密措施、密级程度和传递范围，防止泄露商业秘密。				
保管内部报告						企业是否建立内部报告保管制度。				
						企业各部门是否指定专人按类别保管相应的内部报告。				
						企业是否按类别保管内部报告。				
						企业对不同类别的报告是否按其影响程度规定其保管年限。				
						对影响重大的内部报告，是否永久保管。				
						是否只有超过保管年限的内部报告方可予以销毁。				
						商业秘密的重要文件是否由企业较高级别的管理人员负责。				
						商业秘密的重要文件是否至少由两人共同管理，放置在专用保险箱内。				
						查阅商业秘密的重要文件，是否由两人分别开启相应的锁具方可打开。				

续表

关键控制编号	关键控制名称	控制方式	控制频率	样本总体	样本数量	测试要点	证据名称	测试程序	测试结果	交叉索引
评估内部报告						企业是否建立内部报告的评估制度。				
						企业是定期对内部报告的形成和使用进行全面评估。				
						评估内部报告的重点是否关注内部报告的及时性、安全性和有效性。				

测试结论	设计有效性							运行有效性						
	有效	控制薄弱环节说明						有效	控制薄弱环节说明					
		控制不符合实际	应有的控制不存在	风险识别不准确	未设计控制证据	控制矩阵编制不规范	其他		制度未执行	措施未落实	控制证据不足	设计不适应	监控不力	其他

5.5 评价缺陷

评价内部信息传递控制缺陷，就是对内部信息传递内部控制存在的设计和执行有效性方面的缺陷进行分析和评价。对已发现的内部信息传递内部控制重大缺陷，审计人员应当及时以书面形式与被审计单位进行沟通，核对测试结果和数据，确认内部信息传递内部控制缺陷事实并在缺陷认定底稿上签章。缺陷评估表格见表19－7、表19－8。

表19－7　　中天恒3C框架内部信息传递内部控制缺陷评价矩阵表

被审计单位名称		被审计单位编码		索引编号	E	页次	
业务流程名称	内部信息传递	业务流程编号	3C017	审计人		审计时间	
审计期间		截止日期		复核人		复核时间	

末级流程	关键控制	缺陷类型	缺陷描述	缺陷来源	缺陷性质			评价程序	评价索引	对报表影响	补偿性控制	整改意见
					一般缺陷	重大缺陷	重要缺陷					
内部报告的形成												
内部报告的使用												

表 19－8　　中天恒 3C 框架内部信息传递内部控制缺陷评价表

被审计单位名称		被审计单位编码		索引编号	E－1	页次	
业务流程名称	内部信息传递	业务流程编号		审计人		审计时间	
关键控制名称		关键控制编号		复核人		复核时间	
影响会计科目		审计期间				截止日期	
缺陷类型	缺陷描述	评价标准	审计组初步认定意见	被审计单位（或当事人）意见及相关说明			
缺陷事项证据资料							

5.6　审计评价

内部信息传递内部控制审计是评价内部信息传递内部控制审计工作的一个重要环节。内部信息传递内部控制审计评价的方法很多，比较常用的是评分法。中天恒 3C 框架研制的内部信息传递内部控制审计评价表及汇总表见表 19－9、表 19－10。

表 19－10　　中天恒 3C 框架内部报告的形成内部控制审计评价表

被审计单位名称		被审计单位编码		索引编号	F－1	页次	
业务流程名称	内部报告的形成	业务流程编号		审计人		审计时间	
审计期间		截止日期		复核人		复核时间	

关键控制名称	评价标准	分值	权重	判断依据	实际得分
建立内部报告指标体系	企业应当根据发展战略、风险控制和业绩考核要求，科学规范不同级次内部报告的指标体系，采用经营快报等多种形式，全面反映与企业生产经营管理相关的各种内外部信息。				
	内部报告的指标体系的设计应当与全面预算管理相结合，并随着环境和业务的变化不断进行修订和完善。设计内部报告指标体系时，应当关注企业成本费用预算的执行情况。				
	内部报告应当简洁明了、通俗易懂、及时传递，便于企业各管理层级和全体员工掌握相关信息，正确履行职责。				

续表

关键控制名称	评价标准	分值	权重	判断依据	实际得分
构建内部报告网络体系	企业应当制定严密的内部报告流程，充分利用信息技术，强化内部报告信息集成和共享，将内部报告纳入企业统一信息平台，构建科学的内部报告网络体系。				
	企业内部各管理层级均应当指定专人负责内部报告工作，重要信息应及时上报，并可以直接报告高级管理人员。				
	企业应当建立内部报告审核制度，确保内部报告信息质量。				
收集内外部信息	企业应当关注市场环境、政策变化等外部信息对企业生产经营管理的影响，广泛收集、分析、整理外部信息，并通过内部报告传递到企业内部相关管理层级，以便采取应对策略。				
	根据特定服务对象的需求，选择信息收集过程中重点关注的信息类型和内容。				
	对信息进行审核和鉴别，对已经筛选的资料作进一步的检查，确定其真实性和合理性。				
	企业应当在收集信息的过程中考虑获取信息的便利性及其获取成本高低，如果需要较大代价获取信息，则应当权衡其成本与信息的使用价值，确保所获取信息符合成本效益原则。				
编制和审核内部报告	企业内部报告的编制单位应紧紧围绕内部报告使用者的信息需求，以内部报告指标体系为基础，编制内容全面、简洁明了、通俗易懂的内部报告，便于企业各管理层级和全体员工掌握相关信息，正确履行职责。				
	企业应合理设计内部报告编制程序，提高编制效率，保证内部报告能在第一时间提供给相关管理部门。对于重大突发事件应以速度优先，尽可能快地编制出内部报告，向董事会报告。				
	企业应当建立内部报告审核制度，设定审核权限，确保内部报告信息质量。企业必须对岗位与职责分工进行控制，内部报告的起草与审核岗位分离，内部报告在传递前必须经签发部门负责人审核。对于重要信息，企业应当委派专门人员对其传递过程进行复核，确保信息正确地传递给使用者。				
拓展内部报告渠道	企业应当拓宽内部报告渠道，通过落实奖励措施等多种有效方式，广泛收集合理化建议。				

续表

关键控制名称	评价标准	分值	权重	判断依据	实际得分
反舞弊	企业应当重视和加强反舞弊机制建设，通过设立员工信箱、投诉热线等方式，鼓励员工及企业利益相关方举报和投诉企业内部的违法违规、舞弊和其他有损企业形象的行为。				
	企业应通过审计委员会对信访、内部审计、监察、接受举报过程中收集的信息进行复查，监督管理层对财务报告施加不当影响的行为、管理层进行的重大不寻常交易，以及企业各管理层级的批准、授权、认证等，防止企业资产侵占、资金挪用、虚假财务报告、滥用职权等现象的发生。				
	企业应当建立反舞弊情况通报制度。企业应定期召开反舞弊情况通报会，由审计部门通报反舞弊工作情况，分析反舞弊形势，评价现有的反舞弊控制措施和程序。				
	企业应当建立举报人保护制度，设立举报责任主体、举报程序，明确举报投诉处理程序，并做好投诉记录的保存。切实落实举报人保护制度是举报投诉制度有效运行的关键。结合企业的实际情况，企业应明确举报人应向谁举报、以何种方式进行举报、举报内容的界定等；确定举报责任主体接到投诉报告后进行调查的程序、办理时限、办结要求及将调查结论提交董事会处理的程序等。				

表 19－10　　中天恒 3C 框架内部报告的使用内部控制审计评价表

被审计单位名称		被审计单位编码		索引编号	F－2	页次	
业务流程名称	内部报告的使用	业务流程编号		审计人		审计时间	
审计期间		截止日期		复核人		复核时间	

关键控制名称	评价标准	分值	权重	判断依据	实际得分
利用内部报告	企业各级管理人员应当充分利用内部报告管理和指导企业的生产经营活动，及时反映全面预算执行情况，协调企业内部相关部门和各单位的运营进度，严格绩效考核和责任追究，确保企业实现发展目标。				
	企业应当有效利用内部报告进行风险评估，准确识别和系统分析企业生产经营活动中的内外部风险，确定风险应对策略，实现对风险的有效控制。				

续表

关键控制名称	评价标准	分值	权重	判断依据	实际得分
制定内部报告保密制度	企业应当制定严格的内部报告保密制度，明确保密内容、保密措施、密级程度和传递范围，防止泄露商业秘密。				
保管内部报告	企业应当建立内部报告保管制度，各部门应当指定专人按类别保管相应的内部报告。				
	为了便于内部报告的查阅、对比分析，改善内部报告的格式，提高内部报告的有用性，企业应按类别保管内部报告，对影响较大的、金额较高的一般要严格保管，如企业重大重组方案、企业债券发行方案等。				
	企业对不同类别的报告应按其影响程度规定其保管年限，只有超过保管年限的内部报告方可予以销毁。对影响重大的内部报告，应当永久保管，如公司章程及相应的修改、公司股东登记表等。				
	商业秘密的重要文件要由企业较高级别的管理人员负责，具体至少由两人共同管理，放置在专用保险箱内。查阅保密文件，必须经该高层管理人员同意，由两人分别开启相应的锁具方可打开。				
评估内部报告	企业应当建立内部报告的评估制度，定期对内部报告的形成和使用进行全面评估，重点关注内部报告的及时性、安全性和有效性。				

5.7 形成意见

内部信息传递内部控制审计意见，就是对内部信息传递内部控制有效性的审计结论，是被审计单位内部控制审计意见的一部分。这项工作是在前面内部信息传递内部控制审计工作基础上进行的。

二十、信息系统内部控制审计实务及其模板

1. 审计概念

《企业内部控制应用指引第18号——信息系统》第二条规定："本指引所称信息系统，是指企业利用计算机和通信技术，对内部控制进行集成、转化和提升所形成的信息化管理平台。"在现代社会，企业需通过建立一套信息系统基础结构来处理和提炼大量的数据以形成可资行动的信息。

信息系统内部控制审计，就是对被审计单位信息系统内部控制设计与运行的有效性的审查和评价活动，对促使被审计单位加强信息系统内部控制建设、防范信息系统风险具有重要意义。

企业应当建立对信息系统内部控制的审计制度，明确审计机构或人员的职责权限，定期或不定期地进行检查。内部审计部门或人员应检查信息系统的开发、信息系统的运行与维护业务内部控制制度是否健全，各项规定是否得到有效执行。

2. 审计依据

信息系统控制审计依据除了国家关于信息系统管理方面的法律法规、企业制定的信息系统管理制度及其《企业内部控制手册》有关信息系统部分的内容外，还应包括包括国家、行业协会、被审计单位有关审计方面的规范及标准等。

3. 审计目标

信息系统内部控制审计目标，就是保证信息系统内部控制设计和运行的有效性，促使企业预防和控制信息系统风险，具体包括：

- 证实信息系统管理内部控制是否建立、健全并有效执行。
- 证实各项信息系统业务是否合法、合规等。

4. 审计内容

信息系统内部控制审计内容，因审计主体、审计要求及其审计方式的不同而不同。采用传统的全面审计方式，信息系统内部控制审计是审查和评价信息系统内部控制设计和运行的有效性两个方面，范围包括信息系统的开发、信息系统的

运行与维护等业务。采用现代以风险为导向审计方式，审计人员应以信息系统风险为导向，审计已经设计完成的信息系统内部控制及其相关的管理制度是否有效执行，是否有效控制了信息系统风险；已经设计有效的信息系统各控制点的控制措施是否有效实施，是否有效防止了各控制环节的风险；是否根据业务、环境等的变化持续改进信息系统内部控制等。

5. 审计程序

关于信息系统内部控制审计程序，中天恒3C框架研制的信息系统内部控制审计一般程序包括信息系统内部控制有效性调查、初步评价、风险评估、控制测试、评价缺陷、审计评价、形成意见等。审计程序表见表20－1。

表20－1　　中天恒3C框架信息系统内部控制审计程序表

被审计单位名称		被审计单位编码		索引编号	0	页次	
业务流程名称	信息系统	业务流程编号		审计人		审计时间	
审计期间		截止日期		复核人		复核时间	

序号	审计程序	细分程序	执行情况说明	工作底稿索引号
1	调查了解	信息系统内部控制有效性调查		A
2	初步评价	信息系统内部控制初步评价		B
3	风险评估	信息系统内部控制风险评估		C
4	控制测试	信息系统内部控制有效性测试		D
5	评价缺陷	信息系统内部控制缺陷评价		E
6	审计评价	信息系统内部控制审计评价		F
7	形成意见	信息系统内部控制审计结果汇总		H
说明		1. 每一个审计程序可细分若干具体程序。 2. 上述审计程序可结合进行，以提高审计工作效率。 3. 在执行每一步骤后，应填写“执行情况说明”一栏。		

5.1　调查了解

调查了解，就是调查了解信息系统内部控制设计和运行的基本情况，是对信息系统内部控制审计实施阶段的首要环节。信息系统调查工作是在内部控制审计总体工作的准备阶段的基础上进行的，涉及具体内容很多，因单位的不同而不同。对信息系统内部控制调查了解的方法有文字叙述法、调查表法、流程图法、控制矩阵法等。这些方法各有其特点，经常综合运用。实际审计工作中，为提高信息系统内部控制审计效率，调查了解工作应同信息系统现场测试工作一并进行，不宜为满足调查而走形式。中天恒3C框架研制的信息系统内部控制调查问卷见表20－2、表20－3。

表 20－2　　中天恒 3C 框架信息系统的开发内部控制调查问卷

被审计单位名称		被审计单位编码		索引编号	A－1	页次	
业务流程名称	信息系统的开发	业务流程编号		审计人		审计时间	
审计期间		截止日期		复核人		复核时间	

控制要点	调查内容	调查结果			证据名称	被调查部门	被调查人
		是	否	不适应			
制定战略规划	企业是否制定信息系统开发的战略规划和中长期发展计划。						
	在每年制定经营计划的同时是否制定年度信息系统建设计划。						
	经营管理活动与信息系统是否协调统一。						
	企业在制定信息化战略过程中，是否充分调动和发挥信息系统归口管理部门与业务部门的积极性，使各部门广泛参与，充分沟通，提高战略规划的科学性、前瞻性和适应性。						
	信息系统战略规划是否与企业的组织架构、业务范围、地域分布、技术能力等相匹配，避免相互脱节。						
软件产品选型和供应商选择	企业是否明确自身需求。						
	企业是否对比分析市场上的成熟软件产品，合理选择软件产品的模块组合和版本。						
	企业在软件产品选型时是否应广泛听取行业专家的意见。						
	企业在选择软件产品和服务供应商时，是否不仅要评价其现有产品的功能、性能，还要考察其服务支持能力和后续产品的升级能力。						
服务提供商选择	在选择服务提供商时，是否考核其对软件产品的熟悉、理解程度。						
	在选择服务提供商时，是否考核其是否深刻理解企业所处行业的特点、是否理解企业的个性化需求、是否有过相同或相近的成功案例。						

续表

控制要点	调查内容	调查结果			证据名称	被调查部门	被调查人
		是	否	不适应			
选择外包服务商	企业在选择外包服务商时是否充分考虑服务商的市场信誉、资质条件、财务状况、服务能力、对本企业业务的熟悉程度、既往承包服务成功案例等因素。						
	对外包服务商是否进行严格筛选。						
	企业是否借助外包业界基准来判断外包服务商的综合实力。						
	企业是否严格外包服务审批及管控流程。						
	对信息系统外包业务，原则上是否采用公开招标等形式选择外包服务商。						
	对信息系统外包业务是否实行集体决策审批。						
签订外包合同	企业在与外包服务商签约之前，是否针对外包可能出现的各种风险损失，恰当拟定合同条款，对涉及的工作目标、合作范畴、责任划分、所有权归属、付款方式、违约赔偿及合约期限等问题作出详细说明，并由法律部门或法律顾问审查把关。						
	开发过程中涉及商业秘密、敏感数据的，企业是否与外包服务商签订详细的保密协定，以保证数据安全。						
	在合同中约定付款事宜时，是否选择分期付款方式。						
	尾款是否在系统运行一段时间并经评估验收后再支付。						
	在合同条款中明确是否要求外包服务商保持专业技术服务团队的稳定性。						
持续跟踪评价外包服务商的服务过程	企业是否规范外包服务评价工作流程。						
	企业是否明确相关部门的职责权限。						
	企业是否建立外包服务质量考核评价指标体系。						
	企业是否定期对外包服务商进行考评，并公布服务周期的评估结果。						
	企业是否引入监理机制，降低外包服务风险。						

续表

控制要点	调查内容	调查结果			证据名称	被调查部门	被调查人
		是	否	不适应			
提出项目方案	企业是否根据信息系统建设整体规划提出项目建设方案，明确建设目标、人员配备、职责分工、经费保障和进度安排等相关内容，按照规定的权限和程序审批后实施。						
	企业信息系统归口管理部门是否组织内部各单位提出开发需求和关键控制点。						
	企业信息系统归口管理部门是否规范开发流程。						
	企业信息系统归口管理部门是否明确系统设计、编程、安装调试、验收、上线等全过程的管理要求。						
	企业信息系统归口管理部门是否严格按照建设方案、开发流程和相关要求组织开发工作。						
	企业开发信息系统，是否采取自行开发、外购调试、业务外包等方式。						
	选定外购调试或业务外包方式的，是否采用公开招标等形式择优确定供应商或开发单位。						
分析项目需求	信息系统归口管理部门是否加强系统分析人员和有关部门的管理人员、业务人员的交流，经综合分析提炼后形成合理的需求。						
	是否编制表述清晰、表达准确的需求文档。						
	企业是否采用标准建模语言（例如 UML），综合运用多种建模工具和表现手段，参照《GB8567－88 计算机软件产品开发文件编制指南》等相关标准，提高系统需求说明书的编写质量。						
	企业是否建立健全需求评审和需求变更控制流程。						
设计信息系统	企业开发信息系统，是否将生产经营管理全部业务流程、关键控制点和处理规则嵌入系统程序，实现手工环境下难以实现的控制功能。						
	企业在系统开发过程中，是否按照不同业务的控制要求，通过信息系统中的权限管理功能控制用户的操作权限，避免将不同职责的处理权限授予同一用户。						

续表

控制要点	调查内容	调查结果			证据名称	被调查部门	被调查人
		是	否	不适应			
设计信息系统	企业是否针对不同数据的输入方式，考虑对进入系统数据的检查和校验功能。						
	对于必需的后台操作，是否加强管理，建立规范的流程制度，对操作情况进行监控或者审计。						
	企业是否在信息系统中设置操作日志功能，确保操作的可审计性。						
编程和测试	企业是否组织独立于开发单位的专业机构对开发完成的信息系统进行验收测试，确保在功能、性能、控制要求和安全性等方面符合开发需求。						
上线	企业是否切实做好信息系统上线的各项准备工作，培训业务操作和系统管理人员，制定科学的上线计划和新旧系统转换方案，考虑应急预案，确保新旧系统顺利切换和平稳衔接。						
	系统上线涉及数据迁移的，是否制定详细的数据迁移计划。						

表 20－3　　中天恒 3C 框架信息系统的运行与维护内部控制调查问卷

被审计单位名称		被审计单位编码		索引编号	A－2	页次	
业务流程名称	信息系统的运行与维护	业务流程编号		审计人		审计时间	
审计期间		截止日期		复核人		复核时间	

控制要点	调查内容	调查结果			证据名称	被调查部门	被调查人
		是	否	不适应			
日常运行维护	企业是否加强信息系统运行与维护的管理。						
	企业是否制定信息系统工作程序、信息管理制度以及各模块子系统的具体操作规范，及时跟踪、发现和解决系统运行中存在的问题，确保信息系统按照规定的程序、制度和操作规范持续稳定运行。						
	企业是否建立信息系统变更管理流程。						

续表

控制要点	调查内容	调查结果			证据名称	被调查部门	被调查人
		是	否	不适应			
日常运行维护	信息系统变更是否严格遵照管理流程进行操作。						
	信息系统操作人员是否擅自进行系统软件的删除、修改等操作。						
	信息系统操作人员是否擅自升级、改变系统软件版本。						
	信息系统操作人员是否擅自改变软件系统环境配置。						
	企业是否根据业务性质、重要性程度、涉密情况等确定信息系统的安全等级，建立不同等级信息的授权使用制度，采用相应技术手段，保证信息系统运行安全有序。						
	企业是否建立信息系统安全保密和泄密责任追究制度。						
	委托专业机构进行系统运行与维护管理的，是否审查该机构的资质，并与其签订服务合同和保密协议。						
	企业是否采取安装安全软件等措施防范信息系统受到病毒等恶意软件的感染和破坏。						
	企业是否建立用户管理制度。						
	企业是否加强对重要业务系统的访问权限管理。						
	企业是否定期审阅系统账号。						
	企业是否禁止不相容职务用户账号的交叉操作。						
系统变更	企业是否建立标准流程来实施和记录系统变更，保证变更过程得到适当的授权与管理层的批准，并对变更进行测试。						
	信息系统变更是否严格遵照管理流程进行操作。						
	系统变更程序（如软件升级）是否遵循与新系统开发项目同样的验证和测试程序，必要时还应当进行额外测试。						
	企业是否加强紧急变更的控制管理。						

续表

控制要点	调查内容	调查结果			证据名称	被调查部门	被调查人
		是	否	不适应			
系统变更	企业是否加强对将变更移植到生产环境中的控制管理，包括系统访问授权控制、数据转换控制、用户培训等。						
安全管理	企业是否综合利用防火墙、路由器等网络设备，漏洞扫描、入侵检测等软件技术以及远程访问安全策略等手段，加强网络安全，防范来自网络的攻击和非法侵入。						
	企业对于通过网络传输的涉密或关键数据，是否采取加密措施，确保信息传递的保密性、准确性和完整性。						
	企业是否建立系统数据定期备份制度，明确备份范围、频度、方法、责任人、存放地点、有效性检查等内容。						
	企业是否加强服务器等关键信息设备的管理，建立良好的物理环境，指定专人负责检查，及时处理异常情况。						
	未经授权，是否任何人不得接触关键信息设备。						
系统终结	企业是否做好善后工作。						
	不管因何种情况导致系统停止运行，是否都将废弃系统中有价值或者涉密的信息进行销毁、转移。						
	是否严格按照国家有关法规制度和对电子档案的管理规定（比如审计准则对审计证据保管年限的要求），妥善保管相关信息档案。						

5.2　*初步评价*

对信息系统内部控制初步评价，可通过问题调查表和初步评价表进行反映。信息系统初步评价可以结合调查了解程序一起进行，也可以独立进行。中天恒3C框架研制的信息系统内部控制初步评价表见表20－4。

表 20-4　　中天恒 3C 框架信息系统内部控制初步评价表

<table>
<tr><td colspan="2">被审计单位名称</td><td></td><td colspan="2">被审计单位编码</td><td></td><td>索引编号</td><td>B</td><td colspan="2">页次</td><td colspan="2"></td></tr>
<tr><td colspan="2">业务流程名称</td><td>信息系统</td><td colspan="2">业务流程编号</td><td>3C018</td><td>审计人</td><td></td><td colspan="2">审计时间</td><td colspan="2"></td></tr>
<tr><td colspan="2">审计期间</td><td></td><td colspan="2">截止日期</td><td></td><td>复核人</td><td></td><td colspan="2">复核时间</td><td colspan="2"></td></tr>
<tr><td rowspan="2">流程编号</td><td rowspan="2">一级流程</td><td rowspan="2">二级流程</td><td colspan="3">控制设计</td><td colspan="3">控制运行</td><td colspan="3">初步结论</td></tr>
<tr><td>好</td><td>中</td><td>差</td><td>完全</td><td>部分</td><td>无</td><td>高</td><td>中</td><td>低</td></tr>
<tr><td>3C018</td><td>信息系统</td><td></td><td></td><td></td><td></td><td></td><td></td><td></td><td></td><td></td><td></td></tr>
<tr><td>3C018.01</td><td></td><td>信息系统的开发</td><td></td><td></td><td></td><td></td><td></td><td></td><td></td><td></td><td></td></tr>
<tr><td>3C018.02</td><td></td><td>信息系统的运行与维护</td><td></td><td></td><td></td><td></td><td></td><td></td><td></td><td></td><td></td></tr>
<tr><td rowspan="4">总体结论</td><td colspan="7">内控可信赖度</td><td colspan="4">是否需要作进一步测试</td></tr>
<tr><td colspan="2">高</td><td>较高</td><td>中</td><td>较低</td><td colspan="2">低</td><td colspan="2">是</td><td colspan="2">否</td></tr>
<tr><td colspan="2"></td><td></td><td></td><td></td><td colspan="2"></td><td colspan="2"></td><td colspan="2"></td></tr>
<tr><td colspan="2">简要描述</td><td colspan="9"></td></tr>
</table>

5.3　风险评估

按照风险导向审计理论，审计人员进行信息系统内部控制审计应当以风险评估为基础，选择拟测试的控制，确定测试所需要收集的证据。信息系统风险评估，就是识别、分析、评价信息系统方面的风险。从中天恒管理咨询公司内部控制与风险管理咨询的实践来看，信息系统风险应识别和描述：

➢ 信息系统缺乏或规划不合理，可能造成信息孤岛或重复建设、资源浪费，导致企业经营管理效率低下。

➢ 系统开发不符合内部控制要求，授权管理不当，可能导致无法利用信息技术实施有效控制。

➢ 系统运行维护和安全措施不到位，可能导致信息泄漏或毁损，系统无法正常运行。

中天恒 3C 框架研制的信息系统风险评估表见表 20-5。

表 20－5　　中天恒 3C 框架信息系统风险评估表

被审计单位名称		被审计单位编码		索引编号	C	页次	
业务流程名称	信息系统	业务流程编号	3C018	审计人		审计时间	
审计期间		截止日期		复核人		复核时间	

流程编号	一级流程	二级流程	风险描述	可能性	影响程度	风险排序
3C018	信息系统		信息系统缺乏或规划不合理，可能造成信息孤岛或重复建设、资源浪费，导致企业经营管理效率低下。 系统开发不符合内部控制要求，授权管理不当，可能导致无法利用信息技术实施有效控制。 系统运行维护和安全措施不到位，可能导致信息泄漏或毁损，系统无法正常运行。			
3C018.01		信息系统的开发				
3C018.02		信息系统的运行与维护				

5.4　控制测试

信息系统内部控制测试，就是审计人员现场测试信息系统内部控制设计和运行的有效性。对信息系统内部控制设计有效性测试时，审计人员应当综合运用询问适当人员、观察经营活动和检查相关文件等程序。对信息系统内部控制运行有效性测试，审计人员应当综合运用询问适当人员、观察经营活动、检查相关文件以及重新执行控制等程序。审计实践中，审计人员对信息系统内部控制设计有效性和运行有效性是一并进行测试的，测试重点是信息系统关键控制。中天恒 3C 框架研究开发的信息系统内部控制测试工具包括信息系统内部控制有效性测试矩阵表、测试表、汇总分析表等，具体格式及要素见下列各表。

表 20－6　中天恒 3C 框架信息系统的开发内部控制有效性测试矩阵表

被审计单位名称		被审计单位编码		索引编号	D－1	页次	
业务流程名称	信息系统的开发	业务流程编号	3C018.01	审计人		审计时间	
审计期间		截止日期		复核人		复核时间	

关键控制名称	关键控制编号	控制方式	控制频率	样本总体	样本数量	测试要点	证据名称	测试程序	测试结果	交叉索引
制定战略规划						企业是否制定信息系统开发的战略规划和中长期发展计划。				
						在每年制定经营计划的同时是否制定年度信息系统建设计划。				
						经营管理活动与信息系统是否协调统一。				
						企业在制定信息化战略过程中，是否充分调动和发挥信息系统归口管理部门与业务部门的积极性，使各部门广泛参与，充分沟通，提高战略规划的科学性、前瞻性和适应性。				
						信息系统战略规划是否与企业的组织架构、业务范围、地域分布、技术能力等相匹配，避免相互脱节。				
软件产品选型和供应商选择						企业是否明确自身需求。				
						企业是否对比分析市场上的成熟软件产品，合理选择软件产品的模块组合和版本。				
						企业在软件产品选型时是否广泛听取行业专家的意见。				
						企业在选择软件产品和服务供应商时，是否不仅要评价其现有产品的功能、性能，还要考察其服务支持能力和后续产品的升级能力。				
服务提供商选择						在选择服务提供商时，是否考核其对软件产品的熟悉、理解程度。				
						在选择服务提供商时，是否考核其是否深刻理解企业所处行业的特点、理解企业的个性化需求、有过相同或相近的成功案例。				

续表

关键控制名称	关键控制编号	控制方式	控制频率	样本总体	样本数量	测试要点	证据名称	测试程序	测试结果	交叉索引
选择外包服务商						企业在选择外包服务商时是否充分考虑服务商的市场信誉、资质条件、财务状况、服务能力、对本企业业务的熟悉程度、既往承包服务成功案例等因素。				
						对外包服务商是否进行严格筛选。				
						企业是否借助外包业界基准来判断外包服务商的综合实力。				
						企业是否严格外包服务审批及管控流程。				
						对信息系统外包业务，原则上是否采用公开招标等形式选择外包服务商。				
						对信息系统外包业务是否实行集体决策审批。				
签订外包合同						企业在与外包服务商签约之前，是否针对外包可能出现的各种风险损失，恰当拟定合同条款，对涉及的工作目标、合作范畴、责任划分、所有权归属、付款方式、违约赔偿及合约期限等问题作出详细说明，并由法律部门或法律顾问审查把关。				
						开发过程中涉及商业秘密、敏感数据的，企业是否与外包服务商签订详细的“保密协定”，以保证数据安全。				
						在合同中约定付款事宜时，是否选择分期付款方式。				
						尾款是否在系统运行一段时间并经评估验收后再支付。				
						在合同条款中明确是否要求外包服务商保持专业技术服务团队的稳定性。				

续表

关键控制名称	关键控制编号	控制方式	控制频率	样本总体	样本数量	测试要点	证据名称	测试程序	测试结果	交叉索引
持续跟踪评价外包服务商的服务过程						企业是否规范外包服务评价工作流程。				
						是否明确相关部门的职责权限。				
						是否建立外包服务质量考核评价指标体系。				
						是否定期对外包服务商进行考评，并公布服务周期的评估结果。				
						是否引入监理机制，降低外包服务风险。				
提出项目方案						企业是否根据信息系统建设整体规划提出项目建设方案，明确建设目标、人员配备、职责分工、经费保障和进度安排等相关内容，按照规定的权限和程序审批后实施。				
						企业信息系统归口管理部门是否组织内部各单位提出开发需求和关键控制点。				
						企业信息系统归口管理部门是否规范开发流程。				
						企业信息系统归口管理部门是否明确系统设计、编程、安装调试、验收、上线等全过程的管理要求。				
						企业信息系统归口管理部门是否严格按照建设方案、开发流程和相关要求组织开发工作。				
						企业开发信息系统，是否采取自行开发、外购调试、业务外包等方式。				
						选定外购调试或业务外包方式的，是否采用公开招标等形式择优确定供应商或开发单位。				

续表

关键控制名称	关键控制编号	控制方式	控制频率	样本总体	样本数量	测试要点	证据名称	测试程序	测试结果	交叉索引
分析项目需求						信息系统归口管理部门是否加强系统分析人员和有关部门的管理人员、业务人员的交流，经综合分析提炼后形成合理的需求。				
						是否编制表述清晰、表达准确的需求文档。				
						企业是否采用标准建模语言（例如 UML），综合运用多种建模工具和表现手段，参照《（GB 8567－88）计算机软件产品开发文件编制指南》等相关标准，提高系统需求说明书的编写质量。				
						企业是否建立健全需求评审和需求变更控制流程。				
设计信息系统						企业开发信息系统，是否将生产经营管理全部业务流程、关键控制点和处理规则嵌入系统程序，实现手工环境下难以实现的控制功能。				
						企业在系统开发过程中，是否按照不同业务的控制要求，通过信息系统中的权限管理功能控制用户的操作权限，避免将不同职责的处理权限授予同一用户。				
						企业是否针对不同数据的输入方式，考虑对进入系统数据的检查和校验功能。				
						对于必需的后台操作，是否加强管理，建立规范的流程制度，对操作情况进行监控或者审计。				
						企业是否在信息系统中设置操作日志功能，确保操作的可审计性。				
编程和测试						企业是否组织独立于开发单位的专业机构对开发完成的信息系统进行验收测试，确保在功能、性能、控制要求和安全性等方面符合开发需求。				

续表

关键控制名称	关键控制编号	控制方式	控制频率	样本总体	样本数量	测试要点	证据名称	测试程序	测试结果	交叉索引
上线						企业是否切实做好信息系统上线的各项准备工作，培训业务操作和系统管理人员，制定科学的上线计划和新旧系统转换方案，考虑应急预案，确保新旧系统顺利切换和平稳衔接。				
						系统上线涉及数据迁移的，是否制定详细的数据迁移计划。				

测试结论	设计有效性							运行有效性						
	有效	控制薄弱环节说明						有效	控制薄弱环节说明					
		控制不符合实际	应有的控制不存在	风险识别不准确	未设计控制证据	控制矩阵编制不规范	其他		制度未执行	措施未落实	控制证据不足	设计不适应	监控不力	其他

表 20－7　中天恒 3C 框架信息系统的运行与维护内部控制有效性测试矩阵表

被审计单位名称		被审计单位编码		索引编号	D－2	页次	
业务流程名称	信息系统的运行与维护	业务流程编号	3C018.02	审计人		审计时间	
审计期间		截止日期		复核人		复核时间	

关键控制名称	关键控制编号	控制方式	控制频率	样本总体	样本数量	测试要点	证据名称	测试程序	测试结果	交叉索引
日常运行维护						企业是否加强信息系统运行与维护的管理。				
						企业是否制定信息系统工作程序、信息管理制度以及各模块子系统的具体操作规范，及时跟踪、发现和解决系统运行中存在的问题，确保信息系统按照规定的程序、制度和操作规范持续稳定运行。				
						企业是否建立信息系统变更管理流程。				

续表

关键控制名称	关键控制编号	控制方式	控制频率	样本总体	样本数量	测试要点	证据名称	测试程序	测试结果	交叉索引
日常运行维护						信息系统变更是否严格遵照管理流程进行操作。				
						信息系统操作人员是否擅自进行系统软件的删除、修改等操作。				
						信息系统操作人员是否擅自升级、改变系统软件版本。				
						信息系统操作人员是否擅自改变软件系统环境配置。				
						企业是否根据业务性质、重要性程度、涉密情况等确定信息系统的安全等级，建立不同等级信息的授权使用制度，采用相应技术手段，保证信息系统运行安全有序。				
						企业是否建立信息系统安全保密和泄密责任追究制度。				
						委托专业机构进行系统运行与维护管理的，是否审查该机构的资质，并与其签订服务合同和保密协议。				
						企业是否采取安装安全软件等措施防范信息系统受到病毒等恶意软件的感染和破坏。				
						企业是否建立用户管理制度。				
						企业是否加强对重要业务系统的访问权限管理。				
						企业是否定期审阅系统账号。				
						企业是否禁止不相容职务用户账号的交叉操作。				

续表

关键控制名称	关键控制编号	控制方式	控制频率	样本总体	样本数量	测试要点	证据名称	测试程序	测试结果	交叉索引
系统变更						企业是否建立标准流程来实施和记录系统变更，保证变更过程得到适当的授权与管理层的批准，并对变更进行测试。				
						信息系统变更是否严格遵照管理流程进行操作。				
						系统变更程序（如软件升级）是否遵循与新系统开发项目同样的验证和测试程序，必要时还应当进行额外测试。				
						企业是否加强紧急变更的控制管理。				
						企业是否加强对将变更移植到生产环境中的控制管理，包括系统访问授权控制、数据转换控制、用户培训等。				
安全管理						企业是否综合利用防火墙、路由器等网络设备，漏洞扫描、入侵检测等软件技术以及远程访问安全策略等手段，加强网络安全，防范来自网络的攻击和非法侵入。				
						企业对于通过网络传输的涉密或关键数据，是否采取加密措施，确保信息传递的保密性、准确性和完整性。				
						企业是否建立系统数据定期备份制度，明确备份范围、频度、方法、责任人、存放地点、有效性检查等内容。				
						企业是否加强服务器等关键信息设备的管理，建立良好的物理环境，指定专人负责检查，及时处理异常情况。				
						未经授权，是否任何人不得接触关键信息设备。				

续表

关键控制名称	关键控制编号	控制方式	控制频率	样本总体	样本数量	测试要点	证据名称	测试程序	测试结果	交叉索引
系统终结						企业是否做好善后工作。				
						不管因何种情况导致系统停止运行，是否都将废弃系统中有价值或者涉密的信息进行销毁、转移。				
						是否严格按照国家有关法规制度和对电子档案的管理规定（比如审计准则对审计证据保管年限的要求），妥善保管相关信息档案。				

<table>
<tr><td rowspan="4">测试结论</td><td colspan="7">设计有效性</td><td colspan="7">运行有效性</td></tr>
<tr><td rowspan="2">有效</td><td colspan="6">控制薄弱环节说明</td><td rowspan="2">有效</td><td colspan="6">控制薄弱环节说明</td></tr>
<tr><td>控制不符合实际</td><td>应有的控制不存在</td><td>风险识别不准确</td><td>未设计控制证据</td><td>控制矩阵编制不规范</td><td>其他</td><td>制度未执行</td><td>措施未落实</td><td>控制证据不足</td><td>设计不适应</td><td>监控不力</td><td>其他</td></tr>
<tr><td></td><td></td><td></td><td></td><td></td><td></td><td></td><td></td><td></td><td></td><td></td><td></td><td></td><td></td></tr>
</table>

5.5　评价缺陷

评价信息系统控制缺陷，就是对信息系统内部控制存在的设计和执行有效性方面的缺陷进行分析和评价。对已发现的信息系统内部控制重大缺陷，审计人员应当及时以书面形式与被审计单位进行沟通，核对测试结果和数据，确认信息系统内部控制缺陷事实，并在缺陷认定底稿上签章。缺陷评价表格见表20－8、20－9。

表20－8　中天恒3C框架信息系统内部控制缺陷评价矩阵表

被审计单位名称		被审计单位编码		索引编号	E	页次	
业务流程名称	信息系统	业务流程编号	3C018	审计人		审计时间	
审计期间		截止日期		复核人		复核时间	

末级流程	关键控制	缺陷类型	缺陷描述	缺陷来源	缺陷性质			评价程序	评价索引	对报表影响	补偿性控制	整改意见
					一般缺陷	重大缺陷	重要缺陷					
信息系统的开发												

续表

末级流程	关键控制	缺陷类型	缺陷描述	缺陷来源	缺陷性质			评价程序	评价索引	对报表影响	补偿性控制	整改意见
					一般缺陷	重大缺陷	重要缺陷					
信息系统的运行与维护												

表 20－9　　中天恒 3C 框架信息系统内部控制缺陷评价表

被审计单位名称		被审计单位编码		索引编号	E－1	页次	
业务流程名称	信息系统	业务流程编号		审计人		审计时间	
关键控制名称		关键控制编号		复核人		复核时间	
影响会计科目		审计期间				截止日期	

缺陷类型	缺陷描述	评价标准	审计组初步认定意见	被审计单位（或当事人）意见及相关说明
缺陷事项证据资料				

5.6　审计评价

信息系统内部控制审计是评价信息系统内部控制审计工作的一个重要环节。信息系统内部控制审计评价的方法很多，比较常用的是评分法。中天恒 3C 框架研制的信息系统内部控制审计评价表及汇总表见表 20－10、表 20－11。

表 20－10　　中天恒 3C 框架信息系统的开发内部控制审计评价表

被审计单位名称		被审计单位编码		索引编号	F－1	页次	
业务流程名称	信息系统的开发	业务流程编号		审计人		审计时间	
审计期间		截止日期		复核人		复核时间	

关键控制名称	评价标准	分值	权重	判断依据	实际得分
制定战略规划	企业必须制定信息系统开发的战略规划和中长期发展计划，并在每年制定经营计划的同时制定年度信息系统建设计划，促进经营管理活动与信息系统的协调统一。				

续表

关键控制名称	评价标准	分值	权重	判断依据	实际得分
制定战略规划	企业在制定信息化战略过程中，要充分调动和发挥信息系统归口管理部门与业务部门的积极性，使各部门广泛参与，充分沟通，提高战略规划的科学性、前瞻性和适应性。				
	信息系统战略规划要与企业的组织架构、业务范围、地域分布、技术能力等相匹配，避免相互脱节。				
软件产品选型和供应商选择	企业应明确自身需求，对比分析市场上的成熟软件产品，合理选择软件产品的模块组合和版本。				
	企业在软件产品选型时应广泛听取行业专家的意见。				
	企业在选择软件产品和服务供应商时，不仅要评价其现有产品的功能、性能，还要考察其服务支持能力和后续产品的升级能力。				
服务提供商选择	在选择服务提供商时，不仅要考核其对软件产品的熟悉、理解程度，也要考核其是否深刻理解企业所处行业的特点、是否理解企业的个性化需求、是否有过相同或相近的成功案例。				
选择外包服务商	企业在选择外包服务商时要充分考虑服务商的市场信誉、资质条件、财务状况、服务能力、对本企业业务的熟悉程度、既往承包服务成功案例等因素，对外包服务商进行严格筛选。				
	企业可以借助外包业界基准来判断外包服务商的综合实力。				
	企业要严格外包服务审批及管控流程，对信息系统外包业务，原则上应采用公开招标等形式选择外包服务商，并实行集体决策审批。				
签订外包合同	企业在与外包服务商签约之前，应针对外包可能出现的各种风险损失，恰当拟定合同条款，对涉及的工作目标、合作范畴、责任划分、所有权归属、付款方式、违约赔偿及合约期限等问题作出详细说明，并由法律部门或法律顾问审查把关。				
	开发过程中涉及商业秘密、敏感数据的，企业应当与外包服务商签订详细的保密协定，以保证数据安全。				

续表

关键控制名称	评价标准	分值	权重	判断依据	实际得分
签订外包合同	在合同中约定付款事宜时，应当选择分期付款方式，尾款应当在系统运行一段时间并经评估验收后再支付。				
	应在合同条款中明确要求外包服务商保持专业技术服务团队的稳定性。				
持续跟踪评价外包服务商的服务过程	企业应当规范外包服务评价工作流程，明确相关部门的职责权限，建立外包服务质量考核评价指标体系，定期对外包服务商进行考评，并公布服务周期的评估结果，实现外包服务水平的跟踪评价。				
	必要时，可以引入监理机制，降低外包服务风险。				
提出项目方案	企业应当根据信息系统建设整体规划提出项目建设方案，明确建设目标、人员配备、职责分工、经费保障和进度安排等相关内容，按照规定的权限和程序审批后实施。				
	企业信息系统归口管理部门应当组织内部各单位提出开发需求和关键控制点，规范开发流程，明确系统设计、编程、安装调试、验收、上线等全过程的管理要求，严格按照建设方案、开发流程和相关要求组织开发工作。				
	企业开发信息系统，可以采取自行开发、外购调试、业务外包等方式。选定外购调试或业务外包方式的，应当采用公开招标等形式择优确定供应商或开发单位。				
分析项目需求	信息系统归口管理部门应当组织企业内部各有关部门提出开发需求，加强系统分析人员和有关部门的管理人员、业务人员的交流，经综合分析提炼后形成合理的需求。				
	编制表述清晰、表达准确的需求文档。需求文档是业务人员和技术人员共同理解信息系统的桥梁，必须准确表述系统建设的目标、功能和要求。				
	企业应当采用标准建模语言（例如 UML），综合运用多种建模工具和表现手段，参照《（GB 8567 - 88）计算机软件产品开发文件编制指南》等相关标准，提高系统需求说明书的编写质量。				

续表

关键控制名称	评价标准	分值	权重	判断依据	实际得分
分析项目需求	企业应当建立健全需求评审和需求变更控制流程。依据需求文档进行设计（含需求变更设计）前，应当评审其可行性，由需求提出人和编制人签字确认，并经业务部门与信息系统归口管理部门负责人审批。				
设计信息系统	企业开发信息系统，应当将生产经营管理全部业务流程、关键控制点和处理规则嵌入系统程序，实现手工环境下难以实现的控制功能。				
	企业在系统开发过程中，应当按照不同业务的控制要求，通过信息系统中的权限管理功能控制用户的操作权限，避免将不同职责的处理权限授予同一用户。				
	企业应当针对不同数据的输入方式，考虑对进入系统数据的检查和校验功能。对于必需的后台操作，应当加强管理，建立规范的流程制度，对操作情况进行监控或者审计。				
	企业应当在信息系统中设置操作日志功能，确保操作的可审计性；对异常的或者违背内部控制要求的交易和数据，应当设计由系统自动报告，并设置跟踪处理机制。				
	企业信息系统归口管理部门应当加强信息系统开发全过程的跟踪管理，组织开发单位与内部各单位的日常沟通和协调，督促开发单位按照建设方案、计划进度和质量要求完成编程工作，对配备的硬件设备和系统软件进行检查验收，组织系统上线运行等。				
编程和测试	企业应当组织独立于开发单位的专业机构对开发完成的信息系统进行验收测试，确保在功能、性能、控制要求和安全性等方面符合开发需求。				
上线	企业应当切实做好信息系统上线的各项准备工作，培训业务操作和系统管理人员，制定科学的上线计划和新旧系统转换方案，考虑应急预案，确保新旧系统顺利切换和平稳衔接。系统上线涉及数据迁移的，还应制定详细的数据迁移计划。				

表 20－11　中天恒 3C 框架信息系统的运行与维护内部控制审计评价表

被审计单位名称		被审计单位编码		索引编号	F－2	页次	
业务流程名称	信息系统的运行与维护	业务流程编号		审计人		审计时间	
审计期间		截止日期		复核人		复核时间	

关键控制名称	评价标准	分值	权重	判断标准	实际得分
日常运行维护	企业应当加强信息系统运行与维护的管理，制定信息系统工作程序、信息管理制度以及各模块子系统的具体操作规范，及时跟踪、发现和解决系统运行中存在的问题，确保信息系统按照规定的程序、制度和操作规范持续稳定运行。				
	企业应当建立信息系统变更管理流程，信息系统变更应当严格遵照管理流程进行操作。信息系统操作人员不得擅自进行系统软件的删除、修改等操作；不得擅自升级、改变系统软件版本；不得擅自改变软件系统环境配置。				
	企业应当根据业务性质、重要性程度、涉密情况等确定信息系统的安全等级，建立不同等级信息的授权使用制度，采用相应技术手段，保证信息系统运行安全有序。				
	企业应当建立信息系统安全保密和泄密责任追究制度。委托专业机构进行系统运行与维护管理的，应当审查该机构的资质，并与其签订服务合同和保密协议。				
	企业应当采取安装安全软件等措施防范信息系统受到病毒等恶意软件的感染和破坏。				
	企业应当建立用户管理制度，加强对重要业务系统的访问权限管理，定期审阅系统账号，避免授权不当或存在非授权账号，禁止不相容职务用户账号的交叉操作。				
系统变更	企业应当建立标准流程来实施和记录系统变更，保证变更过程得到适当的授权与管理层的批准，并对变更进行测试。信息系统变更应当严格遵照管理流程进行操作。信息系统操作人员不得擅自进行软件的删除、修改等操作；不得擅自升级、改变软件版本；不得擅自改变软件系统的环境配置。				
	系统变更程序（如软件升级）需要遵循与新系统开发项目同样的验证和测试程序，必要时还应当进行额外测试。				

续表

关键控制名称	评价标准	分值	权重	判断标准	实际得分
系统变更	企业应加强紧急变更的控制管理。				
	企业应加强对将变更移植到生产环境中的控制管理，包括系统访问授权控制、数据转换控制、用户培训等。				
安全管理	企业应当综合利用防火墙、路由器等网络设备，漏洞扫描、入侵检测等软件技术以及远程访问安全策略等手段，加强网络安全，防范来自网络的攻击和非法侵入。				
	企业对于通过网络传输的涉密或关键数据，应当采取加密措施，确保信息传递的保密性、准确性和完整性。				
	企业应当建立系统数据定期备份制度，明确备份范围、频度、方法、责任人、存放地点、有效性检查等内容。				
	企业应当加强服务器等关键信息设备的管理，建立良好的物理环境，指定专人负责检查，及时处理异常情况。未经授权，任何人不得接触关键信息设备。。				
系统终结	要做好善后工作，不管因何种情况导致系统停止运行，都应将废弃系统中有价值或者涉密的信息进行销毁、转移				
	严格按照国家有关法规制度和对电子档案的管理规定（比如审计准则对审计证据保管年限的要求），妥善保管相关信息档案。				

5.7 形成意见

信息系统内部控制审计意见，就是对信息系统内部控制有效性的审计结论，是被审计单位内部控制审计意见的一部分。这项工作是在前面信息系统内部控制审计工作基础上进行的。